陈桂生教育学文丛 | On Education: A Collection of Essays by CHENGUISHENG

课程引论

陈桂生 —— 著

华东师范大学出版社
ECNUP

序　课程基本理论研究旨趣*

不同时代表述“教”与“学”的概念系统与语言符号，既有历史性的联系，又有历史性的变化。如欧洲大陆社会—文化中，一向采用“教学概念系统”，迄今尚未发生根本性质的变化；进入20世纪以后，在通用英语的社会—文化中，则逐渐形成“课程概念系统”。两套语言符号指称的对象，虽大同小异，而两种“教”与“学”概念内涵的区别，却逐渐显示出来。问题在于我国如今通用的“课程”概念与“教学”概念同别国所用的同一概念，虽含义有别，或许还未被察觉。这便成为一个很有意思的问题。

《课程引论》一书共分五编：

第Ⅰ编着重分辨“课程”与“教学”的基本概念。鉴于欧洲大陆社会—文化中一向采纳教学概念系统，时至现代，在通用英语的社会—文化中，正在逐步形成课程概念系统。然而，我国迄今不仅兼用这两套概念系统，而且所用的“课程”概念，同别国“课程”概念的内涵不尽相同。尽管这似乎只是表述概念的符号之别，且不说按我国通用语词的含义，理解别国同类对象，或者按照别国的符号，指称我国同类事物，都不免存在语义的误差，重要的是忽视课程概念系统同教学概念系统内涵的区别，遂使课程理论或教学理论有失应有的谨严。

第Ⅱ编着重揭示课程演变的轨迹。不仅了解课程的过去，有助于理解课程的现实，理解课程的历史与现实，在一定程度上也有助于把握课

---

* 本书原为《教育实话》（华东师范大学出版社2003年出版），先后共印6次，2010年由华东师范大学出版社印行第二版，更名《学校实话》。2012年列入“陈桂生教育学文丛”（重印）。由于前两版收入较多教育随笔，本书第三版拟改成以课程理论著作为主的文集。故对本书第二版，经过取舍，重新加以整理，更名《课程引论》。第三版同第二版的区别，在于第二版共收入43篇文稿，现从中删去22篇，占原书51%。从原书中保留21篇，新增27篇，共48篇。

程的走向。尽管不同时代、不同社会—文化中的“课程”，在总体上存在历史性的差异，如古代以书定课的文献课程、近代学科课程同现代发生的活动课程彼此间都迥然有别，其实，在课程结构中，每种选择的意义都有限。不同选择可以互相补充。故凡是经过历史检验的“课程”选择，都不致随着时代的变迁而轻易地消失。已经消失了的，有些还可能复活。例如“名著选读课程”便是“以书定课”的新形式。现代兴起的“活动课程”，至今仍不足以取代传统的“学科课程”。只是在一定时代，不同类型课程的权重不同。所以揭示课程演变的轨迹，并非怀旧而已，而是旨在开拓课程的视野。

第Ⅲ编，课程的实施。虽然其中所列篇目，多为教学概念系统中的名目。其实其中每一项实施，在具体运用中，都可能存在“教学理论”与“课程理论”价值取向的不同。本编中的各编，由于大都从《课程实话》中移入，理论层次不高，并且多有缺漏。课程实施中最为常见的“讲授”缺失，便是一例。

第Ⅳ编，课程—教学理论源流。原是为敲开“教学理论”与“课程理论”大门而写的读书笔记，并无深文大义。只因有感于“无视常理的教育”及“无视教学法则的教学”，这才借以表示“我说了，我拯救了自己的灵魂”。

第Ⅴ编，语文课程问题。我并非语文教师，只因这门课程为基础教育中的基础课程，又有感于这门课程的泛化，这才关注“语文课程究竟是怎么一回事”。

总之，我既不是语文教师，又非“教学论”、“课程论”圈中的角色，只因遭遇教育学，才从旁关顾课程之类问题。

陈桂生

2016 年 5 月 1 日

目　录
Contents

Ⅱ 课程基本问题（下）/ 43

Ⅲ 课程实施 / 107

=I= 课程基本问题（上）

我们需要的是更好地理解我们的公立学校以及困扰着它们的具体问题。只有在这种理解之后，我们才能带着创建更好学校的信心来处理这些问题。作为一个国家，我们有能力从这种有针对性的诊断中受益，并从中引发建设性的批评。

——约翰·I·古德莱德:《一个称作学校的地方》

◎ 前言

本书第Ⅰ编中第1—6篇涉及“教学概念系统”与“课程概念系统”之间的区别与联系。这个问题之所以不容漠视，不仅由于在教学的国际比较或者课程的国际比较中，不能无视不同社会—文化中的概念系统的区别，在中西教育文化交流中，如忽视双方概念内涵的对应，势必不知所云。更重要的是尽管这两类概念系统表示的是同类的事实，由于它们之间的区别，所显示的实际上是“教”与“学”过程的重心从“教”向“学”转化的趋势。如果说教学概念系统主要是“教程”的表示，那么形成中的课程概念系统，则近于“学程”的表述。

第Ⅰ编中第7—11篇文稿，主要同教学（或课程）的价值问题相关。其中“教养”是教学概念系统中的核心价值观念，表示教与学过程中传承的客观知识（或文化）转化为学生自己的知识（或文化），所以一定社会—文化中，一代学生应有什么性质、什么程度的文化教养，是教与学过程设计的基本依据，每个学习阶段，学生从教师指导下的学习中实际上形成什么文化教养，便是衡量教与学过程成效的基本依据。课程概念系统中虽无“教养”概念，其实，课程标准、课程评价以及“学生经验的课程”，都相当于“教养”概念；反之，教学概念系统中，原先并无

“课程”一说，正由于其中早就形成“教养”概念。教育理论历史上的“形式教育”与“实质教育”之争、“文科”与“实科”之争、“普通教育”与“职业教育”之争，实际上都是教养范围内的争议。其实，我国所谓“形式教育”、“实质教育”、“普通教育”、“职业教育”，在别的社会中原来都是“教养”的称谓。其实只此一端，便值得深长思之。

无论“教学”还是“课程”，都同客观知识的传承相关，故以往常常把“教学”或“课程”归之于“智育”的实施，虽不无道理，但问题在于“智育”与“德育”、“体育”同属于近代以来以形成健全人格为旨趣的“教育”成分的划分，故教学或课程不只是“智育”实施的途径，同时也是“德育”、“体育”实施的途径，即使把教学或课程作为智育实施的途径，“智育”之“智”，或指客观知识的认知，或指智慧的形成，亦表示教学或课程的两种既有联系又有区别的价值追求。

本编涉及的，无非是常识性话题，而其中的要义未必已经成为常识。

一、变化中的课程—教学概念系统

以往历次课程设置的设计，其书面形式成果为教学计划、教学大纲、教科书。这是由于它基本上是按照学科编制课程的，属于“学科课程”编制。这种课程又称为“分科课程”。虽然后来改称“课程计划”、“课程标准”，不过，在总体上课程设置的思路未变。我国学生课业负担长期居高不下，教与学脱节，学与用脱节，实同长期未能超越传统的课程体制与课程编制的视野有密切的关系。

如果说以往历次课程改革实际上属于“教学改革”性质，那么，正在积极推行的改革，由于借鉴 20 世纪以来国际课程改革的历史经验，注重课程论专家的参与，故能寻求集中统一的分科课程以外的选择，开始进行课程行政体制改革、课程编制调整之类尝试，课程体系也将有适当变化。这种变化实质上是从“教程”意义的课程向“学程”意义课程历史性转变的开端。

什么是“教程”意义的课程，什么是“学程”意义的课程，它们之间的区别何在？这正是实现如此转变过程中有待解决的课题。

（一）教程性质的教学概念系统

历史形成的教程，主要同教师组织与指导学生学习的运作程序与措施相关。在欧洲大陆社会—文化中，通常以教学论概念系统表示。其中包括两组基本概念：一组是同“教学内容”相关的概念，其中包括教学计划、学科、教学大纲与教科书；一组是同教师授业行为相关的概念，如讲授、提问、成绩考查以及教学组织形式等。教材按照学科编制，故称其为“学科教学”。

在欧洲大陆，尤其是德国、俄国“教学论概念系统”中，并无“课程”概念。因为它们另用“教养”概念表述同我国称之为“课程”相关的东西。他们的“教育学”中，“教养”是同“教育”、“教学”并列的概念（合称“教育学的三个基本概念”），并相应地建立“教养理论”、“教育理论”与“教学理论”。原先并无“课程”一说，现今受教育文化潮流影响，虽间或采用“课程”一词，其概念系统基本上未变。

这种教程概念系统，实际上是教育行政集权制下学程运行机制的反映。其特点是：

1. 在教材与教师的关系方面，由于从教学计划、教学大纲到教科书，是在直接教学过程以外，由政府制定与审定的，教师只能忠实地按照教学大纲的规定，循教科书顺序照本宣科。这意味着教学内容主要是政府与学科专家关注的事，教师无权更动学科设置和教材，教师的任务是教学。

可见，在这种教程机制中，所谓教材，其实只是“应然的教养”，包括反映教养的一套规范和作为教材的教科书。它同客观存在的教材尤其是客观存在的教养之间存在或大或小的距离。因为即使是同一本教科书，经不同教师运用，实际成效往往相差甚大。为使“实然的教养”接近“应然的教养”，一方面通过教师培训，使教师“吃透教材”，另一方面则诉诸教学检查，导致对直接教学过程的行政干预越来越多。

2. 在教材与学生的关系方面，这种教程是按学科编制的。“学科教学”中每一门学科按学科知识的逻辑建构。学科知识固然是人类历史文化的结晶，只是这种历史经验同学生生活经验之间存在着厚厚的隔膜，同学生认知的心理逻辑不尽一致。教师即使能使学生理解这种知识形态的历史文化，也难以激发学生学习这种知识的内在需求，难以有效地训练学生的认知能力与解决实际问题的能力。

3. 在教材与社会关系方面，社会生活中每一个实际问题，都同生活情境中各种问题密切相关，而学科系统则把源于生活的各种认识成果人为地分开，以致单靠一门学科知识，不足以解决实际问题；同时，学科知识是经过不断提炼的结构化的知识系统，而社会生活总是不断变化的，故“以不变应万变”的学科知识教学，存在学与用脱节的问题。

4. 在教材与学校的关系方面，由于课程由政府制定或许可，并由教师教授，学校的任务充其量是安排周课表、配备教师与日常教学检查，故学科如何设置、教材如何选择，也不是校长需要关心的问题。

鉴于传统教程的局限日趋显示出来，同急剧变化的社会需求越来越不相适应，20 世纪初，理论界对传统教程进行了批判。这种批判，既从学生经验与成人经验冲突的角度说明学科课程的低效，又从传统教程与社会需求脱离的角度证明学科有一定的局限性。由此导致“课程”概念的运用，进而形成课程概念系统。

二、学程性质的课程概念系统

“课程”一词，英语为 curriculum，原出于拉丁语 cursum race course，是“跑道”之义。19 世纪中叶，斯宾塞在《教育论》（1861）中，把教学内容的系统组织称为 curriculum。1880 年日本学者在翻译斯宾塞《教育论》时，从朱熹所谓“宽著期限，紧著课程”中，取“课程”一说，用“教育课程”翻译 curriculum 一词。

就“课程”一词的原义来说，以“跑道”为比喻，表示起初仍近于教学科目规范的意思。主要是把实证科学纳入教学计划。从 19 世纪与 20 世纪之交开始，从对教程的质疑和“新教育”的试验过程中，才逐渐形成“学程”性质的课程概念，其中包括有别于“学科课程”的新的课程编制，如“以儿童为中心”的“经验课程”（或称为“活动课程”），以及后来的“以问题为中心”的“核心课程”等。在此基础上逐渐形成了“课程概念系统”。

在课程概念系统中，“课程”含义不限于教学内容；教学内容也不局限于书本知识；课程编制也不局限于学科课程；在直接教与学过程以外确立的课程目标，不完全代表教与学过程中的目标；直接教与学过程以外的课程规范，称为“正式的课程”，它不足以代表事实上的课程：课程通过“指导”加以实施，实际上以“指导”概念代替“教学”概念。这样，课程就成为把成人经验转化为学生经验的过程。这个过程主要由学生在教师辅导下自我实现其经验的改造，通过课程评价衡量课程的成效。这表明，这个概念系统中“课程”的含义与教学论概念系统中“课程”的含义迥然有别。这个概念系统中的基本概念有“课程哲学”、“课程目标”、“课程标准”、“课程体制”、“课程机制”、“课程编制”、“经验课程”、“核心课程”、“教材心理化”、“指导”、“课程评价”等等，从而奠定了“课程论”的基础。

时至 20 世纪下半叶，特别是 70 年代以后，为谋求课程进一步改革，又形成许多新的课程构想，出现了不少新的课程概念。如就课程体制涉及的政府与学校之间课程行政权力的分配，提出“校定课程”概念；在课程活动运行机制方面，相对于以往的课程“目标模式”，提出课程“过程模式”；就课程与教师关系，提出“学校课程开发”、“作为研究者的教师”的口号等等，从而使课程概念系统更加完善。

学程性质的“课程”概念，显然仍带有“跑道”的含义。由于跑道原是运动员跑步的轨道，教练员只是对运动员从旁指导，而不是教练员的跑道。相比之下，教程中的教学计划、教学大纲和教科书却是“教师的跑道”。所以“课程”概念本身，就意味着从“教程”向“学程”的转化。

正如从古代非制度化的“学程”经过漫长的岁月，才转化为制度化的“教程”一样，从现今的“教程”向“学程化教程”或“教程化学程”的转化，也将是一个历史的过程。由于学程性质的课程本身尚在形成过程中，迄今在很大程度上还属于实践中的价值取向，其中建树尚待检验。以致现今无论是教程性的课程还是学程性的课程实践，都还处在传统教育与现代教育之间的纠结中。

课程概念系统与教学概念系统，是不同国家分别采用的概念系统，也是一些国家在不同时期先后采用的概念系统。这二者，就同一概念的不同含义和不同的概念系列来说，其区别属于概念系统的区别。其实，它们之间的区别，更反映不同国家、不同时代课程价值观念的差异，反映不同教育理论的区别。

近代教学论是19世纪德国的产物，至少到20世纪上半叶为止，无论在德国，还是俄国以及东方国家（其中包括中国），大抵都采用“教学概念系统”。时至20世纪60年代，据说就连德国也出现转而采用“课程概念”的迹象，其他一些国家课程改革的动向也表明，以“课程概念系统”代替“教学概念系统”，是当代教育改革中的一种趋势。

三、中国“课程”概念问题

如上所述，世界上每个国家在一定时期只采用一种教育概念系统。或者是“教学概念系统”，或者是“课程概念系统”。唯在中国，由于长期不明这两种概念系统的区别，以致发生混淆。更由于目前正在积极推进之中的课程改革，仍不得不从国情出发，以传统的课程体制、机制、编制为基础，逐步增加新的课程要素，故更易发生概念上的混乱。

1. 由于中国原先采用的是教学概念系统，以致就连外国的某些课程新建树的名称，在翻译时也用“教学”话语表示。如把基尔帕特里克（亦译克伯屈）的“设计方法”（课程设计方法）译为“设计教学法”，把德可乐利的“生活学校”，称为“德可乐利教学法”，把莫里森的“单元教材精习制”，称为“单元教学法”。20 世纪 80 年代中期以后，有些大学对同一批学生开设“教学论”与“课程论”。对这两种概念系统分别加以研究。问题在于在“教学论”教材中掺杂“课程论”话语，在“课程论”教材中吸纳“教学论”话语，以表示博采众长，“反映最新研究成果”，结果往往弄巧成拙，把原本顺理成章的概念系统与话语系统搅乱。唯其在同一本书中集纳两种不同概念系统中的货色，不免冒出许多“新层面”、“新视点”、“新视角”，造成整合知识的困难。其中的下乘之作，往往使人不知所云。究其原因，在于对这两种概念系统的区别不甚明了。

2. 我国开始实施的课程改革，只是中国课程历史性变革的开端。其中引入新的课程要素，如“综合课程”（合科课程）、“综合实践课”、“研究型课程”、“学校课程”（宜称为“校定课程”）等，都只占很小的比重，而“国家课程”（“国定课程”）、“地方课程”（“地定课程”）及其中的“分科课程”，仍将是课程的主体。如此积极而审慎的决策，较为符合国情，显示我国课程改革意识的成熟。课程事实如此，课程概念、话语含义的变化，自然是漫长的过程。现实的问题是，面对一场新的课程改革，恐怕越是教学艺术成熟且有独立见解的教师，越可能产生“话不投机”的感触，以为又在玩弄什么新花招。焉知新的课程改革的举措，倒正是他们大显身手的契机。此外，在过渡时期，课程理论上新的混乱，也将难以避免。

由此可见，我国正在展开的课程改革，虽然按其措施来说，只是一场更深刻的变革的开端，无论就为数众多的校长、教师及教育行政人员来说，还是就相当多的培训这些人员的机构与培训者来说，很难说他们已经有了充分的思想准备与理论准备。

（原载《教育参考》2001 年第 5 期）

后记

20 世纪 90 年代末，有一次同施良方博士一道参加由教育部基础教育司召开的座谈会。那时正在酝酿新的基础教育课程改革。座谈会主要讨论基础教育课程调查提纲。会议间隙，偶然听说正在筹备成立课程论研究会，感到不解，便问良方：“既然有教学论研究会，为什么还要筹备课程论研究会，难道它们是两回事吗?”良方支支吾吾，只说他并没有参与此事。在此以前，有一次散步时，他曾问我：“是不是把教学论和课程论合为一门课?”我的回答是“早该如此”。由于存在这一疑问，便查阅资料，这便是梳理变化中的课程—教学概念系统的由来。

（2015 年 7 月 26 日改）

二、涵盖“课程”成分的“教学”概念

——德国“教学”概念示例

在胡森和波斯尔斯韦特主编的《国际教育百科全书》的“德意志联邦共和国课程史”条目中提到，自从索尔·B·罗宾逊的纲领性著作（1967 年）出版以来，“课程”这个概念及与之有关的概念，如“课程理论”、“课程研究”、“课程编制”、“课程评估”和“课程实施”等，便在联邦德国被广泛接受了。这个概念系统的传播，是受盎格鲁—撒克逊术语和国际用法的影响而加强的。在此以前，从 17 世纪到 20 世纪中期，德国一向采用的是教学概念系统。不过，德国学者编写的《德汉学校教育学小词典》（1989 年）表明，现代德国还处在教学概念系统与课程概念系统混合使用的状态。

在德国历史形成的教学概念系统中，课程意义上的基本概念有：“教养”、“教学计划”、“教学大纲”、“教科书”以及“教学”等。如今关于其中一些概念的解释是：

1. 教养：“在德语中，除了‘教育’的概念以外，还用‘教养’这个词语。在大多数其他欧洲语言中，只有 education（教育）这个词”，“‘教养’这个词仅指教育的一部分。其中只涉及下一代应当获得的内容与技巧方面，这是学校承担的教育方面的任务”，“学校的这种任务往往同‘实质教育’的概念相联系。知识和技巧被视为学生受职业训练所需要的实质的东西。‘知识’和‘教养’给等同起来了。这就是教学计划不断扩展，或各种新学科不断被引入各类学校的原因”，“但是，还有一种对学校任务完全不一样的理解。这种理解可以以‘形式教育’的概念来称之。按这种观点，学生思维的方法与解决问题的技术应放在首位，学生应当完全学习”，“现代教学计划正试图在这两种见解之间找到平衡”。

2. 教学计划：“教学计划，是指适用于各类学校的国家制订的方针和指示。‘教学计划’概念也常常与‘课程’一词一样使用。”

这个界定把“课程”作为“教学计划”的同义语，表明还是在“跑道”意义上使用“课程”概念。其含义比英语国家的“课程”概念狭窄。不过，

同一《小词典》关于“课程”的界定与此稍有区别。其中关于“课程”的释义是：“学校是由教育目的、学科内容和教学组织决定的。在‘课程’概念中总括了学校的这些特征。”把“教学组织”作为应有之义纳入“课程”题中，表示超越了“课程即跑道”的本义。

3. 教学大纲：“国家为某一种学校的教学规定的计划。其中至少包含按学科和学年编排的教学课题的概要。”

在这本《小词典》中，尚未列入别的国家使用的“课程标准”概念。表明教学概念系统的影响仍然很深。

《德汉学校教育学小词典》描述的课程运作系统是：

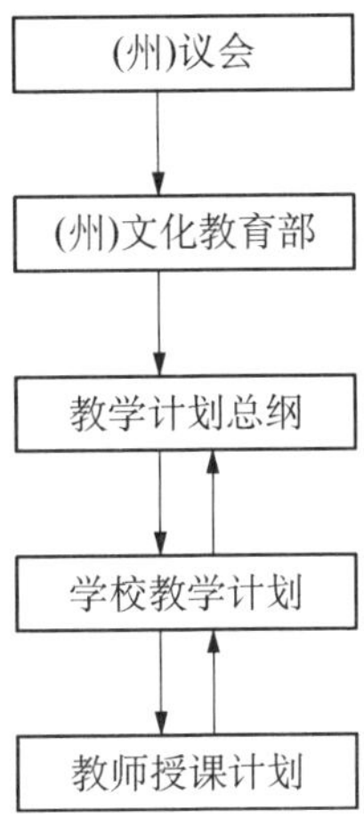

其中“教学计划总纲”，各州所用的名称不尽一致。有“教学要领”、“教育计划书”、“教学计划书”之类的提法。其中可能包括教育目的、教学计划和各学科教学大纲。“学校教学计划”，指各个学校自主制定的教学计划。“教师授课计划”，亦称“授课计划”，即“为教学过程制定的方案”。

德国课程行政权力的分配，基本上属于各州分权的体制。学校教育目标，或由州宪法与州学校法规定，或单独由州学校法规定，或由州文化教育部以行政法规规定；然而正如《小词典》在界定“课程”中提到的：“规定公立学校的任务、内容与教学的实施，乃是国家的任务。只有对共同利益负责的国家机构才能协调各种社会群体向儿童和青少年提出的各种要求”，“在讨论课程的调整或改革的过程中国家的影响最为突出”，但这并不意味着实施全国统一的课程，“联邦德国倾向于把国家的指令限于一般原则范围内”。

为了保持在全国范围内课程起码的统一性，各州之间主要通过文化教育部长会议加以协调。如 1977 年召开的各州文化教育部长会议，提出了共同的学校教育目标。其中包括：（1）知识技能与能力的媒介，（2）独立的批判性、判断力、自我负责行为及创造性活动能力的培养。

三、涵盖“课程”成分的“教学”概念
——法国“教学”概念示例

胡森和波斯尔斯韦特主编的《国际教育百科全书》的“法国课程史”条目中提到，法国教育工作者并不熟悉“课程”这个概念。他们更乐意使用“课程表”和“教学大纲”这两个最接近他们观点的词来称呼“课程”。基础学校和初级中学对每一个班级、每门课都分别订有一个“课程表”和“教学大纲”。“教学大纲部署好该年度要学习的课题，而课程表则用来确定每周为每个课题规定的时间量”。“课程表”和“教学大纲”是形成于法国历史的概念。“从1880年到1970年的近一个世纪以来，教学大纲的概念在法国教育中始终异常稳固”。不过，在法国1989年的《教育方向指导法》第四条与第五条中，却出现了“课程计划”提法，第六条还有设置“全国课程计划委员会”(Conseil National des Programmes) 的规定。此“课程”一词指称原先的“教学大纲”。至今仍适用的1975年的《75－620号教育法案》，其第一编(涉及基础学校和中等学校课程问题) 仍称之为“教学”。不过，把原先的“国民教育最高审议会”更名为“全国课程计划委员会”，也许不无原因。

尽管法国没有采用课程话语，仍不妨采用课程概念系统分析法国教学话语所指称的事实，以便于进行课程问题的国际比较。

法国对教育事业进行法制化的管理，有比较完备的教育法律、法规与规章。在20世纪70年代以来的现行法律中，1989年的《教育方向指导法》为现行教育总法，1975年的《75－620号教育法案》(通称《哈比法》) 为普通教育重要法律。1989年的法律规定，“整个学校教育活动由若干阶段组成。每个阶段均有全国统一规定的逐年培养目标和课程计划及评价标准”。

法国教育行政系统分为中央、学区、省三级，学校为教育行政管理的基层单位。

中央教育行政机构为国民教育部。按照《教育方向指导法》规定，设置全国课程计划委员会，作为教育部长的咨询机构。全国课程计划委员会成员为有资格的知名人士组成，由教育部长任命。“全国课程计划委员会应就教

学的总体设想、要达到的主要目标、课程计划及学科范围与这些目标及知识发展的一致性，向国民教育部长提供意见和建议”。全国课程计划委员会提出的意见和建议将予以公布。这些意见和建议如被采纳，即由国民教育部长以行政命令发布施行。国民教育部还设置由国民教育部长直接领导的督察机构，称为“总督察署”。其中的国民教育总督学，其职能是依据教育法律、法规，就学校教育的课程（包括教学内容与方法）进行视察、监督与评估，另有国民教育行政总督学国民教育部长名义对各级教育行政机构进行监督。

全国地方教育，分成学区管理。根据 2014 年数据，有 31 个学区（本土 26 个，海外 5 个）。其管辖地区大致同国家行政大区一致。学区行政负责人为学区长，负责视察本学区学校教学活动，保障执行国家统一制定的课程计划，批准学校的课程表，组织学区级考试，监督检查学校的行政管理与财务管理。设置各类地区督学，辅佐学区长工作。学区长行使对高级中学及同级学校的监督权，学区督学行使对初级中学的监护权，学区副督学与省国民教育督学负责对基础学校（小学）及学前教育机构的监督。

省级教育行政机构，各由一名学区督学领导本省教育工作。这种学区督学相当于省教育局局长，受学区长和省长双重领导。其职责为管理省内基础学校，并行使监督权。主要处理学校设置、师资、纪律、学校卫生、校车及市镇资助等事务。

学校是教育行政管理的基层单位。公立中小学校长由国家任命，领导与管理校务，并接受上级教育行政机构的监督，按照《75－620号教育法案》，“教育组织和内容，分别由教育部的条例和命令所规定。一些条例已明确规定了基础学校、初级中学和高级中学享有的教学自治的原则”。即地方各级教育行政机构对学校中课程的实施，只承担监督的职责，而无权干涉。同时，按照《教育指导法》规定，“在每所小学、初级中学或高级中学组成的教育共同体包括本校全体学生以及校内外所有参与学生教育的活动者”，“各级各类学生均可根据自己的意愿和能力，并在家长、教师以及能胜任工作的学业与职业方向指导人员的帮助下，确定自己在中学和高等教育阶段的学业方向与职业方向的打算。有关的行政管理部门、地方行政机构、企业和社团应予以支持”。

法国课程行政权力集中于中央，学校为课程实施的机构，地方教育行政机构只承担实施国家课程的监督职责。这种以国家为本位的课程体制的特点是：

1. 实行全国统一的课程计划，并保持全国统一的课程标准。而关于这种统一的课程计划的要义，国民教育部在《法国教育体制改革》（1977 年）文件中解释道，“在这一计划中，成人与儿童从不被视为国家的财产，教育乃是道德和哲学的教育，并不是就本义而言的政治教育”，“教育的最终目的在于，使每个青年具有头脑，从而使他能够独立地重申社会协约，或在他认为需要时能够修改这种协约”，“谈论教育的世俗性或中立性，仅意味着回顾这一明显的事实”。这种所谓“自由社会的教育计划”，有别于“国家主义教育”的“民主式的”计划。

2. 教育行政系统的“独立”。即从学区长、省级学区督学到学校校长，都是国家的代表，即教育部长的代表。地方各级教育行政机构，原则上不受地方行政机构的约束。即使在 1982 年《权力下放法》颁布以后，地区、省、市镇三级政府获得了一些介入教育的权力，任何地方政府都无权更动课程计划的规矩也未变。如需作少许调整，也得经教育主管部门授权。可见课程行政独立是教育行政系统独立的最显著的标志。

3. 全国统一的课程，由有资格参加课程计划委员会的专家在集思广益的基础上拟订。课程计划一旦以行政命令发布，任何个人都无权更动，并且课程计划的实施，受到各级教育监察人员的监督；学校有教学自治的传统并且其自治权得到了现行法律的确认，因此更限制与排除外在干预课程实施的可能性，从而使课程运作过程（从计划到实施）有可能保持一定的专业性质。由此不难看出国家本位课程与“官本位课程”的区别。

参考资料：

1. 瞿葆奎主编、张人杰选编：《法国教育改革》，人民教育出版社，1994，第 226—240、252—258、651—664 页。
2. 江山野主编译：《简明国际教育百科全书 · 课程》，教育科学出版社，1991，第 203—206 页。
3. 郝维谦、李连宁主编：《各国教育法制比较研究》，人民教育出版社，1998，第 62—90 页。

四、涵盖“教学”成分的“课程”概念
——英语国家的“课程”概念示例

自19世纪60年代初斯宾塞率先提出“课程”概念以来，“课程”在英国以至英语国家已经成为通用的概念。唯在现代英语国家，这个概念的含义似乎越来越模糊。例如在胡森和波斯尔斯韦特主编《国际教育百科全书》的“课程的定义”条目（作者F·M·康纳利与O·兰茨）中，罗列的“课程”定义就达9种之多。不过，正如作者所说，这些“课程”的歧义，其实“取决于特定的作者如何进行工作”。这就是说，这些都属于各个作者给“课程”下的规定性的定义，是以“定义性陈述”的方式表达某种有关“课程”的价值观念（“好课程”、“理想的课程”），也就算不上是通用的“课程”的定义。

关于通用的“课程”的含义，德·朗特里编的《西方教育词典》“课程”词目的解释是：“课程”（course），在北美，指一学期（semester）半学年期间的一系列课，是学生全部教学计划中的一门独立的学科。在英国，这个词也有这个意思，但也用来指一年的学习（所有学科），或指在获取特定资格过程中的总学习。例如我们说“学位课程”，或“毕业文凭课程”。这大体上是历史形成的“课程”概念。它的两种用法的区别在于：作为一系列学科总和的课程，只涉及教与学的内容，而作为一门学科的课程，如“语文课程”、“数学课程”，不仅涉及教与学的内容，还包括这种课程的实施。

然而，正如康纳利和兰茨所说，源于拉丁语词根“跑道”的“课程”概念，在现代“受到了广泛的批评，并遭到频繁的修正、替换”。因为相当于“跑道”的课程，实际上系有关教与学内容的规范，充其量属于“应然的课程”，而非指实际运作的课程。这才促使众多学者对“课程”概念重新定义。可是这种或那种关于“课程”的定义性陈述因未通用，也就算不上是“课程”的定义。

二

不过，“课程”概念终究不是一成不变的。随着作为实践概念的“好课程”的定义性陈述的影响日增，特别是普遍的课程事实的变化，“课程”的含义将从“轨道”逐渐演变成“在轨道上运作”。也就是把各门课程的实施都涵盖在一般“课程”概念之中。由英国学校管理委员会组成的课程委员会发表的泰勒报告《我们学校的新伙伴关系》提到“我们编制的学校课程的概念，包含了学校为儿童提供的经验总和”。

在《西方教育词典》中，除了有许多“课程”亚概念词目以外，也还有“教学”及其亚概念的词目。关于“教学”（instruction）概念的解释是：“教学”（teaching）和“教育”（education）为同义词（特别在美国），而在英国，它是指使学习者能运用日常技能的训练。可见此“教学”同教学概念系统中“教学”的含义有别。

五、中国以教学内容为“课程”、以课程实施为“教学”的概念

虽然任何时代的教育中，都不免有关于教学内容的选择，形成一定时代有关教学内容的规定性的措置，但是，“课程”确实是伴随着近代学校制度产生的，只是不得不借助于先前的词汇表达所要表达的概念，所择定的词同所要表达的概念只能大体上相近。因为即使原先存在这一概念，它所指称的，是与近代“课程”颇不相同的事实。这种情况同样适用于外来词语的翻译。所择定的词的含义，一旦约定俗成，这个词原先的含义也就不那么重要了。

中文“课程”一词的出典为：

（唐）孔颖达（574—648）	《诗·小雅·小弁》：“奕奕寝庙，君子作之。”注：“救护课程，必君子监之。”	《五经正义》
（宋）朱熹（1130—1200）	宽著期限，紧著课程。	《朱子全书·论学》
	小立课程，大作工夫。工夫要趱，期限要宽。	《朱子语类·学二·总论为学之方》
（宋）杨应之（名国宝）	大抵后生为学，须是严立课程，不可一日放慢。	《舍人杂说》
（宋）吕祖谦（1137—1181）	为学之本，莫先于读书；读书之法，须日有课程。	《少仪外传》
	怠惰苟且，虽漫应课程而全疏略无叙者，同志共摈之。	《学规·乾道五年规约》
（宋）真德秀（1178—1235）	仍请主学官立定课程，每旬一再讲书，许士子问难。	《西山政训·崇风教》

表示在宋代“课程”并非偶然出现的词，所指为个人的功课，即“学程”。朱熹注意到“课程”同“期限”相关，而近代则把“期限”（进度）作为“课程”题中应有之义。“课程”是近代教育的产物。把“课程”这个词

源追溯到孔颖达、朱熹，意味着在他们以前尚未使用“课程”这个词；在朱熹以后虽使用这个词，“课程”概念的外延同近代“课程”差别甚大。只是由于任何时代教育都有一定教学内容以及关于教学内容的规范，人们为追溯近代“课程”的渊源，才把这个概念反套在古代教育之上，但若不落入“以今度古”的俗套，须分辨古今“课程”之别。

六、课程—教学概念系统一元化刍议

课程—教学是历史范畴。不同时代、不同社会—文化中的“课程”概念与“教学”概念不尽相同。如，近代以来欧洲大陆德语、法语、俄语社会—文化中历史地形成了教学概念系统；时至现代，在英语社会—文化中逐渐形成课程概念系统。这两种不同的概念系统，虽用不同的语词指称教与学、学与用活动中大致相同的对象，其实，它们各自反映的教与学、学与用之间关系的价值观念，却存在微妙的区别。

问题在于在我国长期以来，教育学人对如此区别，几乎熟视无睹。因为我国教育学中所谓“课程”，实际上专指教学的内容，而我们所谓“教学”，主要指课程的实施。表明我们似乎已经形成了另外一种概念系统，即“课程—教学概念系统”。不过，我们早已习惯了的“课程”用语与“教学”用语，同别的社会—文化中通用的同一语词的语义，虽存在微妙的区别，我们却对此浑然不觉。结果不仅在中西教育交流中无端地制造了沟通的障碍，而且在所谓“中西教学比较”或“中西课程比较”中，至少就语词与概念的运用来说，不免存在无中生有、文不对题之类问题。

有鉴于此，这才于2000年在《学校教育原理》一书中，提出课程—教学概念一元化的刍议。其中尝试采用两个跨文化的形式概念，即：分别以“教程”与“学程”表示教学概念系统与课程概念系统在教与学、学与用关系运用中的实质性的区别。

为什么把教学概念系统的运用归结为“教程”，把课程概念系统的运用归结为“学程”呢？

传统教育旨在造就“有教养的等级”，故教学概念系统以“教养”为核心价值观念。所谓“教养”，原是在一定社会—文化中，未成年人应有的学科知识—文化的价值选择，学科知识—文化的传承则是使客观的学科知识—文化成为学生的教养，即学生掌握的学科知识—文化。教程作为调节学科知识—文化传承的经验形式，主要通过教学程序的设计和教学法则的运用，使客观的学科知识—文化转化为学生自己的学科知识—文化。在这种经验形式中，实际上包含学生的参与及知识的运用。所以，教育本身便是教师同学生之间在教与学活动中沟通的过程。问题在于未成年人的经验同作为成年人经验结晶的学科知识—文化之间，存在难以跨越的逻辑鸿沟，随着教育的普及和学生自主意识的觉醒，教程的内在矛盾才日益显示出来。

以往尚未形成“教程”意识，一般把传统的教与学、学与用关系，直觉地表述为“以教师为中心”、“以书本为中心”和“以课堂为中心”。虽在一定程度上符合人们的印象，问题在于一旦察觉如此“弊端”，为了谋求教与学关系、学与用关系的改进，便自然地从这种表面的印象中冒出一堆同传统教育“对着干”的念头。这便是“以儿童为中心”、“以生活经验为中心”“以劳作活动为中心”。一度作为“欧洲新学校”、“进步主义教育”（合称“新教育”）的标签甚嚣尘上，课程概念系统便由此发生，从中显示出从“教程”向“学程”转化的迹象。至于“新教育”的命运如何？其内在的缘由，恐怕主要同“学程”建构的进度相关。

“教程”与“学程”并不是非此即彼的两种经验形式。他们之间的区别，主要在于教与学、学与用关系的权重不同。因为在“教程”中，教学程序的设计与教学法则的运用中，就在一定程度上涉及教与学、学与用关系的处理。“学程”要得以成立，也回避不了教与学、学与用关系的处理。而在教与学之间、学与用之间都可能存在有待探索的中间环节与过渡形态。在标签族、标签派的操作下，“教程”与“学程”才成为互不相容的两种对立的程式。

话虽如此，从古代自发性的“学程”到近代“教程”，再经由“学程化教程”或“教程化学程”最终转向成熟的“学程”，或许是课程—教学经验形式演化的大趋势。

七、“教养”辨析

教养，在汉语中是一个日常用语，为“教育培养”的意思。如嵇康自称“今但愿守陋巷，教养子孙”（《与山巨源绝交书》）。亦指文化品德方面的修养。在德国及俄国教育学中，“教养”（德语 bildung，俄语 образование）则与“教育”（狭义）、“教学”同为教育学的基本概念，有其特定含义。如果不了解这个字的原义，那就很难恰切地解读这些国家的教育与教育学。由于汉语“教养”一词同 bildung 或 образоавние 并不完全对应，采用这个译词，也就不免造成对这类教育学的阅读障碍。不仅如此，把“教养”作为教育学的基本概念，实际上代表一种教育价值取向，故有必要对“教养”概念加以辨析。

一

据我国最近翻译出版的俄国学者弗·弗·克拉耶夫斯基《教育学原理）（2003 年俄文版）一书称，《俄罗斯联邦教育法》至今仍把 образование、воспитание 与 обучение 三个词“构成统一体”。这三个词，按照凯洛夫《教育学》（1948 年俄文版）中文译法，分别为“教养”（或教育）、“教育”（或培养）与“教学”。表明俄国教育学的这三个基本概念，至今未变。其中 воспитание，是指狭义“教育”。不过，据克拉耶夫斯基称，“至今学者们对这三个范畴并不存在统一的和同义的理解”。说明即使在现今俄国教育理论界，教育诸概念（主要是“教养”与狭义“教育”）的单义性也成为问题。

至于把这三个基本概念——主要是 образование 和 воспитание——译成中文，受我国用语习惯的影响，困难更大。如俄文 общее среднее образование，直译为“中等普通教养”，而我国同类学校通称“普通中等教育”。又如原先把 воспитание 译为“教育”（狭义），比较符合俄文原义。如今在翻译《教育学原理》时，间或把它译为“德育”，同俄文原义便有出入。因为俄文中“德育”原词为 нравственное воспитание。本人虽然不识俄文，由于以往在大学学习教育学时，受到过先师萧承慎教授的指点，后来逐步意识到，这不只是教育用语和概念问题，而事关由这三个基本概念构成的一种教育理论体系，反映出德—俄教育价值取向与别的社会—文化中教育价值取向的区别。为什么这样说呢？且从"教养"一词的含义谈起。

二

俄国教育学脱胎于德国教育学。在德国教育学中，"教养"的含义，据《德汉学校教育学小词典》解释，"教养这个词，仅指教育的一部分。其中只涉及下一代应当获得的内容与技巧方面。这是学校承担的教育方面的任务。"(按：这里所谓"教育"，是指广义"教育"，非指"教育"一词的狭义)，"学校的这种任务，往往同实质教育的概念相联系。知识与技巧被视为学生受职业训练所需要的实质的东西。知识与教育被等同起来了。"此种解释，已经羼入现代学者的"教养"观念。

其实，教养并不等同于知识、技能与熟练技巧，而是指学生应当掌握的知识、技能与熟练技巧。这里的关键词是"掌握"或"获得"。未被掌握（或获得）的知识、技能与熟练技巧，不能算是"教养"。"教养"也不专指"职业教养"。

凯洛夫《教育学》称："所谓教养，是指掌握知识、技能、熟练技巧体系而言，并且在这个基础上，发展学生的认识能力，形成他们的科学世界观，养成他们在自己的行动中为共产主义社会福利而贡献其知识的崇高情感和志向。"其中所谓"发展学生的认识能力，形成他们的科学世界观……"是指狭义"教育"。狭义"教育"的含义比严格意义的"道德教育"宽泛得多。

这种解释，似有"教养"与"教育"（狭义）混淆之嫌。其实不然。其中关键的句子，是"在这个基础上"。这就是说，"教养"本义在于掌握知识、技能、熟练技巧体系。由于在学校中教养是通过"教学"实现的，按照赫尔巴特确立的"教育性教学"的原则，单纯传授知识、技能、熟练技巧的教学，是缺乏"教育价值"的教学。唯有"教育性教学"，才具有教育的价值。而"教养"则是学生获得教育的基础。在"教养"基础上教育，这就是近代理性的自律的教育（其中包括道德教育）价值取向，也就是传统教育学核心的价值观念。

学生要受到“教育”的影响，即发展认识能力，形成科学的世界观……固然有赖于获得初等与中等的普通教养，然而，获得这种教养，是一个较长时期的过程，而平时掌握的这种或那种知识、技能，未必就能对他们的德性和世界观产生多大的影响。所以，在教学以外，还要辅以学生行为管理与指导。这种“指导”，或为“训育”（德），或为“教育”（狭义）（俄）。这只是就传统教育学而言。

三

在英语国家，间或也用“教养”一词。但同我国一样，属于日常用语，而非教育学的基本概念。

八　智育缘起

在我国，所谓“德智体全面发展”，早已成为口头禅。其中“智育”到底是怎么一回事，却甚少提及。因为有一种不成文的想法，似乎“智育即教学”，故不觉得智育成为问题。然而“教学”是否即“智育”却成为问题。由于教学虽同智育相关，它们毕竟不是一回事，人们对智育的理解与价值追求不尽一致，故有必要对“智育”加以辨析。

关于智育，从哪里说起呢？按照一般问句的语言结构，问句由“定项”（已知成分）和“疑项”（未知成分）构成。在“什么是智育”这个问句中，定项是“智”和“育”。其中，“育”即教育，同“德育”之“育”、“体育”之“育”无异，暂且不议。成为疑项的，便是“智”的含义如何，它指称的对象是什么，由于“智育”是一个历史范畴，是在一定历史条件下形成的概念，其内涵又随着不同时代教育的变化而变化，而“智”这个单音词，也像其他关键词一样，往往跨越不同时代而通用。故关于“智育”的辨析，不妨从“智”的语义、语用分析入手。

一

智育是近代才形成的概念，而“智”这个词在汉语中早就出现。不过，起初与“知”通用。即“智”可表示“知”（知晓、知识、知道），“知”也可表示“智”（机智、智慧、智力）。其语义根据语境确定。这在先秦古籍中屡见不鲜。举例如下：

《论语》中未见“智”字，但存在以知表知和以知表智两种情况：

	例　　句
以知表知	告诸往而知来者（《学而》）
	温故而知新（《为政》）
	吾有知乎哉？无知也（《子罕》）
	未知生，焉知死？（《先进》）

续表

	例　　句
以知表智	知者乐水（《雍也》）
	知者不惑（《子罕》）
	唯上知与下愚不移（《阳货》）

先秦其他古籍中也有类似情况。

以智表知	逃臣不智其处，狗犬不智其名也（《墨子·经说》）
以智表智	绝圣弃智（《老子》）
	虽有智慧，不如乘势（《孟子·公孙丑》）
以知表知	见之不若知之，知之不若行之（《荀子·儒效》）
以知表智	无知无巧，善治衣裳（《荀子·赋》）

明“知”、“智”之别，可知“智育”可能有两种不同的价值选择，即：知识的传承和智慧的生成。不过，古代教与学中虽有某种“知”、“智”成分，却同“智育”大相径庭。

1. 近代以来常以孔子所谓“知（智）仁勇”附会“智育、德育与体育”，其实，它们之间的可比性少之又少。《中庸》有道是：“知仁勇三者，天下之达德也，所以行之者一也”，“知斯三者，则知所以修身，知所以修身，则知所以治人，知所以治人，则知所以治天下国家矣”。而智育、德育、体育则属于旨在使个性和谐发展（或人格完善）的教育的成分。

2. 近代“智育”、“德育”和“体育”，属于未成年人基础教育的基本成分，而古代未成年人蒙学，以识字、写字、珠算为主课，就连所谓“智仁勇”都谈不上，遑论什么“智育”。

二

近代文艺复兴、宗教改革以后，身心既美且善、人格完善发展的价值取向，逐渐演变成时代潮流，学校教育中的德、智、体成分逐渐增加。随着教育基础理论的形成，直到 19 世纪才形成“智育”“德育”“体育”之类概念。其中“智育”内涵的表述仍相当模糊。

在夸美纽斯《大教学论》(1632) 中被多次罗列的作为“永生预备”的三种基本品格中，同“德行”、“虔信”并列的品格，有五种提法，即：科学、学问、知识、博学和智慧，似把它们看成同义语。罗列于下：

1. 科学	卷首题词
2. 学问	第 4 章之 9、第 5 章标题、第 10 章之 14
3. 知识	第 6 章之 1、第 12 章之 9、第 12 章之 12
4. 博学	第 4 章之 6
5. 智慧	第 5 章之 3、第 12 章之 2

《大教学论》原用捷克文撰写，后由作者译为拉丁文，中译本以英文本为底本。对照该书德文译本与中文本提到的上述不同提法[①]，结果如下：

原著	中文本		德文本		拉丁文本	
	页码	译名	原词	词义	原词	词义
卷首题词	3	科学	Wissenschaft	科学	Scientia	科学
第 4 章之 9	27	学问	Gelehrte Bildung	【直译】广博的教养	Eruditio	博学
第 5 章标题	28	学问	Gelehrte Bildung	同上	同上	同上
第 10 章之 14	58	学问	Bildung	【一般译法】教养		
第 6 章之 1	39	知识	Wissen	知识		
第 12 章之 9	66	知识	Wissenchaft	【一般译法】科学		
第 12 章之 12	67	知识	Wissen	知识		
第 4 章之 6	25	博学	Gelehrte Bildung	【直译】广博的教养	Eruditio	博学

① 夸美纽斯在《大教学论》(1632)，人民教育出版社，1984 年版：Grosse Didaktik，Ubersetzt und herausgegeber von Anderas Flitner，Z Auflage，Verlage Helmut Kupper Vormals Bondi，1960。本节中外文译名对照，均由黄向阳博士完成。

续 表

原著	中文本		德文本		拉丁文本	
	页码	译名	原词	词义	原词	词义
第 5 章之 3	29	智慧	Weisheit	智慧		
第 12 章之 2	64	智慧	Weisheit	智慧		

表明同“德行”、“虔信”并列的品格，不仅在中文出现五个译名，在德文译本中，也有“wissenschaft”、“gelehrte bildung”、“bilddung”、“weisheit”、“wissen”五个译名。这些译名与中文译名又不完全对应，造成这种情况的原因，可能有：

1. 夸美纽斯所处时代，科学、学问、知识、博学、智慧等概念的区别，在教育上的意义不如后来那么突出。正如中国近代以前，“知”、“智”可分、又不可分的情况一样；在培根《学术的进展》（1605）一书中，“学问”（learning，或译学术）、“知识”（knowledge）、“科学”（science）三词可分，又作为同义词，可作旁证。

2. 夸美纽斯在《大教学论》拉丁文本中用词确定，而在德文或中文中，难以找到恰切的译名。自然，也不排除译者忽视译名统一的可能。

17 世纪末，洛克在《教育漫话》中，把教育归结为“四件事情”：“就是德行、智慧、礼仪和学问。”① 其中“智慧”指的是“它使得一个人能干并有远见，能很好地处理他的事务，并对事务专心致志。这是一种善良的天性、心灵的努力和经验结合而成的产物。”② 简单地说，智慧是指恰当地处理事务的品性与能力。智慧虽不是儿童所可企及的，但应使儿童不要卖弄小聪明。他鉴于大家谈到教育的时候，所想的差不多“只有学问一件事”，断言在教育中“学问最不重要”。这是针对欧洲古典人文课程优势有感而发。在他看来，“大家为着一点点拉丁文与希腊文，不知受了多少麻烦，花费了多少时间，无缘无故弄出了多少吵嚷与忙碌。”③

洛克所处时代，尚未形成“智育”概念。他对欧洲行之已久的古典人文课程优势的质疑，并由此而认定“智慧”重于“学问”，虽然过于超前，仍

① 洛克：《教育漫话》，傅任敢译，教育科学出版社，1999，第 114 页。
② 同上书，第 117 页。
③ 同上书，第 126 页。

不失为有关智育的先见之明。

三

虽然从近代开始，学生个性（人格）完善发展，早就受到教育界有识之士的关注，但直到19世纪，才形成“智育”、“体育”之类概念，并同“德育”配套。所以在夸美纽斯、洛克、卢梭、康德教育著作中，虽含有道德、智力、体力健全发展的意向，却鲜见“智育”、“体育”之类提法。

19世纪初，裴斯泰洛齐在《天鹅之歌》（1862）中提出：教育意味着“完整的人”的发展。因为仅仅使人性的某一方面特殊地发展，就像吹奏铜管、敲击铙钹所发出的声音，“是空的，不真实的”。“教育要名副其实，必先是努力使人的完善能力得到发展。”[①] “也就是人的道德、智力和体力的均衡。”“换句话说，人的心、头和手的能力的均衡性。”[②]

19世纪中叶，斯宾塞分别发表题为《什么知识最有价值》、《德育》、《教育的艺术》、《体育》的论文，于1861年辑成《教育论：智育、德育和体育》一书，颇有影响。其中把“教育的艺术”改题为“智育”。

在此之前，裴斯泰洛齐的《天鹅之歌》中，间或提到“智育”一词，是指“智力发展的教育”，或“较高的智力训练”。[③] 其要义为遵循智力演化的自然秩序，进行智力训练。其中的见解，被后人追溯为近代“教学原理”或“教学法”的源头。

斯宾塞的“智育”之说中，除了质疑古典人文课程、确立科学在基础教育中的核心地位以外，还着重总结从裴斯泰洛齐开始的五十年间教学实践经验，并从中归纳出一系列“教学原理”。[④] 所以“智育”之说，实际上成为后来教学法、教学论、课程论的源头。而“教学”“课程”所应解决的问题，又不局限于“智育”。故随着“教学理论”或“课程理论”研究的进展，加上其他原因，“智育”观念越来越趋于淡化。

---

① 裴斯泰洛齐：《天鹅之歌》，夏之莲等译《裴斯泰洛齐教育论著选》，人民教育出版社，2001，第425—426页。

② 同上书，第438页。

③ 同上书，第432、434页。

④ 斯宾塞：《智育》，《斯宾塞教育论著选》，胡毅、王承绪译，人民教育出版社，1997，第96—101页。

一个显而易见的事实是，在瞿葆奎教授主编的《教育学文集》中，列入《智育》专集，共收入40篇文章，虽经多方搜求，其中却只有一篇论文直接论及“智育”。概因所谓“智育”就蕴涵在“教学”或“课程”之中。

然而19世纪中叶以来教学演化的实际状况表明，教学越来越知识化，课程越来越成为教师的“课程”，从而同学生经验、社会实践的距离越来越大。即“教”与“学”、“学”与“做”（用）日趋脱节。加之课业负担日趋加重，以致无法判断学生从课程或教学中，究竟发展了智力与智慧，还是遇到了探索个人智力、智慧的障碍。如此状况不免又重新激发“智育是什么”的思考。

九、智育要义

何谓“智育”？无需从“智慧是什么”中去推求。既然曾经有过一个“有智慧的教育”的时代，不妨看看那种教育是怎样的情形，进而考察为什么会从“有智慧的教育”演变成“乏智慧的教育”。

“哲学”一词原为古希腊语，“爱智”之义。故如怀特海所说，“在古代学校里，哲学家们渴望传授的是智慧”；到了近代，洛克把绅士教育理解为“四件事情”，“就是德行、智慧、礼仪和学问”，并且认定在这“四件事情”中，“学问最不重要”。[①] 可见，他所谓“教育”，算得上是“有智慧的教育”。这倒不只是出于哲学家的职业兴趣与偏好，而是古代与近代之交欧洲正规教育的一般取向，属时代使然。

不过，按照洛克的见解，智慧是一种“善良的天性、心灵的努力和经验结合而成的产物”，故它“不是儿童所可企及的”，“对于儿童的智慧最能做到的一件大事，就是要尽力阻止他们变狡猾”。因为狡猾模仿智慧，但是它与智慧相离最远。这样，他对于教育中的“智慧”不如像“德行”、“礼仪”及“学问”那样详细加以发挥，所作的正面解释是：“要使他们习于真实，习于诚笃，服从理智和尽量反省他们自己的行为。”[②] 其实，这正是那种“有智慧的教育”的精义所在。在教育史上，洛克堪称是率先把教育作为一个“近代问题”提出来的教育家。他的教育见解，不仅对于英国教育近代化有深刻影响，也在欧洲其他国家的教育中留下印记。

近代欧洲教育的情形如何呢？欧洲从文艺复兴时代开始，“以复古为解放”，复古希腊、古罗马教育之古；旨在弘扬自由精神，发展儿童的独立个性。其经验形式，则是以古希腊、古罗马时代的文字（古希腊文、拉丁文）、典籍与历史为主要课程。不过，在“文艺复兴”后期，古典人文主义教育已经沦为形式主义的教学，故近代教育思想的先驱，如夸美纽斯、洛克，以及

---

① 洛克：《教育漫话》，教育科学出版社，1999，第114、126页。

② 洛克：《教育漫话》，教育科学出版社，1999，第117—118页。

18 世纪与 19 世纪之交的新人文主义者，如康德、席勒等，无不抨击教育中的形式主义，重在发扬古希腊教育中的自由精神，后来逐渐形成古典人文倾向的博雅教育，一直延伸到 19 世纪，成为正规教育的主流，至今在欧洲国家仍有颇大影响。

洛克所谓教育的“四件事情”，不啻是博雅教育的蓝图。这种教育重在陶冶情操与理智品质，崇尚个性自由，培养独立判断能力与论证的习惯，旨在造就精英；惟英国古典人文教育比欧洲大陆的古典人文教育务实一些，更注重实践智慧。不过，随着时代的推移，到了 19 世纪下半期，这种“有智慧的教育”逐渐引起怀疑。这就是不止一次的“形式教育”与“实质教育”之争。争论的结果表明，注重形式训练的古典人文教育的问题在于：

1. 古典文法、典籍中包含的历史文化，虽反映了自由思想，闪现着智慧的光辉，然而，这种远离现实时代的知识本身并无实用价值。

2. “形式教育”论者假定在古典文化陶冶中受到训练的理智可以迁移到其他方面，这种假设已被现代心理学所否定。

3. 博雅教育旨在造就精英，早已不适合民主时代的潮流，随着现代基础教育的普及，须提供未成年人普遍需要而又能够接受的基础教育。

4. 为适应教育事业的普及，教育越来越制度化，制度化带来的片面知识化使教育同教育对象及社会生活的需求脱节。

这一切，导致基础教育日趋知识化，“智慧”逐渐从教育中淡出。

如果说传统的“有智慧的教育”是从前工业社会向工业社会转变时期的产物，那么，制度化的片面的知识化教育，则是教育模拟标准化工业生产方式的结果。如今已经面临“知识经济”时代，迫切需要造就具有创新精神与实践能力的人才。且不说现时代的经济究竟是“知识经济”还是“智慧经济”，以“有智育”取代“乏智慧的教育”，恐怕已属大势所趋。至于现时代的“智育”到底如何，尚待探索，而传统“智育”的淡化，何足惜哉？

十、“以不教为教”辨析

“以不教为教”，为千古不朽的教育名言。问题在于，从字面上看来，“不教”与“教”正好相反。“不教”原是轻而易举之事，谁都做得到，为什么“不教”又会成为教育的价值追求呢？尽管千年以来人们对这个论断深信不疑，且越到后来，越珍视这个箴言，却甚少见到对这个似乎矛盾统一的命题作出合理的解释。其实，这是一个未解的深层次教育理论问题。

一

原来，在这个判断句中，“教”同“不教”之“教”，并不是一回事。因为中国古代单音词“教”，至少有两义，并有两种读音。一是平声的“教”（今第一声，音“交”），为动词，中性，相当于后来的双音词“教学”；一是去声的“教”（今第四声，音“较”），原为名词，属规范词，相当于后来的双音词“教育”（这里只就其狭义而言）。

依此看来，所谓“以不教为教”，意思是：不以教（音“交”）的方式（实指说教）而使人真正受到教育影响。如今看来，这个判断正是对大致同时代古希腊苏格拉底之类哲学家之间“美德可教吗”争议的异曲同工的回答。[①] 不仅很有意思，而且是一个具有深远影响的教育命题。

说到何以“以不教为教”，还得从这两“教”之别谈起。

“教学”与“教育”（狭义）原是相关而又有区别的两个概念。无论古今中外都是如此。因为这两个词指称的，是不同的对象。

“教学”之“教”，原为“教”（音“交”）弟子学。什么东西非教不可呢？自文字发生以后，因有传承文字及由书面语言所表达的间接经验的必要，才导致教学以至学校的出现。

本来意义的“教育”，则是指善的影响，主要是道德影响。所谓“影

---

① 关于西方从古至今“美德可教吗”的争议，参见：陈桂生，《西方历史上关于“美德可教吗”的议论》，《中国德育问题》，福建教育出版社，2006，第 213—219 页。

响”，指的是外部动因在人的心理与意识中发生的效应。这种效应有正负之分。惟有善的效应，才称之为“教育”。故“教育”为规范词。

“教育”与“教学”的区别，如赫尔巴特所说，在教学中总是有一个“第三者的东西”为师生同时专心注意的；相反，在教育中，“学生直接处在教师的心目中，教师必须是对他产生直接影响的实体。”[①] 其中“第三者的东西”，主要是指作为教与学联结中介的教材，而教材正是文化传承的媒介。

惟其如此，教育与教学性质的区别在于：教学是外铄的，而教育是内发的。因为社会历史文化并非个人与生俱来的本性，个人只能从自身以外获得。所以教与学是一种文化传承的活动；真正意义的教育，则是把内在的心理倾向、价值倾向引向善的方向的过程。它是一种主体与客体交流中发生的影响。难道“教育”不也是一种道德传承的活动么？“教学”不是主体与客体在文化传承中发生的影响么？这是很久以后在教育与教学演变过程中才提出与解决的问题。

本来意义的“教育”观念是这样的：

1. “以善先人者谓之教。”（《荀子·修身》）意思是：一个人比他人更善，对他人便可能发生教育影响。这同这个人是否“教育者”无干。至于他人是否受到这种善行影响，则取决于其自我修养如何。所以，从根本上说来，教育是每个有教育需求的人自己的事情。

2. “教，上所施，下所效也。”（《说文解字》）上之所施，未必是所谓“教育措施”，但必须是善举。因属善举，便可能为下属所效。即荀子所谓如“影”随形，如“响”应声。这便是儒家的“教化”之说。也是“影响”一词的出典。同样表明，“教育”是就行为的结果对某种措施作出的判断。所以，教育的固有价值在于使人为善。

这既是教育的原始观念，也是迄今为止最能得到普遍认同的“教育价值”观念。至于随着教育事业的演进，不同时代教育价值观念在此基础上发生怎样的变化，那是另外的问题。[②] 如今间或出现“教育的‘家’在哪里”、“教育的移花接木”（错位）、“中国还有教育吗”之类疑问，正与此相关。

---

① 赫尔巴特：《普通教育学·教育学讲授纲要》，李其龙译，人民教育出版社，1989，第146页。

② 陈桂生：《普通教育学纲要》，华东师范大学出版社，2009，第7—11页。

二

所谓“以不教为教”，是基于两“教”之别的模糊才发生的问题。这种意识早在中国先秦时代和西方古希腊时代就因教学组织的萌芽而发生。随着教学组织日趋结构化与制度化和“教育”价值观念的变化，它作为教育过程中有待解决的课题，才越来越受到关注。

在中国，最初出现的私学，作为教学组织的萌芽，教与学、修业与修身的界限并不分明。那种教学组织的活动，与其说是“教”，毋宁说是“学”，与其说是“修业”，毋宁说是“修身”。即事实上是“以不教为教”。如孔子所谓“不愤不启，不悱不发”（《论语·述而》）。

即使如此，时至战国时代，已经萌生接近“以不教为教”的自觉意识。如孟子所谓“教亦多术矣！予不屑之教诲也者，是亦教诲之而已矣！”（《孟子·告子章句下》）。“诲”者，晓教也。即明明白白地说教。

不可忽视的是，庄子所谓“不言之教”，把此意表达得更为明确。据称在孔子所处时代，同在鲁国，还有一位设学授徒的“圣人”，叫做王骀。“从之游者与夫子中分鲁”。即同孔子并驾齐驱，平分秋色。此公“立不教，坐不议”，而弟子“虚而往，实而归”，“固有不言之教，无形而心成者邪”。用如今的话说，便是“无痕教育”。唯其如此，就连孔子还“将以为师”（《庄子·德充符》）。即使后人认定这不过是杜撰的寓言，至少表明在这则寓言中，已经明确地表达了“不言而教”的价值观念。

这自然不足为怪。“以善先人者谓之教”、“上所施，下所效也”，岂不都是“不言而教”么？或因孔门之学中，不无“言教”；或因战国时期已经察觉“说教”之弊，庄子才“杜撰”出比说教高明的“不言之教”（姑且这么一说）。所以，“以不教为教”是针对“言教”（说教）之于道德修养的意义有限，防止与克服以“教学”代“教育”的倾向，提出来的命题。旨在回归“教育”的本义，或者说追求“教育”的固有价值。

中国古代解决这个问题的办法，其实非常简单。这便是区分“言教”与“身教”、“经师”与“人师”。由于“言教”和“经师”是为师的起码条件，故在实践上容易发生“经师”重于“人师”、“言教”甚于“身教”的状况。惟其如此，在理论上才更推崇“人师”与“身教”。“人师重于经师”、“身教重于言教”，此之谓也。只是“形势比人强”。问题在于，我国如今所谓“管教又管导”“教书又育人”之说，表明至今尚未超出自古以来有关“经师”与“人师”、“言教”与“身教”的认识水平。

三

尽管“以善先人者谓之教”的观念，至今仍未过时，仍是个体社会化过程中不可或缺的修身之道，然而它毕竟属于“教育”原始状态下形成的观念。随着教学组织正规化和教育价值取向的变化，简单的“言教”、“身教”之分，“经师”、“人师”之别，早就不足以解决导致“教育”弱化的复杂问题。

时至现代，不仅对“教学”与“教育”重新加以界定，而且发现现代“教学”与“教育”之间可能存在的内在联系。不过，在这里只能说，关于这方面的问题，本人在《西方历史上关于“美德可教吗”的议论》一文及有关“德育”与“教学”的论著中多有陈述，也就毋庸赘言了。

可喜的是，在我国教育杂志中，已经出现“让教育回‘家’”、“无痕教育”之类议论，偶尔还可见到“无痕教育”尝试的报道。可见，哪里存在问题，那里就可望有解决问题的尝试出现。

十一、十字路口的现代教育
——传统教育与现代教育之间的纠结

2002 年 5 月初，偶遇《教育参考》编辑部吴国平兄。他颇有兴致地谈到他们正在筹备举办“上海教育论坛”。主题是“十字路口的现代教育”。当时我冒昧地说了一句：现在中国教育界未必有十字路口的感觉。的确，20 多年来，中国教育事业蒸蒸日上，热闹非凡，各级各类教育的面貌正在发生日新月异的变化。凯歌行进的人们怎么会有“十字路口”的困惑呢？再说，我国早就形成教育事业发展与改革的前景预测与初步规划，有关教育事业的目标与措施不可谓不明确；最近若干年间，中国教育界更有为数众多的专家开口闭口“面向 21 世纪的教育”，说得头头是道，煞有介事，仿佛就连从现在到公元 2100 年以前教育的走势，也都了然于他们的胸中。在视野宽阔、雄心勃勃的人们身上，更不可能滋生“十字路口”的感觉。

后来，收到会议通知，这才发觉人家发起讨论的，是“现代教育”的“十字路口”，而自己每提及教育，往往只想到“中国的”教育，实属思想未开放之过。本来，对于“现代教育”知之甚少。关于别国专家怎样看待“现代教育”，怎样评价该国的教育，他们有没有“十字路口”的感触，自己充其量只知道一点皮毛。

于是，我对于是否参与这次论坛活动，不免犹豫。最近偶读美国罗伯特·G·欧文斯所著《教育组织行为学》，参照澳大利亚学者 W·F·康内尔的《二十世纪世界教育史》，顺带翻翻《教育学文集》的“美国教育改革”卷，关于这个论题，倒似乎找到了一点感觉。

一

中国正在谋求实现教育现代化，自然需要借鉴已经实现教育现代化国家的经验。于是，我们有幸拜读越来越多介绍别国教育的文章、著作，遂有《哈佛女孩》、《哈佛男孩》之类书籍畅销。以前从未听到过别国有什么“素质教育”之说，自从中国提出“素质教育”以来，图书市场上突然冒出一批称之为“美国的素质教育”、“×国的素质教育”的书籍，仿佛外国人也有兴趣赶中国的时髦。这且不谈，还有不少（远不是全部）介绍外国教育的文章与著作，说起美国（或别的什么国家）课程如何，师资怎样，学生在家庭里如何自由，在学校中怎样玩法，仿佛别国教育工作也如同铁板一块，举国上下步调一致；别国教育界也同我国一样，舆论一律，一路春风，没有实质性的困惑与方向性的争议。然而，从美国学者写的书（如《教育组织行为学》）中所提到教育的情况看来，他们的实际情况不尽如此。其中的陈述，倒有不少文献资料可资参证。那些外国人的头脑倒不像我国某些洋博士描述的那么简单。由此不难发现，原来如今不少中国人趋之若鹜的“美国教育”，在以往一百多年中，倒几度被“十字路口”的感觉所纠缠。

据称“自 19 世纪 70 年代以来的一百多年里，一场旷日持久的主要争论一直在美国教育思想中占有主导地位。争论的双方互有胜负。虽然就整体而言，进步教育思想的影响日益广泛，偶尔也处于优势地位，但在 20 世纪初，传统的保守教育观念在学校教育改革中越来越流行”[①]。这表明所谓基础教育的“十字路口”，实际上指的是在教育历史的一定关头，面临着在传统教育与进步教育之间的抉择。“简单地说，这种冲突表现在广义的教育和狭义的教育之间，是以学生为中心，还是以学科为中心，教育是采用自发方式还是正式途径，教育的目的是改变还是保护一个国家的文化遗产。”[②]

标志着这个国家基础教育转折的“十字路口”是：1873 年马萨诸塞州昆西公立学校改革作为进步教育的先声，逐步演变为 20 世纪 40 年代的“生活指导运动”。在 20 世纪 40 年代，这些“进步”思想以及作为学习实践经验主要方法（做中学）的课堂教学实践，以学生为中心的教育模式、个别辅导、课堂的随意气氛、小组讨论、合作学习和实验室指导，已经成为好的教学方法和好的学校的典型特征，成为地方鉴定机构和国家评估人员判断学校好坏的重要标准；不过，“进步教育”只是“偶尔”得势而已。20 世纪 50 年代进步教育运动受到了猛烈反击，导致 1958 年的《国防教育法》和随后的 60 年代课程改革；1983 年白宫发表振聋发聩的文件《国家在危急中》，力陈

① 罗伯特·G·欧文斯：《教育组织行为学》，华东师范大学出版社，2001，第 25 页。
② 同上书，第 26 页。

以往教育改革的败绩。接着于1989年、1996年和1999年先后召开关于教育标准的三次全国高峰会议。几届美国总统出席高峰教育会议。美国学者不无遗憾地认定，这“开创了美国历史上政治干涉教育的先例”[①]。

第一次高峰会议的主要议题是，确立新的学校工作目标；第二次高峰会议提出“2000年优胜倡议”，与会代表承诺致力于在各州制定强制性教育标准（事实上只有14个州执行教育标准）；第三次高峰会议的中心目标为严格按考试成绩标准实行成绩责任制。这是由于虽然各州都采纳了成绩考核标准，实际上成效并不显著。例如，没有一个州的“熟练阅读学生”能够达到大部分。此后情况也不乐观。如纽约州有一半以上四年级学生（包括精英学区的学生）没有通过州英语统考。1999—2000学年度因在全国范围内执行新的成绩考核标准，不及格和留级学生人数大幅度上升；反之，“许多老师和家长发现自己信奉的进步教育原则与时下盛行的教育宗旨不一致，未免有些沮丧”。故时至今日，有关传统教育与进步教育的争议，“激烈程度仍不减当年，但与结论的距离却不比当初有所缩短”[②]。这意味着这个国家的基础教育远未走出“十字路口”。

可见，以“十字路口”比喻“转折关头”未尝不可。其实，这个比喻并不很恰当。因为就美国一个多世纪教育演变的情况而论，教育上面临的问题基本上是在传统教育与进步教育之间的抉择。由于“传统教育”与“进步教育”都是中性概念，它们本身并不具有“进步”或“倒退”的含义。故在它们之间的选择，实际上是在一条横向的道路上走过来，走过去，左右徘徊。在美国一般学者和家长看来，20世纪40年代有些进步教育参与者主张彻底摒弃以学科为本的传统观念，以及为占高中生总数60%的学生设计的简化课程，导致高级中学课程中非学术性的毫无特色的课程激增，怎算得上是基础教育的“进步”？

二

相比之下，中国教育在近半个多世纪中，几乎每隔三五年，多则十年八年，就会面临一次抉择，“十字路口”多得很。其故安在？其中到底存在什

① 罗伯特·G·欧文斯：《教育组织行为学》，华东师范大学出版社，2001，第38页。

② 同上书，第26页。

么问题？

1. 从表面上看来，我国以往关于教育的多次争论，即使未必直接受到别国教育思潮起伏的波及，似也带有“传统教育”或“现代教育”（且不说什么“进步教育”）的影子。问题在于我国“传统教育”或“现代教育”，同发达国家的“传统教育”或形成中的“现代教育”究竟有多少共同之处？在发达国家，不管“传统教育”维护者与“现代教育”倡导者之间的分歧多么大，他们关于“基础教育”倒也不乏共识。是在某种共识基础上各自从学校教育的特点出发，从不同角度考虑为学生的人生奠定基础。所以，美国现代教育理论奠基者如杜威，力倡“教育即生活”、“学校即社会”之说，而不致萌芽“生活即教育”、“社会即学校”的观念。他率先否定“学科本位课程”，但并未简单地否定“学科”。只是注重学科知识的社会价值，并提倡学科逻辑与心理逻辑的沟通。尽管有参照“科学研究”程序的教与学的设想，美国实践中也有过“儿童本位课程”的尝试，不过它来得快，消失得也快。他们的“进步教育”哪是什么“洋素质教育”？“传统教育”维护者，如巴格莱，强调使学生掌握整个社会所必需的基本知识、文化工具（要素），倒也顾及给学生创造一定的环境，让学生从自己的经验中掌握和体验知识，而不赞成学生一味机械地听讲和背诵。他们的“传统教育”也不是什么“洋应试教育”。这些都不失为有关基础教育的专业思考，故成其一说，并各有较大的影响。

我国的情况是：从20世纪50年代以来，长期把中学的任务简化为“两种准备”，即升学准备与就业准备（且不说如今强势的一种准备：应试），仿佛学校所提供的“教育”本身有没有价值倒无所谓；相对于升学或就业的需求（更不用说某种一时的政治需要），学生自身的需要、兴趣与接受能力，甚少顾及。这算得上是一种关于基础教育的“专业”思考么？基于这种“业余”的“基础教育”理解水平，无论提倡什么“教育改革”，还是维护教育的什么“传统”，能指望它超越我国基础教育已经达到或试图达到的水平么？正由于基础教育往往由并非“业余人士”的业余思维所左右，不讲求“教育”内涵，“基础教育”观念薄弱，“跟着感觉走”，主要从失误中取得教训，甚至置以相当大的代价换来的教训于不顾。这样，教育变革的随意性和教育的频繁变动，也就不足为怪了。

2. 我国如今处在近半个多世纪以来从未有过的开明时代，教育思潮相当活跃。“××精神”、“以×为本”、“××教育”、“学会××”、“××性学习”，以及“打造××”之类的口号甚嚣尘上。我们从当今教育论坛上既能感受扑面的时代气息，也可领略久违的古香。其中虽夹杂不少杜撰的名目，它们大体上是近代以来各个时期涌动的教育思潮在中国现实横切面的集中再现。虽然其中并无多少原创思想的成分，而它们的重现并非空穴来风。盖由于近百年来中国社会多变动，中国传统文明屡受外来思潮和本土盲动势力冲击，而每种外来教育思潮又都没有足够时间在中国教育土壤里生根，就被更时髦的思潮所代替。取代旧思潮的新思潮，其命运也是如此。鉴于一两代人所受教育的文化底蕴浅薄，到如今连尘封一两个世纪的老货，翻检出来都觉得新鲜、可人，以致在历史上早被驳倒的一些教育理论，在我们看来都不无道理，甚合时宜，并加以张扬。你道中国学生缺乏个性，有必要弘扬“人文精神”，他说如今学生个体社会化水平不高，怎没理由倡导“社会精神”？当今处在新的科学技术革命时代，提倡“科学精神”，培养“创新精神”，理由也很充分。此外，或有感于国学衰微，鼓吹从小念老《三字经》、《新三字经》，背唐诗宋词。整理国故，打造“国学大师”，似乎也不失为一策。中国教育面临如此多的选择，仿佛已经形成了“十字路口”，但又未必如此。

所谓“十字路口”毕竟是个比喻。就行路人来说，在某个道路交叉口，有前后左右四条路明摆着，供行人抉择，而教育的“思路”（其中包括我国以往教育的“思路”）究竟如何，都还有待探索。别国的“路”，充其量只能作为参考，何况别国教育的“思路”如何，至今也只知道一些轮廓。它们在中国是否可行，更属未知之数。

现在中国教育论坛上新见迭出，莫衷一是。“忽如一夜春风来，千树万树梨花开。”撇开大量理论泡沫、理论垃圾不谈，各种针对确实存在的弊端所表达的见解，在总体上仿佛已经开辟了中国现代教育的“十字路口”。问题在于诸如此类主张，其理论成熟的程度大相径庭，而经过严格论证的思路较为罕见。例如，“发扬教育的人文精神”，固然十分必要，果然如此，势必会遇到各种较为复杂的问题。如“以学生为本”，那么以谁为“末”？以教师为“末”么？如何处理这种本末关系？作为教育主体的学生，如何面对“科学技术时代”？如何与别人沟通？如何对社会、国家、世界承担自己的责任？诸如此类问题不加论证，与18世纪末19世纪初“新人文主义教育”的基调何异？关于“社会本位教育”取向、“科教兴国”取向如果付诸实施，同样会遇到许多复杂问题。所以，真正的“十字路口”是一堆两难问题。

自然，蕴涵一定信念与主见的教育价值取向毕竟可贵，它将成为探求教育道路的动力与起点。如果考虑到问题的复杂，自然发生困惑，并设法解决教育面临的两难问题。问题是从现在不少“大作”的气势看来，仿佛路在何方，已经成竹在胸。可见，他们并不存在“十字路口”的困惑。

3. 各种教育见解和盘托出，固然开阔了教育视野。问题是谁来统合？看来主要靠教育行政部门和实行所谓“校本管理”的校长来统合了。其实，不少能干的校长也唱诸如此类一厢情愿的调子。他们是否“言必信，行必果”，那就不得而知了。至于教育行政当局如何统合，事情明摆着，不谈也罢。

前面提到，美国一百多年以来，有关基础教育问题争议不休，各个时期都有不少颇有影响的教育著作传世。尽管如此，曾任加利福尼亚大学校长的克拉克·凯尔于1991年曾毫不客气地指出：“在美国政策制定过程中，很少有过如此多的人，以如此少的令人信服的依据，提出如此多的坚定的信念。”将这句话作为对如今中国教育论坛的描述，岂不更加恰当？

4. 话虽如此，我国教育理论现状中显示出的不成熟，实属长期封闭的格局使然。现在的迫切问题，恐怕不是埋怨现有的各种探索不成熟，倒是为教育探索扫清道路。

我国教育主管当局从未像现在这样关注与支持教育事业，千百万教师和数以亿计的学生以及他们的家长，也为如今这种“教育”付出了多么大的代价，其情其景，实在可歌可泣。然而，在欣欣向荣的教育现象背后，却出现了如此突出的学校腐败现象。在一些地区，学校居然被列为居民投诉热点之首。就连一向作为社会最后一块“净土”的学术领域，也受到相当严重的污染。炒作之风盛行，理论垃圾成堆，职称、学位、文凭日趋贬值，“教育”的内涵日益稀薄。如此状况不理会，恐怕就连讨论“十字路口的现代教育”的兴致，也将逐渐消退。这样的“路”还“走”得下去么？

=Ⅱ= 课程基本问题（下）

检验各种概念是否得以清晰地使用，各种陈述能否被人理解，检验人们怎样（或者是否要）进行证明它们的尝试，是至关重要的。在做这项工作中，我们时常发现种种相当严重的逻辑缺陷。但是我们只有在参照某种关于某种教育理论应当是什么的规范说明来衡量各种教育理论时，才能够谈论这些逻辑缺陷。

——［德］布雷岑卡：《元教育理论：教育科学、教育哲学、实践教育学基础导论》

◎ 前言

本书第Ⅱ编主要涉及课程历史性变化的轨迹。其中古代以书定课的“文献课程”，近代以来的“学程课程”，现代兴起的、尚待完善的“活动课程”与以社会—文化为主题的“核心课程”，以及作为课程诸要素综合体的所谓“综合课程”、“综合实践活动课程”，都是课程在轨道上历史性地运行过程中留下的印记。这种运行的历程，从传说的“学程”向理性的“教程”转化、又从“教程”将向“教程化学程”或“学程化教程”转化。这种趋势，反映课程演变的辩证法则。不过，如此假设能否成立，尚待倾听实践的呼声。

一、课程演变的轨迹

自进入 20 世纪以来，传统课程改革的潮流，几乎一浪高过一浪。经过多年变革，也就有必要对课程问题进行根本性质的反思。其中涉及“课程”到底是怎么一回事？“课程问题”是如何发生的，其历史性的变革过程是否有轨迹可循？现代课程运作系统与传统课程运作系统的区别何在？在这个“问题领域”中有些什么值得研究的“基础理论”问题？这些问题如果算得上是“真问题”，自然有赖于长期集体研究才能梳理出头绪。这里只拟提纲挈领地把问题提出来。

一

课程原生的要素是“课业”（或“授业”）。随着课业复杂化，才自下而上地形成“教程”。即：课→教材→教学大纲→教学计划；这种“教程链”形成以后，又作为一种机制，自上而下地规范课业。成为最初的课程运作的路线图。

由于这种“教程”符合作为“轨道”的“课程”本义，故可以把它视为“课程系统”的初期状态。

传统的“课程系统”链条中的诸环节止于教科书。系在学校以外设计，并作为外在于学校和教师的规范，使教师照章办事，照本宣科。这种“教程”支配教师、教师支配学生的课程机制，使教师和学生参与课业缺乏内在动力。故传统课程的变革势在必行。

二

现代课程演变的趋势是，把“课程”的重心从外在的规范转移到以“课业”为主体的现实的活动。即把“课程链”从“正式的课程”延伸到教师与学生共同参与的课业，并关注“学生经验的课程”。从而形成活生生的“课程系统”：

<table>
<tr><th>课　程　链</th><th>课程系统分析</th></tr>
<tr><td>1. 课程改革方案</td><td>理想的课程层面</td></tr>
<tr><td>2. 课程计划</td><td rowspan="4">正式的课程层面</td></tr>
<tr><td>3. 课程标准</td></tr>
<tr><td>4. 教材</td></tr>
<tr><td>5. 课程表</td></tr>
<tr><td>6. 备课—教案</td><td>教师理解的课程层面</td></tr>
<tr><td>7. 课—上课</td><td>师—生运作的课程层面</td></tr>
<tr><td>8. 考查、考试、课程评价</td><td>学生经验课程层面</td></tr>
</table>

相应地使“课程”概念逐步从“轨道”转化为“在轨道上运作”。只是“在轨道上运作”意义上的“课程”，迄今主要是作为一种“课程价值观念”和潜在的趋势存在。

如果说作为“轨道”的课程，基本上是“教程”，那么作为“在轨道上运作”的课程，应是“学程”。但不意味着课程系统是把“教程”简单地延伸为“学程”。因为课程系统并非“教程”加“学程”，而是把“教程”变为“学程”。其中各要素都已经或将要发生变化。

1.“正式的课程”属性的变化　作为课业规范的课程，是应有的有待实践的课业的规定性，以课业为主体的课程则是现实的实践活动。这种课业虽然也须加以规范，而这种自主性课业的可能性、可行性取决于“正式的课程”给予学校、教师与学生自主活动的时间与空间，即“正式的课程”的变化。如从全国性的课程变为地区性课程，甚至是“校定课程”，或从“指令性的课程”变为“指导性的课程”。其中还包括从“教学计划”经验形式变成“课程计划”经验形式，从“教学大纲”变成“课程标准”，从标准化的“教科书”变成可供选择的“教材”。总之，使有关课业的外在规定性，限于必要的规定。

2. 课程管理与领导重心的转移　传统的“教程”着眼于对课业动作过程的控制，在正式的课程弹性增加以后，固然使学校的教师自主活动的时间与空间增加，但也可能使课业的随意性增大。故课程管理与领导的重心将相应地从对课业运作过程的控制转移到依照教育目标对这种活动结果的评价，以限制课业的随意性。

3. 教师职能的变化 正由于传统的“教程”旨在对课业过程的指导与控制，从而使教师“眼光向上”，似乎成为“课业的中心人物”，而所谓“教师中心”，其实是“傀儡中心”；现代课程中心逐步下移，趋向于“把课程还给教师”。道理很简单，最接近学生的教师才更有理由参与课程的选择。不过，其前提又在于教师职能的转变：从“教程”中的教师变成“学程”中的教师。否则“把课程还给教师”的起码理由便不能成立。

所谓“学程中的教师”，是指教师从相当于“运动员”（或“演员”）的角色变成相当于“教练员”（或“导演”）的角色，而把“运动员”（或“演员”）的角色还给学生，使课业成为学生自己的学习活动。相应地使备课从一成不变的设计变成动态的选择。

任何一个系统，不仅由若干要素（或环节）构成，而且包含构成它的各个要素之间的关系属性，并使其中各个要素获得一定的系统属性。上述“正式的课程”属性的变化、课程管理与领导重心的转移以及教师职能的变化等，都属于课程要素的系统属性的变化。由此形成新的作为“学程”的“课程系统”。

自然，现行课程改革只是我国课程改革历史性变革的开端，而现代课程改革的进程越来越取决于教师专业发展的成效。

三

随着课程价值观念的变化和实然课程的革新，“课程”概念已经获得新义。新概念“课程”的影响将逐步扩大。

新旧“课程”概念的区别为：

“课程”的原义（轨道）	内涵：“教学”——教学目标与内容的规范，作为教学活动的先导
	外延：教学计划、教学大纲、教科书
“课程”的新义（在轨道上运作）	内涵：有指导的“学程”
	外延：包括整个有指导的学习活动的课程规范与运作系统

课程基础理论研究的趋势：把“教学概念系统”融入“课程概念系统”

之中。

四

鉴于课程价值观念正在变化中，已经并还将对教育实践发生影响，“课程”概念的含义正在随之发生悄悄的变化，也就需要对课程问题重新加以认识；然而现行公共课《教育学》中关于课程问题的陈述同变化中的课程运作系统的实践逻辑相当隔膜。不仅未能充分反映现代课程变革的趋势，而且同中国教育工作者（尤其是教师）的日常工作颇有距离。惟重新建构课程基础理论的框架，和对构成课程运作系统的诸要素（或“课程链”中的诸环节），以广泛的实践经验和已有的研究成果为参照，逐个重新加以研究。

有待进一步研究的课题是：

（一）“课程”概念的演变	
（二）从“理想的课程”到“正式的课程”	课程价值—规范的建构 1. 我国现行课程改革构想的形成 2. 我国现行课程改革方案形成过程与美国“八年研究”（或其他范例）的比较
（三）“正式的课程”	我国现行课程改革方案分析 1. “课程目标”问题 2. “课程计划”问题 3. 课程设置 4. 现行课程的特点（课程体制、课程编制、其他）
（四）从“正式的课程”到“教师运作的课程”（一）	课程计划实施的准备 1. 课程改革实施的步骤（试验与推行） 2. “课程标准”问题 3. “教材”问题 4. 教育管理人员及教师培训 5. 其他配套措施
（五）从“正式的课程”到“教师运作的课程”（二）	学校在课程实施中的责任 1. 班级编制问题 2. “学校课程”问题 3. “课程表”问题 4. 教师配备及教研组问题

续表

（六）从“正式的课程”到“教师运作的课程”（三）	教师的教学设计与实施 1. 备课与教案问题 2. 教与学活动的组织
（七）“学生经验的课程”	教与学活动成效的经验
（八）课程与教师专业发展	

二、以书定课的文献课程
——传统“学程”缘起

中国从汉代至清代，大都以“五经”（《诗》《书》《易》《礼》《春秋》）为基本教材。宋儒认为“四书”（《大学》《中庸》《论语》《孟子》）是学习“五经”的阶梯。此后“四书”也成为基本教材。至于启蒙书，有《苍颉篇》《凡将篇》《急救篇》《千字文》《百家姓》《三字经》等，其中每一本书，实际上就是一个科目。“四书”、“五经”都是经典著作（权威著作），不妨把这种以文献为本位的课程编制，称为“文献课程”。文献课程以传授经典著作本身为直接任务。

一

“五经”名称，始于汉武帝时。汉武帝罢黜百家，独尊儒学，“五经”立于学官。由于“五经”经秦代焚书散失，汉初有人凭记忆重新编撰。汉成帝时，刘向校定“五经”，后经进一步校定，于汉灵帝熹平年间，刻石立于太学。唐太宗时颁行孔颖达校订的《五经正义》，连对“五经”的解释也规范化，作为科举“明经科”依据。宋代把“四书”（《大学》《中庸》《论语》《孟子》）作为学习“五经”的阶梯，由朱熹编撰《四书章句集注》，为“四书”正解。明清科举考试，首重“四书”。“四书”也被列为儒家经典。明代永乐年间编印《四书五经大全》，为钦定教材。

宋代王应麟《小学绀珠》卷四，附录郑耕老《劝学》一文中，有关于诸经字数的统计。为：

经　书　名	字　　数
毛诗	39 224
尚书	25 700
周礼	45 806

续 表

经 书 名	字 数
礼记（含《大学》《中庸》）	99 020
周易	24 207
春秋左氏传	196 845
论语	12 700
孟子	34 685
孝经	1 903
合计	480 090（原计为 484 095）

表明在一两千年间，中国无数学子，皓首穷经，所“穷”的，正是这近50万字的“经书”和比它多达数十倍的注疏之作。

除此以外，历代还编撰不少“蒙学课本”（识字用书）。流传最广的有《三字经》《百家姓》《千字文》等。这类课本，押韵自然，结构简单，易于朗读背诵，至今仍为人称道。唯一套课本流传千年，那种教育到底如何，岂不值得深长思之？

二

西方课程的渊源可追溯到古希腊、罗马时代，就其对近代课程影响来说，集中表现为“七艺”（七种自由艺术）课程。其中有“三艺”与“四艺”之分：

> 希腊人和中世纪人所称的三艺，由文法、修辞和逻辑（或辩证法）组成。三艺，或称三科，起源于希腊人、特别是雅典人的日常生活。从很早的时代起，这个伟大的民族因具有民主的倾向，越来越善于采取公众讨论的手段来管理他们的城邦事务。为了在公共集会上能卓有成效地演说，人们很快就发现对语言的实践进行分析是有益的，由此便使言辞具有了说服力、号召力以及巧妙的结构。——然而，三艺产生的原因并不只是出于政治上的需要。希腊人还把这三种训练作为工具，而教师就像雕塑家一样，用三艺本身固有结构的法则去塑造儿童的心灵，或理智

> ——确实，在此后的年代里，学校课程中之所以一直有三艺，其过硬的理由就是认为三艺表明了心本身的规律。
>
> 早期关于智的课程的另一部分是四艺。它是由算术、几何、天文学和音乐构成的。——但在希腊人的教育思想中，并没有显著地突出四艺在科学方面的作用。
>
> 偏重“三艺”而不重视“四艺”，主要是受心物二元论的影响。这种二元论起始于更早的身心二元论。不过，尽管身心二元论重视心胜过于重视体，希腊人却仍是体育的热忱信奉者。①

古罗马经历过“希腊化”时期后，在课程中继承了“七艺”传统，重视“三艺”，但并不忽视反映科学内容的“四艺”，并重视道德教育。西罗马灭亡（476）后，西方经历长达10个世纪的中世纪基督教精神独裁统治，“七艺”遂被禁止，并实行禁欲主义。从9世纪起，才恢复“七艺”，并把它同神学融为一体。

> 公元800年（相当于中国唐德宗贞元十七年），查理大帝（742—814）建立查理曼帝国（其版图几乎同西罗马帝国相等）。为使野蛮的日耳曼民族受到文化熏陶，建立寺院学校，强迫教士学习，并创办宫廷学校，特请英国学者阿尔肯（735—804）为侍讲，开设“七艺”课程。它们在形式上同后来的学科课程相近，但有些科目以古希腊亚里士多德、欧几里得、托勒密等人的原著为基本教材，同中国古代的文献课程有相似之处。不过，西方采用的古典著作本身，多属学科知识的集纳，而中国古典著作不属系统知识的陈述。

① 布鲁巴克：《教育问题史》第九章课程，瞿葆奎主编《教育学文集·课程与教材》上册，人民教育出版社，1988，第44—46页。

三、学科课程

近代以来的课程，主要以教师为主导，同以学为主的古代学程相比，则近于“教程”。它同古代课程的区别，较为明显。

1. 从伦理本位到知识本位。

中国古代教育以“明人伦”为宗旨，“行有余力，则以学文”（《论语·学而》）；在近代，把各种科学、艺术的学科知识大量引进课程，教学日趋理性化、智育化，教学过程复杂化。

古代“课程”以经籍为蓝本，权威的经籍与蒙学读本世代流传，执教者不得轻易更动；近代教学则以教科书为蓝本，教科书为系统书本知识的集纳。古代经典具有绝对权威，“非圣则违法”。不过，它虽为弟子必学，但教师并非必讲。近代教育诉诸理性，系统的书本知识一般通过教师的讲述传授，从而提高了教师在学生学习过程中的作用。

2. 从以个别弟子为对象到以学生集体为对象。

古代实行个别教学，单个教师同众多弟子分别建立单线的教—学联系，有可能因学而教，但未建立各个弟子共同的学习进度；近代实行集体教学制度，有必要与可能建立统一的教学进度。

3. 从非制度化的教学到制度化的教学。

古代教学机构（如“太学”、“书院”、“家塾”）一般是分散的各自独立的教学实体，虽不免有某种制度，但基本上属于非制度化教育；同一类型的教学机构的相似性，或因同受“考校之法”制约，或为习俗使然。在近代，随着教育事业的发展，特别是基础教育的普及与各种不同类型学校的出现，逐渐形成包括各级各类学校在内的学校系统，每一所学校都属学校系统的基本单位。为确立各级各类学校之分，需保持一定级别、一定类型学校的性质；为便于对学校进行管理，还需建立一定的学校教育制度，而最足以标志学校级别、类别的措置，莫过于课程。

在近代教育情境背景下，课程原则上不是从各个学生所“学”出发，而是关于同一学生集体中所有学生共同学习的范围与进度的构建；这种学习范围与进度的规定，又不以特定的学生集体的学习状况为前提，而是按照学科逻辑展开；任何一门学科又从属于学科系列，而一定级别、类别的学科系列，又由学校在整个教育系统中所处的位置决定。这样的课程，主要是（甚至只能是）“教程”。

“教”（动词）的本义在于指导“学”，最终达到使学生“虽离师辅而不反”（《礼记·学记》），才堪称为“教”。古代因学而教，“圣人无常师”，倡“多闻”“多见”，尤重践行，确有可能达到“虽离师辅而不反”，不免使近代教育相形见绌；然而，中国古代所“学”，“明人伦”而已，所“用”（实含于“学”中）在道德践行：“贤贤易色，事父母能竭其力，事君能致其身，与朋友交，言而有信。虽曰未学，吾必谓之学矣！”（《论语·学而》）更重要的是，那毕竟是一种适合于少数人的学习情境，而近代教育则使远为扩大了的教育对象掌握更新了的、复杂得多的内容，不把重心从“学”转移为“教”，却也难。古代“不愤不启，不悱不发”，其实算不上高明。因为当时不存在固定的教学进度，甚至不必都开讲，即使有若干学生“语之而不知，虽舍之可也”（《礼记·学记》），在按进度对学生集体教学的情景下，“不启”、“不发”、“舍之”，行么？

相对于古代的“学程”，近代课程近于“教程”，导致“教”游离于“学”，“学”游离于“用”，确是从娘胎里带来的先天缺陷。

到了现代，教育日益制度化，传统课程的缺陷更加突出，课程同变化了的现代社会条件与觉醒中的学生自我意识相悖，成为不可忽视的问题。

四、教科书

教师与学生共用同一种教科书，教师按教科书教，学生按教科书学，早就习以为常了。似乎毋庸置疑。——难道这也值得怀疑么？

教科书，按照《中国大百科全书·教育卷》的解释，“亦称课本，根据教学大纲（或课程标准）编写的系统地反映学科内容的教学用书”。“教科书是教学内容的主要依据，是实现一定教育目的的重要工具，是师生教与学的主要材料，也是考核教学成果的主要标准。各国政府对教科书的编写都很重视。”难怪人们常说：“课本课本，一课之本。”这句格言，一语道破了“教科书”的精义。

以上关于教科书的表述，可谓句句在理。只是末句“各国政府对教科书的编写都很重视”，还得具体分析。

教科书的编撰，有“国定制”与“审定制”之别。前者由中央教育行政部门组织编撰，为国家范围内通用教材。由国家授权地方行政当局组织编撰的教科书，也带有这种属性；后者指的是编写教科书的主体多元化。不管由政府机构还是民间机构出版的教科书，都须经过一定审查、批准的程序，才可作为教科书使用。这两种情况，都足以表示政府对教科书的“重视”。不过，是不是所有国家现在还保留“教科书”观念，恐怕还是一个问题。

在美国，时至20世纪70年代末，关于教科书仍有争议。美国学者格温与蔡斯曾列举了争论双方的观点。赞成的观点主要是：出于下层社会家庭的学生，缺乏报纸、杂志、书籍等读物，教科书几乎是其唯一的读物；教科书的知识比较准确，是权威的信息源；教科书循序安排词汇和学习序列，为其他参考书所不及；教科书是初做教师或那些不得不教自己不熟悉的材料与学科的教师必备的书。不赞成教科书的理由是：出一套教科书要花几年时间，排印一本教科书得花一年时间，而每本教科书出版后，过三四年就过时了；统一的教科书，不能真正表述社会历史、习俗、准则，不能真正地表述工业的发展、科学的发展；对于为数众多的教师来说，教科书限制了教师业务的成长。因为它实际上往往变成教师一定要了解而学生必须学会的东西。[1]

要论教科书的存废，从根本上说，还得从课程行政谈起。

国际上，依照课程行政权力主体（谁有权决定课程）的不同，课程行政体制可分为“国家本位课程”、“地方本位课程”与“校本课程”等。“校本课程”由学校及教师自主选择教材，经学校董事会审查批准后正式采用。在实行“国本课程”的国家，如法国，政府规定统一的“课程标准”，民间可以根据“课程标准”编写教学用书，学校可自主选择教学用书。只是也得经过复杂的审查、批准手续，才可正式使用。

徐特立于1919—1923年间，曾在法国勤工俭学。归国后多次介绍他在法国目击的小学课程情况。依他所见，政府发布“教授目录”（指课程标准），教师按照课程标准选择教材，政府依照课程标准考核教学。结果是：教师可同时采用几种不同的教材，学生可采用与教师不同的教材，课堂教学中，可有课本，也可以不用课本。这意味着在法国只有“教学用书”、“教室用图书”之类的概念。早就不存在“教科书”观念。

“教科书”与“教学用书”的区别，不仅在于“教学用书”比“教科书”的外延更为宽泛（“教学用书”可能是“资料汇编”、“习题汇编”、“教学指导”），更主要的是二者的功能不同：“教科书”作为规范的教材，是“考核教学成绩的主要标准”，而“教学用书”（其中包括类似教科书的教材）不属于考核教学的标准。“课程标准”才是考核教学的依据。

中国课程行政体制，曾经受到俄国课程行政体制的影响。不过，即使在俄国，以往认定“教学大纲就是法律”，按“教学大纲”编撰教科书与考核教学，亦未以“教科书”为衡量标准。自然，俄国式的“教学大纲”同法国的“课程标准”不同。俄国式的“教学大纲”是规范密集型的指令性文件。

以“教科书”为检查教学的标准，导致把教科书所陈述的知识绝对化，使教师不能不机械地传授教科书陈述的知识，以备检查。学生也只能死记硬背这些书本知识，以应付考试。反之，放弃“教科书”观念，意味着把教学用书只作为“教”与“学”的工具，在课堂上或课堂以外，由教师指导学生研究列入“课程标准”的课题。可见，不仅“国定制”不是编写教科书的唯

---

① 格温、蔡斯：《课程的主要问题——教科书》，瞿葆奎主编《教育学文集·课程与教材》（下册），人民教育出版社，1993，第87—89页。

一抉择，就连“教科书本位”也非教材的唯一抉择。

话虽如此，就中国长期以来的课程实践而论，虽把课本奉为“一课之本”，而实际上充斥课堂的，是唠唠叨叨的讲授加上琐碎的师生对话。至于到底有多少学生能读懂教科书、善于利用教科书，实在难说。20世纪初期，随着欧洲“新学校”与美国“进步教育”运动的兴起，曾把传统学校贬为“读书学校”，把新兴学校标榜为“工作学校”、“生活学校”、“劳动学校”。其实，中国古代的那种私塾、书院，才堪称“读书学校”。西方近代以来的传统学校，大抵是名副其实的“听讲学校”。这种“听讲学校”在中国流传至今，历久不衰，以致如今“读了十年书”的学生，仍然“不会读书”，倒也不足为怪。尽管“教科书本位”早已不合时代潮流，而教科书在中国教学中尚未加以充分运用，不能说不是一个问题。

（原载《教育参考》1999年第6期，原题《“天经地义”教科书》）

五、劳作的教育价值的发现

19世纪与20世纪之交，欧洲“新学校”和美国“进步主义教育”运动蓬勃兴起合称“新教育”。所谓“新教育”作为传统教育的对立面，在实践上的一个显著特点，便是劳作性质作业的倡导。它相对于学科课程，又称为“活动课程”。这种课程的发生，在理论上同劳作性质的活动（即手工劳动）中潜在的教育价值的发现相关。所以关于“活动课程”须从手工劳动的教育价值问题谈起。

一

“作业”（德语 arleit），在古代原指奴仆的劳作，是个贬义词。到了近代，才发现“作业”的教育价值，并不断拓宽这个概念的应用范围，破除对劳作的贱视，提升作业在学校课程中的地位，甚至一度还使其成为教育中的核心价值观念。

这个演变的过程为：

1. 18世纪德国学者莱辛、康德率先把“作业”从体力劳动推广应用于脑力劳动，形成“书本作业”、“精神作业”之类概念。[①]

2. 18世纪法国启蒙思想家卢梭，在前人启发下，发现主要是体力劳作的农业和手工业劳动的教育价值。他说：目前所有支持人的生活的职业中，最近于自然状态的，是手工业的劳动。所有的职业，最能独立不依赖于命运的，就是工匠。工匠只依赖自己的劳动生活。他是一个自由人。[②] 故主张让儿童学会各种手工劳动。不是请师傅来上课，而是拜工匠为师。和师傅同住、同吃、同工作，但不忽视学别的东西。

3. 产业革命后，形成近代工人阶级。在进步的社会运动推动下，逐渐破除对以体力劳动为主的职业的歧视，从而排除在学校中设置手工劳动课程

---

① 参见姜琦：《现代西洋教育史》，商务印书馆，1935，第211—212页。

② 参见卢梭：《爱弥儿》上卷，人民教育出版社，1985，第249—250页。

的思想障碍。

4. 19 世纪与 20 世纪之交，鉴于传统的“读书学校”的弊端充分暴露，遂兴起以“劳作学校”取代“读书学校”的欧洲“新学校”运动和美国“进步主义教育”运动。“作业”成为“新教育”中的核心价值观念。

二

19 世纪与 20 世纪之交，兴起以“劳作学校”取代“读书学校”的思潮，实同破除传统学校的积弊相关。

其实，在古代教学组织中，课业本身就是生徒的作业。因为古代教学组织以“学”为主，生徒在教学组织中的主要活动为认字、背书、习字、打算盘、作文。在一般情况下，教师并不开讲，或甚少开讲。故一般生徒虽认字、背书，甚少了解其中的意思。俗话说，“念书不讲，犹如隔靴搔痒”。成为典型的读死书、死读书。不仅无法思考，也无须思考，知识面又非常狭窄。到了近代，开始实施班级授课制度，从以“学”为主转为以“教”为主，即以教师讲授为主要方式。教师按照一定课程制度有计划地施教。从而奠定近代以来教学制度的基础。

从以“学”为主到以“教”为主的转变，是教与学组织的进步。因为教师的教，即使只是讲授，至少也可以增进学生对书本知识的了解。然而，随着学科课程和教学组织日益制度化，又产生新问题。主要是尽管教学法研究促进教与学之间的沟通、书本知识与实际生活之间的联系，而这种有限的进展，毕竟不足以改变教与学脱节、学与用脱节的基本事实。事实上，学生越来越陷入被动状态。

时至 19 世纪与 20 世纪之交，传统教育与急剧变化的社会需求的矛盾日益突出，从而使传统教育的改革势在必行。有识之士在寻求教育改革突破口的过程中，重新发现一个世纪以前就被发现的“作业”的教育价值。

新教育为什么会以“作业”为突破口呢？

因为以学生的作业（以儿童需要和兴趣为出发点的活动中的作业）为课程中学习的单元，将导致课程从书本知识向儿童生活转移，相应地使教与学组织的重心从教师活动向学生活动转移。

这类改革名目繁多，花样百出。如“工作学校”、“劳作学校”、“劳动学校”、“生活学校”、“生产学校”、“儿童中心学校”等。概言之，便是欧洲“新学校”、美国“进步主义教育”。这种教育思潮也称作“作业教育思潮”。

新教育虽然触及传统教育的要害，由于它从教与学、学与用中的一端走向另一端，故未能从根本上解决教与学、学与用之间的矛盾。它所带来的新问题，很自然地促成传统教育的反弹。

至于西方发达国家，所谓“新教育”与“传统教育”，所谓“革新”与“保守”，都是中性概念。20 世纪 40 年代以后，新教育虽失去势头，传统教育仍占有相当优势。不过，它本身已经逐渐发生变化，何况新教育的影响还在。

附录

“家庭作业”的由来

偶然翻阅《百姓》杂志2006年第2期的一篇署名文章，其中提到三十年前的一件往事，饶有兴趣。据称1979年中美两国曾互派访问团，考察对方的小学，并各自提出访问报告。双方报告中，各有四点见闻。其中在中国访问团看来，美国小学二年级学生，大字不识一斗，加减乘除还用掰指头，却大谈发明创造。而美国访问团却不知中国的“家庭作业”到底是怎么一回事。足见中美两国教育价值取向相差何其大。别国小学生识字不多，同他们没有家庭作业是否相关，不干我们的事。我只对他们连“家庭作业”这样寻常的事也不知道，感到奇怪。

通常所谓“家庭作业”，有别于劳作性质的作业，主要为书面作业。这种作业的通行，实同对“新教育”引发的反弹相关。

历史证明，新教育在哪里传播最快、流行最广，哪里传统教育反弹的力度最大。在苏维埃时期的俄罗斯，由于原先改革的步伐最快，1931年以后，传统教育复活也最显著。“家庭作业”便是这种反弹中的产物。这种作业本身虽有必要，只是它已经同新教育中的“作业”异趣。它主要是书面作业。不过其作业负担不及我国如今这么沉重。

我国小学生家庭作业的情况如何呢？以上海市为例。据李思悦君对13所小学四年级学生家庭作业负担的问卷调查，学生每日完成作业的时间如下：①

① 李思悦：《上海地区小学高年级家庭作业问题的调查与研究》，硕士学位论文，上海师范大学教育学院，2009。

	频率（个）	百分比（%）	累计百分比（%）
1—2 小时	38	12.0	12.0
2—3 小时	151	47.8	59.8
3—4 小时	110	34.8	94.6
4—5 小时	17	5.4	100.0
总计	316	100.0	

这每日家庭作业“3 小时”是个什么概念呢？

1. 如果从晚上 7 点钟开始做作业，到 10 点钟才能完成。

2. 如果上午在校时间为 7∶00—11∶00，下行在校时间为 12∶30—4∶30，加上家庭作业时间，那么每天学习时间大致为 11 小时。由于几乎每天如此（假期例外），不知如此负担同少年承受能力的极限还有多大距离。

3. 按照上海市教育委员会规定，小学四年级学生每天家庭作业时间为 2 小时，那么学生每天学习时间将超过 10 小时。

学生对家庭作业时间的感受如何呢？上述调查的结果如下：

	频率（个）	百分比（%）	累计百分比（%）
太多	54	17.1	17.1
太少	13	4.1	21.2
[illegible]	[illegible]	72.2	[illegible]
无所谓	21	6.6	100.0
总计	316	100.0	

上述统计表明，只有占 17. 1%的学生觉得作业太多，而认可或大致认可如此作业负担的学生，竟占调查对象总数的 82. 9%。

关于此项统计，不清楚的是：

1. 其中的数据到底在多大程度上反映这批学生真实的心愿。

2. 如果学生的心愿如此，那么 80%以上学生认可如此负担，能够说明什么问题？人们对嫌作业太多的学生怎么看待，对还嫌作业太少的少数学生，将作如何评价？对这些问题的回答，或许能够成为检验教育价值观念的试金石。

其实，有些外国人未必不知道“家庭作业”是怎么一回事，或许是对这种事情不理解。如此简单的事情何以不可理解呢？因为在有些国家有“学校日”的规定，正如工厂有“工厂日”规定一样。“学校日”表示义务教育适龄儿童接受义务教育的限度。超越这个限度的“教育”，不仅不是适龄儿童应尽的义务，而且是对他们自由权利的侵犯。

在我国，如今尽管超负荷的课业负担屡见不鲜，迄今未闻教师、家长或学生举报。因为在我们这里，这似乎还是一个同法规无干的问题。

六、活动课程

19 世纪末 20 世纪初，杜威认为传统课程以学科为中心，不能照顾儿童的需要和兴趣，学科分得过细，又同实际生活距离较远。在杜威指导下，从 1896 年起，在芝加哥大学实验小学（正式名称是“大学初等学校”）试行所谓“活动课程”，即以人类衣食住的基本活动（纺织、烹饪、缝纫、木工等）为小学课程的中心。

“活动课程”的基本出发点，是儿童的兴趣和动机，以动机为教学组织的中心。所提到的动机有社会动机、建设动机、探索动机等。这种课程编制又称为“学生中心课程”。“活动课程”的范围和教材的选择，围绕着儿童的这些动机来进行。

以儿童兴趣和需要为出发点的活动课程同学科课程的区别，在于其课程计划、过程、学生和教师的角色、所需要的资料和设备、教学技巧方面都有不同。计划学生中心课程，要把由学生所选择的一系列活动或设计所组成的课程，大胆地结合起来。设计活动一般按照学生年龄贯穿主题活动。可以安排从“怎样种向日葵”到“可以使人生有价值”这样的活动。活动规模可以是个人、小组或整个班级，并以基本的步骤鉴定、计划、执行和评价设计活动。教师在这里的作用，不是选择、组织、提供资料，而是指导、促进、监督这些活动。教师讲演和学生练习，被调查和解决问题所替代；学生在整个学习活动过程中是主动的而不是被动的。传统的教室、书本和课桌椅之类设备，现在也被工作场和各种活动所替代①

以学科为中心的学校（课程）	以学生为中心的人文主义的学校（课程）
1. 教师掌握学习和各个方面	1. 家长、学生、教师共同发展学习的环境
2. 论据在课程中占主要地位	2. 发现、探究、立意比抽象的论据更重要

① 胡森、波斯特尔威斯特主编，江山野主编译：《简明国际教育百科全书·课程》，教育科学出版社，1991，第 56 页。

续表

以学科为中心的学校（课程）	以学生为中心的人文主义的学校（课程）
3. 死板	3. 灵活
4. 在同一时间内所有学生做同一件事情	4. 个别教育和多种多样的计划，以满足每个学生的需要
5. 与社会相脱离	5. 与社会相联系
6. 乏味的环境	6. 有创造性的环境
7. 强调永久性和传统性	7. 强调变革和未来
8. 强调教育产物（结果）	8. 强调教育过程
9. 控制、强迫	9. 自由
10. 外在的训练	10. 内在的训练
11. 凭借权威	11. 自我实现
12. 以学科为中心	12. 以人为中心
13. 强调教	13. 强调学
14. 相互竞争	14. 相互合作
15. 只有强者能够成功	15. 每个人都能成功
16. 班组以相同的效率学习	16. 个人化了的学习效率
17. 只向教师学习	17. 向教师和同学学习
18. 所有教育都在学校内进行	18. 教育在许多环境中进行
19. 由成人负责	19. 由儿童负责
20. 把儿童看作不可信任的	20. 把儿童看作可信任的
21. 不容含糊	21. 容许含糊
22. 进行控制	22. 给予自由

资料来源：范斯科德、克拉夫特、哈斯合著：《美国教育基础——社会展望》，教育科学出版社，1984，第301页

这种比较，虽失之烦琐，但至少表明，脱离“教”与“学”所依托的背景，泛泛地议论“教”与“学”的关系，无助于问题的解决。

鉴于“学科课程”与“活动课程”各有得失，多年来，在“教”与“学”、教师与学生之间寻求适当平衡的尝试，并不少见。问题在于这两种课程编制，是基于两种不同的课程价值取向，各有自身的逻辑，故在这两者之间折中委实不易。

附录

英格兰艾博茨霍姆学校课程示例

19 世纪与 20 世纪之交，欧洲“新学校”与美国“进步教育学校”兴起，在取消或削弱学科课程、班级授课制度的基础上，各种教育革新的尝试脱颖而出。

英格兰的艾博茨霍姆学校，是由赛西尔·雷迪于 1889 年（或稍前）创办的男生乡村寄宿学校，为最早出现的欧洲“新学校”。这所学校最初共有 16 名小学生，10 年后在其全盛时期，也只有 61 名学生。至 1927 年雷迪离开这所学校时，只剩下 2 个学生，但这所学校仍然坚持了下来。到 1965 年，有在校生 195 人。

这所学校的安排，大致为上午上课，下午让学生参加各种艺术与体育活动，早晚都参加礼拜。在当时颇使人耳目一新。

艾博茨霍姆学校每日作息时间表①

时　间	活　动	备　注
6:55	起床	夏季：起床（6:10），做操（6:30），上课（6:45—7:30）
7:15	军训操练、哑铃操练或跑步	视天气而定
7:30	礼拜	
7:40	早餐	餐后整理宿舍，练小提琴

① 康内尔：《20 世纪世界教育史》，张法琨、方能达、李乐天等译，人民教育出版社，1990，第 267—268 页。

续表

时　间	活　动	备　注
8:30—10:45	上课	第一节课（8:30—9:15）分批参观花园中的小泥屋
10:45—11:15	午前辅餐	晴天裸露上身户外呼吸
11:15	上课	夏季晴天唱歌（12:00）、游泳（12:20）
13:00	午后正餐	
13:30—13:45	独奏	在礼堂
14:00—18:00	绘画、专题学术讨论、园艺劳动、运动或徒步旅行或骑自行车	
18:00	饮茶，练小提琴	
18:45—19:30	唱歌	夏季改在中午12:00
19:30	阅读莎士比亚作品、演讲、排戏、音乐会等	在指定日进行
20:30	晚餐	
20:40	礼拜	

“新学校”的“课程”价值观念，虽有别于传统的“课程”观念，而课程中仍包括英语、物理学、化学、生物学、历史与地理等，且未闻这所学校有“打破学校课程”与“废止班级”之议。

七、以社会—文化为主题的核心课程

鉴于“活动课程”不足以反映社会生活需要，有人赞成“活动课程”的编制方式，而不赞成仅以儿童的兴趣和需要作为组织课程的依据。认为主要课程的编制既要反映儿童的发展进程，又要反映人类的基本活动，提倡所谓“核心课程”。即围绕人类基本活动，确定各年级学习的核心主题。美国约在1930—1955年间，核心课程较为风行。所择定的课程的核心有3种类型，即“文化时代核心”、“青少年需求核心”与“社会问题核心”：

年级	文化时代核心	青少年需求核心	社会问题核心
七	人类历史的开端及古代	生命和成长	人们如何谋生
八	美洲大陆情况	信念的形成	社会工业
九	从美洲的发展到现代世界的生活	兴趣的发展	日常生活中的哲学
十	美国文明与文化	人格的发展	最大效益的花钱
十一	其他现代文明和文化	社会形象的构造	技术怎样改变世界
十二	美国民主问题	[illegible]	[illegible]

资料来源：江山野主编译：《简明国际教育百科全书·课程》，教育科学出版社，1991，第27页。

泰勒把核心课程的要点概括为：

1. 它们表明了一般学生需求的一个核心。
2. 它们覆盖了2—3个学科的内容。
3. 它们花费一个时间段的2节或2节以上。
4. 它们是师生共同筹划的。
5. 它们通过一个特别成员，使学生在家期间有更多的机会得到指导和咨询。[①]

核心课程基本上为社会学科的合科课程。采用核心课程的学校，从3类核心课程中择定一种。每周约10学时。它只是社会课程的编制，同其他学科课程并行。据美国1956年调查，在1000所高级中学中，采用核心课程的学校，约占6%—9%，如今核心课程在高级中学已经消失，而在初级中学仍然被采用。其中有些学校只在某些单元中采用“核心课程”编制方式。[②]

迄今为止，尚未形成一种使学生自觉而有效地掌握人类文化遗产并有创造潜力的课程编制方式。其实，这并不重要。重要的是人们从各个不同侧面、不同层次进行多元化的探索，丰富了共同经验，从而为课程改革增加了选择的余地。无论如何，把某种课程组织作为排他性的模式凝固起来，无助于激励人们继续探求课程编制的新途径。

---

① 江山野主编译：《简明国际教育百科全书·课程》，教育科学出版社，1991，第27页。

② 同上书，第27页。

八、综合课程

我国现在关于基础教育课程结构的设想是：小学阶段以综合课程为主；初中阶段根据现有教师的适应能力和具体情况，设分科与综合相结合的课程，并鼓励各地选择“综合课程”；高中阶段以分科课程为主；同时，从小学三年级起至高中三年级，在各年级设置“综合实践课”。这种课程设置，旨在从总体上改变单一“学科课程”编制，克服分科课程的缺陷，适当减少学科门类，增加课程的综合和学生实践的机会。这里拟就初中阶段“以综合为主的课程”发表一点意见。

一

所谓“综合课程”，指的是“科学”、“历史与社会”、“艺术”等“合科课程”，这是同“以分科为主”的初中课程的区别所在。

课程编制有多种形式，如分科课程、合科课程（又称“广域课程”）、“核心课程”（以人类基本活动为本位），以及知识领域完全不分化的混合性课程等。如今所谓“综合课程”相当于“合科课程”。以往经验业已证明，任何一种课程编制在历史上出现，或多或少都有其合理性，又都带有一定的局限性，而任何一种单一课程编制的局限性更大。有鉴于此，我国如今关于课程编制的设想，实际上试图建构一种包括各种课程编制要素的课程结构（横向）；在小学、初中、高中各阶段，几种课程编制要素在课程中所占比例不同，课程结构也就不尽相同（纵向），从而形成从综合编制（小学）、“综合基础上的分析”（初中），再到学科分化的序列，在总体上符合未成年人认知从模糊到清晰、从具体到抽象的特点。

“合科课程”（以“历史与社会课程”为例）到底如何综合，由于这类课程纲要尚未出台，也就难以说三道四。不妨参照别国的先例和我国关于课程目标的设想以及设置“综合课程”的旨趣，提一些看法与建议。

关于合科课程，可资参照的先例甚多。尽管本人所知不多，国内已经介绍的倒也不少。但只是现象罗列，似难得要领。简单地说，大体上有几种不同的选择：一是对相关学科知识进行归类，而在每一学年，只开设其中一门学科或一个知识领域。如全美科学财团从调查中概括出的范型为：从第1学年到第12学年依次开设的课程是：（1）家族；（2）近邻；（3）社区；（4）州史、区域地理；（5）美国史；（6）地域文化；（7）世界地理或世界史；（8）美国史；（9）公民或世界文化；（10）世界史；（11）美国史；（12）美国政治。[①] 二是主要在初中阶段，实行"核心课程"编制，以人类基本活动为本位，课程或以"文化时代"为核心，或以"青少年需求"为核心，或以"社会问题"为核心，或以别的什么主题为核心。[②] 在前一种选择中，有的注重学科结构，只是同以往偏重学科知识的课程或有区别，注重的是社会科学基本概念与一般法则；有的则在每一知识领域中，不拘泥于学科知识的逻辑程序，而参照"核心课程"的方式组织经验。以上这些不同的选择，在如今中国课程改革中的意义颇不相同。

二

"综合课程"作为拟建构的课程结构要素，须从它与其他要素之间的关系中，寻求恰当的选择。

1. 如今中国提出初中阶段"社会"、"自然"、"艺术"等课程，有"分科"与"合科"之分，各地可从中任择一种，并鼓励各地开设"综合课程"，不过并未同时提出什么样的地区以采取什么样的选择为宜。鉴于我国至1998年止，高中招生数只占当年初中毕业生总数50. 7%。即近半数的初中生暂时还得不到接受高中教育的机会，于是，存在一个问题：在高中未普及的地区，对于没有机会受高中教育的初中生，开设"综合课程"，会不会导致相当多的初中毕业生缺乏本该在初中阶段学习的那部分基础知识？这个问题实同对分科课程合理性的估计相关。现有的基础学科虽有局限性，但它们毕竟是人类有关自然、社会和人本身经验的结晶，任何人在未成年时若缺乏对其中任何一个知识领域（如物理、化学、生物、生理、历史、地理等）的系统了解，成年后将难以补救。开设"综合课程"，对于有机会受到高中教育的

① 钟启泉：《国外课程改革透视》，陕西人民教育出版社，1993，第105页。

② 陈桂生：《学校教育原理》，湖南教育出版社，2000，第257—259页。

学生，也许利大于弊，而对于没有机会受高中教育的学生来说，则弊大于利，故一般说来，“综合课程”只适宜于在高中发达地区开设，以有机会受到高中教育的初中生为对象。

与此相关，在同一地区，只适宜采取同一种初中课程，否则高中招生势必要出两套试题，高中课程也须兼顾来自两类不同初中的学生。

2. 学科课程的局限性，主要在于它拘泥于学科知识的逻辑程序，不符合学生学习时的心理程序。同时，学科课程是按学科分类的，而实践活动所需的是综合的知识。开设“综合课程”的原意在于为知识的综合应用开辟道路。问题是，按照现有关于课程结构的设想，“综合课程”与“综合实践课”分别开设，势必导致“综合课程”缺乏足够的应用知识的机会，而“综合实践课”则缺乏必要的理论支撑。“综合实践课”如使学习者得不到充分实践的机会，设置这种课程，就缺乏充分的理由，其成效但愿比“分科课程”更好，但也可能反而不及“分科课程”。

3.“综合课程”也许比“分科课程”更便于吸收现时代自然科学、社会科学新成果。问题在于某种新观念、新知识、新技术是否适宜于引入课程，取决于它是否具有通用性（为一定社会的成员所普遍需要），取决于它同原有基础学科内容的联系，取决于它同学生生活的联系。若缺乏这种联系，它将成为虽然新鲜但比传统基础学科更脱离实际的东西。虽然未来的“综合课程”纲要的眉目尚不清楚，而从个别地区已经问世的用于“研究性学习”的“综合主题”来看，以上质疑未必是过虑。

（原载《现代中小学教育》2001 年第 7 期，原题《“综合课程”辨析》）

九、综合实践活动课程

按照我国关于基础教育课程改革的设想，拟在分科课程之外，设置“综合课程”（即“合科课程”）与“综合实践课”，而以分科课程为主。如此设想，既保持分科课程的优点及优势，又可弥补分科课程的缺陷，属于课程改革“软着陆”的尝试。所谓“综合实践课”，按照现在的初步想法，大抵包括指导学生进行专题研究性学习（上海称之为“研究性学习”或“研究型课程”）、参与社会实践等，或说包括社会实践、社会服务、劳动技术与研究性学习。从小学三年级到高级中学三年级，各年级均须开设，每周 2—3 课时。虽然每周课时有限，加以每学期 19 教学周计算，在 10 年内，总课时可达 760—1140 课时，故不可小视。

关于这门跨学期、跨学年、跨教育阶段的课程如何开设，课程内容“如何综合”，学生“如何实践”，教育行政主管当局自会有“大纲”、“指南”之类文件下达，倒不用担心。问题是如今这门课程算是“学校课程”（宜称为“校定课程”），故即使有了“指南”，这条“路”还得由学校自主开辟。到底如何“走”呢？

好在这门课名目虽新，其实它在课程中的位置早已设定。从 20 世纪 80 年代初期开始，小学就设置了“劳动课”，中学设置了“劳动技术课”。后来把课程分为必修课、选修课与所谓“活动课”，它们的课时同拟设的“综合实践课”差不多，其宗旨亦与这门新课相近。如果以往的安排不成问题，现在设置“综合实践课”，不过是名目翻新。若试图推陈出新，看来从以往“劳动课”、“劳动技术课”、“活动课”的经验与教训中或可得到一些可靠的线索。

一

以往关于“劳动技术课”、“活动课”的论文、著作委实不少。不过，如今要从这类著作中明了一点实施这类课程问题的症结，倒也困难。看来须对这类实践重新加以审视。

所谓“劳动技术课”，顾名思义，重在劳动技术训练，而事实上所开设的这种课程，大都偏重技能训练。如果这门课使学生多少得到一些技术、技能训练，或可弥补偏重书本知识、偏重教师讲授的学科课程的缺陷。问题在于这门课程是参照学科课程的思路设计的。这种思路是：既然是一门课程，少不了要有这门课的教学大纲与教材，而教学大纲又须顾及劳动知识、技能的全面性。并且它也像其他学科一样，在一学期中被平均分配教学时间，加之这门课主要由“劳动技术课教师”担任，又不能不以班级为单位进行教学，从而无论在课程计划中，还是在这门课的具体实施中，基本上割断了同其他各门学科及课外活动的联系。结果学生虽蜻蜓点水似的接触了一些劳动技术与技能，却缺乏掌握一定技术、技能所必需的训练时间，无法形成有用的熟练技巧。

所谓“活动课”，其宗旨与“劳动技术课”不同。它重在培养学生的兴趣、特长，发展学生的个性与社会性。这种课程的开展，虽比“劳动技术课”更为灵活，而在总体上仍按学科课程的思路设计，并以班级为单位实施，学生到底能从每周2—3课时的“活动”中，发展多少兴趣、特长，形成什么个性与社会性呢？不可谓不是问题。

不妨把20世纪80年代以来课程的思路同20世纪60年代中期以前的思路加以比较。50年代、60年代中期以前课程设置的思路是：每门学科的教学大纲，除有关于基础知识、基本技能的规定外，还有关于参观、实验室作业、实习作业的安排，同时注重课内学习与课外活动、校外活动的联系，课外活动与校外活动倒也相当红火。在我国所借鉴的俄国课程中，对参观、实验室作业、实习作业以及课外活动，比我国更加重视，因为他们兼施普通教育与综合技术教育。在这种课程设想中，培养学生实践能力、发展学生个性与社会性，是所有学科的任务，因而也是所有教师义不容辞的责任。问题在于这种课程，合格学历要求过高，教学计划、教学大纲所规范的是“满负荷”、“超负荷”的课程，迫使教师不停地赶教学进度，并使学生有做不尽的作业、没完没了的测验和考试。问题更在于合格学历知识、技能要求过高，不完全出于主观意志的随意性，而是学科课程的逻辑使然，而学生实践活动的逻辑，有别于学科知识的逻辑。在学科课程前提下，学生的参观、实验室作业、实习作业之类活动，充其量只能起到理解知识、检验知识的作用。另外，实行分科教学，按照各学科逻辑安排教材，使得课业负担居高不下，再加上班级教学、升学考试之类的因素，才导致课程脱离实践、脱离学生需要。20 世纪 80 年代以来，针对传统课程的缺陷，采取从课程体系中“划出一块”的办法，使得“劳动技术教育”或“学生活动”有一个“专门的阵地”，并有专人指导，而在实际上往往把基础知识课程中的“实践部分”移作“劳动技术课”，把课外活动移作“活动课”，随之也就把应由全体教师承担的责任转移到少数教师身上。附带说一句，“德育”的思路也是如此。可见，80 年代以来课程的思路不是越来越宽，而是越来越窄。其中，课外活动原先由学生自愿参加，以小组为单位开展活动，各课外活动小组由相关学科教师指导；在以“活动课”代替课外活动（并非全都如此）的情况下，学生由自愿参加活动变成被迫参加活动，小组活动变成班级活动，多样化活动变成少样化活动，从各种教师义务参加指导变成专人负责。到底是进步，还是进一步退两步呢？

20 世纪 80 年代以来课程实施的成效不够显著。根本问题在于基础教育课程的目标仍同 50 年代至 60 年代中期的目标相近。其中隐含着“英才教育”与“应试”的意向，学科课程编制基本上未受到触动，基础知识要求过高。明乎此，根植在这种基础上，并按学科课程框架设计的个别课程，如“劳动技术课”、“活动课”，其成效有限也就不足为怪。如今改设“综合实践课”，若不改弦更张，其结果可想而知。

二

保持分科课程的优点，同时在分科课程之外另辟蹊径，弥补分科课程的缺陷。这是 20 世纪以不小的代价换来的明智抉择，也是课程改革的难点。

美国从 20 世纪初期开始，不少学校曾经出现放弃分科课程编制的尝试。起初以“活动课程”编制取代“学科课程”编制，如基尔帕特里克（原译克伯屈）的“设计方法”（曾被误译为“设计教学法”）便是一例。它是参照杜威“反省思维”理论与步骤而设计的课程编制，从儿童兴趣与需要出发，重在让儿童参与设计，在“做中学”。这种课程虽能解决学科课程无法解决的问题，却丧失了学科课程的优点，导致学生基础知识水平下降。

“活动课程”的问题，除了打乱学科知识逻辑之外，还在于它夸大了儿童生活经验的价值，故寿命不长。于是，在 1930—1955 年间，又出现“核心课程”编制。它既不同于“学科本位”课程，又有别于“儿童本位”课程，而以人类基本活动为本位，属于“社会本位”课程，即以人类基本活动为核心，组织教与学活动。关于人类基本活动的分解，或按文化时代划分，或按青少年需求划分，或按社会问题划分。

“活动课程”属于取代“学科课程”的尝试，而“核心课程”则是在设置“分科课程”的同时，合并了一些课程而形成的，如“科学课程”、“社会课程”等，故“核心课程”可称为“合科课程”。采用“核心课程”编制的，多为初级中学，而是不是采用这种课程编制，由学校自主决定。

西方国家之所以能够进行“活动课程”、“核心课程”之类试验，实由于它们的义务教育课程目标有限。

把我国 20 世纪 80 年代以来的课程设置同上述课程改革加以比较，不难看出：

1.“活动课程”作为取代“学科课程”的另一种课程编制，就实行这种课程编制的学校来说，是一种“全面的变革”。它虽不足以解决课程问题，倒有助于发展学生的兴趣、个性与社会性。而我国所谓“活动课”，只是课程体系中的一个“点”，既触动不了学科课程的毫毛，也不足以发展学生的兴趣、个性与社会性。

2. 外国的“核心课程”，以“合科课程”为载体，是从整个课程中“划出一块”，让学生在“做中学”，或进行问题研究。我国现在关于课程的设想，把所谓“综合课程”（即合科课程）与“综合实践课”隔开，其结果将会如何呢？“综合课程”到底如何“综合”？它若不以实践中的问题为中心，又不只是几门学科知识的拼凑，如“社会课程”为历史知识、地理知识、社会学知识的拼凑，还有什么办法“综合”呢？“综合实践课”若不以较为广泛的知识领域为依据，而又不成为支离破碎的实际问题的拼凑，将如何“综合”？每周 2—3 课时又该如何“实践”呢？“综合”虽是一个很好的词，不过，以往在实施“综合课程”、“综合技术教育”中，曾把不少智能之士弄得头昏脑涨。有一个叫作杜林的人曾经在关于未来学校的狂想中，杜撰“综合数学”一说，受到恩格斯辛辣的嘲笑。有鉴于此，如今的课程设计在使用“综合”一词时，似不宜求之过深。尽管所谓“综合课程”与“综合实践课”分则两难，合则两利，我国如今尚难拿出“科学课程”与“社会课程”去冒“综合实践课”的险，这是国情使然，故现在只能把“综合课程”与“综合实践课”分开。这样，留给“综合实践课”的时间与空间就相当有限了。

十、研究性课程

教育部2001年颁布的《基础教育课程改革纲要》（以下简称《纲要》），从2001—2002学年起试行，颇多新意，所谓“研究性学习”或“研究型课程”，便是其中最有新意的构想。

早在这个《纲要》颁布以前，关于“研究性学习”、“研究型课程”的议论即已沸沸扬扬，若干地区、不少学校得风气之先，已经着手试验。惟有关“研究型课程”的议论与报道，虚实难辨，一般教师对这种议论将信将疑。不少校长明知这种课程的设置势难回避，出于一些原因和对实际困难的考虑，不免感到困惑。究竟什么是“研究型课程”？它与“研究性学习”是同义语，还是有所区别？为什么要设置这种课程？它是否可行？是否普遍可行？怎样实施？这里拟就这些问题提纲挈领地陈述一种思路。

一

在新的课程结构中，包括三种课程编制形式即学科课程（分科课程）、综合课程（合科课程）与综合实践活动课程。综合实践活动中，包括四种活动内容与活动方式：（1）信息技术教育（不妨称为“信息技术学习”）；（2）社区服务与社会实践（宜统称“社会学习”）；（3）劳动与技术教育（或称“劳动与技术学习”）；（4）研究性学习。

在上海市《面向21世纪上海市中小学新课程方案的设想》（2000—2001年）中，把基础教育课程分为“基础型课程”、“拓展型课程”与“研究（探究）型课程”三类，并无“综合实践活动”课程的提法，其中所谓“研究（探究）型课程”，实际上相当于《纲要》中的“综合实践活动”。这种类型的课程，在义务教育阶段，称为“探究型课程”，在高级中学阶段，称为“研究型课程”。可见，上海市所谓“研究型课程”同“综合实践活动课程”中包含的“研究性学习”的含义不尽相同。

按照三级课程体制，校定课程（通称“学校课程”）主要是综合实践活动及一部分选修课程。

按照上海市所定课程时间比例，探究型课程在小学占3%—5%，以每周大课20节计，为每周0.6—1节；在初级中学，探究型课程占5%—10%，以每周学时33节计，为1.65—3.3节；在高级中学，研究型课程占10%—15%，以每周学时34节计，为3.4—5.1节。概括地说，这种课程每周平均课时大致为小学1节，初中2—3节，高中4—5节。相比之下，在国家课程纲要中，“研究性学习”所占比重要小得多。

“研究型课程”在现有课程总时数中所占比重似乎甚小，但它同语文、数学、外语、思想道德课程一样，属于从小学到高中都设置的跨学年、跨学习阶段的必修课程，将在未成年人成长中持续发生影响。它所占课内教学时间虽然有限，而学生每项课题研究所占课外时间可能很多。更重要的是，它同各种分科、合科课程相比，属于另一种类型的课程，与其他课程的思路截然不同，并且它比其他课程更能反映课程改革的大趋势。

二

“研究型课程”的思路与一般分科或合科课程截然不同。

1. 它是学生自主学习的课程，并且以学生个人或小组独立的研究活动为主。所以，“以教师为中心”的思路不适用于“研究型课程”。2. 学生自主学习，主要不是为了掌握现成的知识，而是为了发现问题与研究问题，在研究问题的过程中应用已有的知识，获得新的知识。所以，学习或灌输现成书本知识的方法不适用于“研究型课程”。

有人曾把“研究性学习”或“研究型课程”界定为“以类似科学研究的方式学习”。这种提法可追溯到杜威于1910年在《我们怎样思维》一书中的设想。他还着重分析这种类型学习的思路，称为“反省思维的五个阶段”。简单的表示即：(1) 疑难，或问题的发现；(2) 确定疑难的所在和性质；(3) 提出假设，或可能的解决方法；(4) 演绎假设所适用的事实；(5) 假设经证实而成立为结论。①

这种关于思维过程与教学步骤的分析，是杜威倡导的“从做中学”的理

① 杜威：《我们怎样思维》，《我们怎样思维·经验与教育》，姜文闵译，人民教育出版社，1991，第88—94页。

论基础。问题是：(1) 历史经验证明，这种“从做中学”的方式代替不了分科或合科课程，所以，我国如今只把“研究型课程”作为课程结构中一种类型的课程，属明智之举；(2) 这种自然科学研究方式不完全适用于社会问题研究，并且学生研究问题，既没有必要要求更不可能都“发现规律”。

惟其如此，后来又有不少新的探索。

以莫里森的“单元教材精习制”为例。这种制度把中学教学内容分为五类，即科学类、欣赏类、实用技术类、语言类与纯粹练习类。每类教学内容又划分为若干单元，每个大单元学习几星期。总的教学公式为：预测——教学——测验其结果——调整步骤——再教、再测验，直到掌握学习内容为止。

每个单元“教”与“学”的程序为：

1. 探究与计划：师生共同回顾已有的知识和经验，并查阅资料、参观访问，进而讨论把种种经验组成一个单元加以学习的必要性与可能性，在此基础上拟订计划。计划确定研究范围，提出种种假设作为所要检验的命题，并规定准备学习的材料与学习过程中的分工。

2. 调查活动与研究：着重搜集资料，为检验假设提供证据；也可以根据调查研究中发现的情况，调整计划，或重新提出假设。

3. 提出学习中的发现，并加以整理与概括：这个阶段着重根据学习过程中的发现，检验原先作出的假设。在整理与概括过程中讨论“从我的种种发现中可以得出哪些结论”“对于原先的假设，有哪些可以得出满意的答案”，“如果在开始时就知道现在才知道的东西，我们最初的假设将有什么不同”，“在哪些问题上仍然觉得证据不足，应该怎么办”，“我们的种种发现对于我们的行动有什么意义”，“为了进一步学习，还须开辟哪些途径，发展哪些兴趣”。

4. 鉴定与评价：着重讨论“我们是怎样进行学习的”，“我们学到了什么”。

5. 应用、重新考虑与重新概括。

以上论述表明，“单元教材精习制”是把“教”与“学”变成教师与学生共同研究问题的过程，[①] 其中包括个人学习活动与小组学习活动，也不排

---

① 陈桂生：《“教学法”沿革》，《上海教育科研》，2000，第 11—12 期。

除全班学生的共同学习活动。

我国以往曾把“从做中学”、“单元教材精习制”之类课程编制形式统称为“问题教学”，有一定道理，因为它们都属于“问题研究课程”。“问题研究课程”或许是比“研究型课程”更为恰当的提法。

三

这种课程能不能按一般的教学方式实施，就要看它是否按照自身的逻辑被合理地有序地组织起来。它在课程总体中所占比重甚微，其组织却远比其他课程复杂。关于这种课程的组织，不妨一言以蔽之：按兴趣小组的方式组织，并参照教育研究管理的程序逐步引导。

（一）按兴趣小组的方式组织

一所高级中学，假如有 1 000 名学生参与“研究型课程”，每个学生课题小组如以平均 5 人计算，将会有 200 个小组同时活动。这 200 个研究小组的进度相差甚大，有些问题研究也许一个月就能完成，有些问题研究或许需要两个月甚至一学期时间。其中有些小组的学生在进入角色以后，很可能欲罢不能，而影响其他课程作业的完成，有些小组或许敷衍塞责。诸如此类情况，在所难免。由于情况异常复杂，这种课程要都在课程表规定的时间内实施，实际上有困难。

（二）建立学生课题研究管理的规范与程序

1. 启动阶段：（1）动员；（2）征集选题，编制课题指南，学生自主选题（表示研究意向）；（3）组织课题研究小组，由学生聘请指导教师，班主任从中调节、调配；（4）制定研究计划（填写草表）；（5）示范性的开题报告（含答辩）；（6）班主任及指导教师批准课题研究计划。

2. 实施阶段：（1）帮助学生解决研究过程中出现的难题（主要是分析难题与提出解决难题的建议）；（2）检查督促；（3）定期交流。

3. 结题阶段：（1）各课题小组提交研究成果与结题报告；（2）示范性的课题答辩；（3）成果展示；（4）个人及小组成绩评定。

（三）“研究型课程”的集体指导

1. 开设科普知识讲座：这种讲座主要不在于讲授各学科知识，而在于报告现实生活中的各种新动态与新信息，启发学生发现问题，激发学生的研究兴趣。

2. 组织学生学习《“研究性学习”指导手册》，使他们大致了解课题研究过程；在课题研究过程中，还须就如何选题、如何计划、如何填表、如何积累资料、如何结题等问题做辅导报告。

3. 根据学生课题研究过程中普遍存在的研究态度、研究方法等问题，有针对性地加以辅导。

四

“研究型课程”因面向所有学生开设，故牵涉面甚广。这样，不仅存在组织与指导方面的难题，就连学生活动场所、设备、图书资料、社会调查对象以及活动经费等方面的问题也难以解决。除此以外，在现行“研究型课程”设置中还存在学校无法克服的一些难题。

（一）教育部颁布的《基础教育课程改革纲要》把“综合课程”与“综合实践活动”课程并列，分别开设，这可能出于保持综合课程知识系列的考虑。问题在于“综合课程”比传统的“学科课程”优越之处，不仅在于它讲求相关学科知识之间的联系，更在于以问题为中心的综合知识，才更能反映现实、便于应用，而“综合课程”与“综合实践活动”分设，很可能既使综合课程的知识缺乏充分运用的时间与机会，又使综合实践活动缺乏足够的知识与理论准备。

（二）美国在20世纪40年代开始试行的“核心课程”编制，既是合科的社会课程及自然课程，同时也是学生自主参与的社会研究与自然研究活动的课程。采纳这种课程编制的，主要是初级中学。有些高级中学曾经采纳这种课程编制，后来纷纷放弃了这种尝试，不清楚是不是同高等学校招生考试的压力相关。至少在我国，着重在高级中学阶段实行“研究型课程”或“研究性学习”，既会使承受应试压力的学校、教师、学生及家长精神负担加重，也会使“研究型课程”缺乏从容实施的宽松环境。

（三）“综合实践活动”设定的几项学习活动，在内容上既有一定区别，又有一定联系。如果撇开“信息技术”、社会实践与社会服务，“研究性学习”的内容将较为空泛，而缺乏学生自主研究成分的信息技术学习、社会学习，又可能落入信息技术讲座、德育活动之类俗套。由此看来，个别地区以

“研究型课程”代替“综合实践活动”不无理由。问题在于如把信息技术学习、社会学习、劳动技术学习都纳入“研究型课程”，势必使学生不停顿地进行课题研究，而使没有条件普遍开设“研究型课程”的学校和没有兴趣与能力经常参加“研究性学习”的学生，缺乏缓冲的余地。

“研究型课程”固然为学生自主学习提供了难得的机会，即使如此，它终究代替不了分科或合科课程。这已为历史经验所证明，它在我国现行课程体系中也只是所占比重甚小的补充形式。然而，最近一段时期以来，不少专家、学校却把它吹得神乎其神，这且不谈。值得注意的是供学生阅读的《“研究性学习”指导手册》中“写给学生的话”开宗明义说的是：“扳着指头算一算，从你背起书包上学到现在，已经有很多年了吧。你有没有回想过在这一段不算短的日子里，你做得最多的事情是什么呢？我想大家一定都忙着埋头苦读那些从书本里搬来的知识，一遍又一遍地解着自己也不知道为什么会存在的习题吧。难道学习的目的就是完成手中这成百上千的试卷？这真是一个让人感到迷惘的问题。也许你正在怀疑挑起这沉重的担子会不会有意义，因为科学在飞速发展，很多知识都会迅速被淘汰而变得一文不值。”这段话真精彩，或许字字值千金，但只是讲给中学生听到底是什么意思呢？是要他们从此以后不再“忙着埋头苦读那些从书本里搬来的知识”吗？是要他们不再“一遍又一遍地解着自己也不知道为什么会存在的习题”，而只参加“充满乐趣又极富挑战”的“研究性学习”吗？他们所在的学校真的允许他们这样做吗？这同教师拜读某些关于“研究型课程”的大作一样，不听这些话，原也迷惘，听了这些话，说不定“惘”上加“惘”。

十一、学生经验的课程

在我国，随着基础教育课程改革的逐步展开，课程研究正在受到广泛的关注。问题在于基础教育课程改革如何落实，即如何使关于课程改革的很不错的构想变成学校、教师的具体实践，其中到底有些什么问题有待研究，仍值得关注。不管怎么说，“教师专业化”总是一个关键问题。不过，问题又在于对“教师专业化”如何理解。

关于课程，从一套课程改革的构想（理想的课程）到课程设置（正式的课程），从正式的课程到教师对他所执教的课程的领悟，从一位教师对课程的领悟到课程的实施（运作的课程），从教师运作的课程到学生经验的课程，在各个层面之间都可能存在或大或小的距离。这意味着从一套课程改革的构想到学生实际掌握的课程，在各个中间环节上不知要打多少折扣。正像用于灌溉的滔滔河水，经过无数沟渠，一路蒸发、流失，实际流入大田滋润禾苗的水有限。所以，要使一套课程改革的构想尽可能在学生经验中体现出来，就有必要具体研究课程实施过程中各个层面的实际情况，解决各个层面可能遇到的问题。这大体上就是美国课程专家古德莱德所谓课程研究的“基础”。简单地说，就是研究从相关的教育行政人员到学校管理人员、教师以及学生，到底为一套课程的落实做了什么，怎样做的。自然，这种研究相当复杂，非少数课程专家和一般教师所能胜任。然而课程专家和一般教师对于其中某一层面（如从教师运作的课程到学生经验的课程）的研究，若不求尽善尽美，量力而为，倒不是不可能的。

说到“学生经验的课程”，其实它是“教师专业化”题中应有之义。倒是如今有关“教师专业化”的考量中，忽视了这个必不可少的要求。现在谈到教师专业化问题，无不是罗列教师本身应具备的条件（专业素养）。如本学科的专业知识与技能、教育理论与现代教育观念、参与教育研究、一般文化教养以及教师道德，等等。教师如果具备这些素养，固然很好。至于其教学、教育是不是一定就有成效，恐怕还是问题。与此相关，近来还有“专家型教师”、“学者型教师”、“研究型教师”之说，都不无道理。问题同样是：

教师究竟应该是怎样的"专家"、"学者"？如何"研究"才能有效地提高课程质量？

其实，中小学历来不乏学科知识精深的教师，不乏师德和一般文化教养水平甚高的教师。其中有些人在教学、教育中确有建树，而有些人的教学、教育效果却不尽如人意。师德崇高，虽可望受到学生尊重，却未必能对学生的行为发生实际影响。总之，教师的教养不等于学生的教养。教师同一般"专家"、"学者"以及道德高尚的人的区别，主要在于同学生的沟通。他们的各种教养只有在同学生沟通中才能发生实际影响。人们关于"教师专业化"所列各种条件，即使教师都具备，也只是教师的"备用"条件，同学生沟通，才是"教师专业化"中最为必要的现实的条件。研究"学生经验的课程"正是在课程中探索教师与学生沟通之道。

惟其如此，这才冒昧提出研究"学生经验的课程"的建议。这个建议尝试以课题研究方案的形式表达（附后）。

还需说明的是，这里提出的"学生经验的课程"课题研究方案，不是一种尽善尽美的研究设想，而是以多少年来不少优秀教师自觉或不自觉地通过研究学生经验而改进课程的尝试为经验基础。这就是说，以往在这方面行之有效的经验证明这种课题研究的设想较为可行，并且这种研究，教师花费的时间不致太多，研究范围与规模可大可小，由学校自主选择。重要的是通过这种研究可使教师养成从学生经验出发改进课程的习惯。

附

“学生经验的课程”课题研究方案

一、旨趣

学生从课堂中经验（领悟）的课程（学），同教师在课堂中实施的课程（教）难免存在一定的差距。了解这种差异，有助于教与学的沟通。所以调查并研究“学生经验的课程”，是教师专业化过程中最切合实际的专业训练，也将使教师从中得到最能体现教师专业特点的专业修养。

二、调查指南（线索）

1. 从学生提出的“问题”（特别是非故意的“怪问题”）中，发现学生理解教材（某种知识、某个问题）的视角（与教材本身、教师视角的区别）。

2. 从学生对某个问题的答案中，发现学生对这个问题的认知与教师认知的区别。

3. 从学生作业或试卷中，发现他们对某种知识、某个问题的理解与教师理解的区别。

4. 从学生不经意的谈话中流露出的对某种知识、某个问题的理解中，发现他们的理解与教师理解的区别。

5. 从学生对同一个人、同一事件（身边的人与事，或教材中提到的人与事）的不同评价中，发现他们的价值观念与成人价值观念的区别。

注意：通常以为学生能复述教材、记忆教材就表示他们已经理解教材，这是错觉。学生的答案有些是真正的差错，而有些答案同教材及教师的理解有出入，则是由于按照他们的心理水平与经验只能那么理解。

三、调查步骤

第一步，普遍调查。每个教师参照调查指南，提供素材。均举例说明，举例越详细越好，都须注明所涉及的课程与年级；不一定每项都填，每项不一定只写 1 例；每个人可写 3—5 例。多者不限。不必当场交卷。

第二步，从普遍调查结果中，筛选出 20—30 例，作为示范。参照范例，进行第二轮调查（第一轮调查中的素材可修改，补充）。

第三步，把第一、第二轮调查中所搜集的素材，按课程与年级分类排序，并加以补充。

在以上三轮调查基础上，参考课程理论、教育心理学及教学参考资料，研究“学生经验的课程”普遍存在的问题。

四、成果形式

编写《学生经验的课程》一书。其中包括：

1. 各学科“学生经验的课程”案例。

2. 各学科“学科逻辑与心理逻辑沟通”的教材章节（若干章、若干节）。

五、研究成果的检验

1. 以初步研究成果为基础，召开有市、区学科组成员，课程专家，心理学专家参加的研讨会。

2. 试用自编的某些章节教材，并研究教材试用的结果。

（原载《现代中小学教育》2003 年第 7 期）

十二、校定课程

我国最近若干年间，民办教育方兴未艾。提倡民办教育，固然是为了解决因教育经费不足而发生的教育供求矛盾。从长远考虑，则更着眼于以民立学校作为公立学校管理体制改革的突破口，因为民立学校“依法享有办学自主权”。关于现有法规赋予民立学校什么“自主权”，现在的民立学校实际上拥有什么“自主权”，各地情况差别甚大，不必一概而论。值得注意的是，近来我国教育理论界出现有关“校本课程”的议论，业已引起教育行政部门的关注。这些议论如果形成势头，将成为我国教育机制转换的实际开端。这种新动向更加值得民办教育当事人与研究者关注。

一

“校本课程”属于课程行政范畴。相对于以中央政府为课程行政权力主体的“国家本位课程”、以地方政府为课程行政权力主体的“地方本位课程”，指的是学校自主决定的课程。在中国，由于长期实施“国家本位课程”，自 20 世纪 80 年代中期以来，一部分省、市在基础教育领域，实施“地方本位课程”，久已相沿成习，以致提到“校本课程”，简直觉得不可思议。不过，其他一些国家（如英国），早已形成“校本课程”的传统。马克思早在 1869 年就援引美国教育管理体制的先例，说明“教育可以是国家的，而不是政府的。政府可以委派视察员，视察员对教育过程本身虽然无权干涉，但应监督法律的遵守”①。视察员所监督的，主要是按法律的规定设置学校，而不直接干预教学过程。承认学校自主决定教学的权力，叫作“教学自治”。在美国，时至 20 世纪 90 年代，鉴于对公立学校的管理不善，允许或强制实施“校本课程”的州数日渐增加。上述事例表明，“国本课程”并非课程行政权力主体的唯一抉择，而“校本课程”虽也存在不少矛盾，但它并

① 苏联教育科学院：《卡尔·马克思关于现代社会中的普及教育的发言记录》，《马克思恩格斯论教育》，人民教育出版社，1986，第 246 页。

不是不可以考虑的问题。

自然，全面实施“校本课程”，意味着整个教育活动的运行，从集中机制向自由机制转换。这是一个历史性变革，并非一蹴而就。假如要谋求这样一种变革的实现，也得经历一个漫长的教育行政机构、学校行政机构职能转变的过程，教育行政人员、学校行政人员和教师角色转换的重新适应过程，何况教育活动运行的集中机制与自由机制各有利弊。现在的问题是，既然集中机制早已显露出“统得过死”的弊端，“教育松绑”的呼声早就不绝于耳，如今又开始酝酿“校本课程”，不妨参照国外的先例，先把“校本课程”的内涵弄清楚。

1. 在我国，“扩大学校自主权”的呼声甚高。撇开学校自主筹措教育经费权力问题不谈，单就学校教育活动的管理来说，学校原先自主的管理，主要属于对以教学为中心的日常行政事务管理，即学校有权决定“怎样教”，基本上无权决定“教什么”，这意味着学校不是“课程”行政的主体。同时，学校有权对由教育行政部门分派到学校的教师实行管理与监督，无权决定教师的聘用。由于各级各类学校教育的内涵，主要通过不同性质与程度的课程予以规范，而既定课程的实施主要由教师承担，故课程与师资是学校教育质量的决定因素。所谓“扩大学校办学自主权”所要“扩大”的权力，除自主筹措教育经费外，主要是自主选择课程与聘用教师的权力。至于中央政府、地方政府、学校之间权力的分配，采用集中机制还是自由机制，应当依国情、地情与校情而定。

2. 如把课程设置区分为“课程门类与教学时数分配规范（教学计划或课程计划、教学方案）”、“学科（学习领域）规范（教学大纲）”、“教材规范（教科书或教学用书）”和“课程表”四个层面。除“课程表”概由学校自主决定外，在不同课程机制中，其余三个层面的规定有别。

在集中机制下，俄国以往由中央教育行政部门统一规定指令性的教学计划、教学大纲与教科书，为典型的“国本课程”。法国在教学计划、教学大纲层面，可算是“国本课程”，但早就赋予学校自主选择“教学用书”的权力（实际上不存在“教科书”观念）。我国现今在基础教育中实行“地方本位课程”，由地方政府规定统一的课程计划与教学大纲，教材实行“一纲多本”。其实，“多”乎哉？不多也。由于“教科书”观念未变，实际上比作为“国本课程”始作俑者的法国，地方更少课程自主权。

关于自主选择教学用书，如果被理解为学校自由选择这套或那套、这本或那本教科书，其意义相当有限。它实际上不仅指按照课程标准自由选择教学用书，更把课程标准作为衡量教学的尺度，即教师就课程标准所列课题组织教学，而不一定按照这本或那本教科书的顺序，讲授一本教科书中的知识。依照徐特立于1919—1923年间在法国所见，教师在课堂上不仅使用一本教材，而同时采用多本教材，学生所用课本可同教师用书不一样，从而把机械的书本知识讲授变成课题讨论或课题研习。这表明即使在“国本课程”框架中，只要实行“教学自治”（或“教学自主”），也可能在一定程度上缓解“教”（“教什么”）与“学”（“学到什么”）的矛盾。

自由机制以英国为代表。英国中央政府一向对学校课程不加干预，地方政府对学校课程的干预也不多，由学校自主决定课程，是较为名副其实的“校本课程”。20世纪80年代，针对“校本课程”的弊端，英国开始注意对课程的宏观指导。1981年由英国教育和科学部、威尔士事务部联署发表题为“学校课程”的指导性文件，提出“地方教育当局有责任制定既符合国家政策和目标，又能博得当地人士赞同，并适用于各个学校具体情况的课程政策和目标”，但仍认定“每个学生的课程应由所在学校制定。政府和地方教育当局都不应该具体地规定学校教育内容的细节。这都应由学校自己决定”。①

“国家本位课程”、“地方本位课程”与“校本课程”，属于课程行政的不同抉择，反映中央政府与地方政府之间、政府与学校之间有关课程行政权力分配的不同取向。为缓解政府与学校之间有关课程决策的矛盾，不少国家另有课程中介机构的设置，如法国前有“课程理事会”（1964—1982年），后有“课程开发委员会”（1984年设置）等。这类中介机构作为教育行政部门的咨询机制，它们的研究成果对学校课程具有宏观指导的意义。

教育中介机构，不管是民间机构还是半官方机构，它们自身若不（对政府）保持独立地位，就将失去其存在的价值。因为它们是政府咨询的对象，政府不是它们咨询的对象。它们研究的对象是学校。

3. “国家本位课程”、“地方本位课程”，未必都束缚了学校的办学自主性。因为由中央政府、地方政府发布的指令性的课程文献（课程标准、教学

① 英国教育和科学部、威尔士事务部：《学校课程》，瞿葆奎主编《教育学文集·英国教育改革》，人民教育出版社，1993，第439—440页。

计划、教学大纲），关于学科门类与教学时数的控制，可有不同的选择。这同“义务教育”的观念有关。西方国家统一规定的义务教育课程（学科门类、教学时数），一般为起码的课程，课程控制保持或大或小的弹性，给学校留有自主抉择的余地。俄国以往的义务教育课程，追求尽可能完善的目标，形成满负荷的课程，这才发生“统得过死”问题。

4.“校本课程”固然可能开拓学校的专业空间，开发学校内部课程潜力，至于它是否能够达到预期效果，至少得看学校课程监督机制是否健全、有效。

如果试行“校本课程”，那就发生一个问题：从政府转移到学校的课程行政权力，由谁掌握？如果由以校长为代表的学校行政机构掌握，那么，如何保证他们关于课程的决策合理、有效？通过什么样的决策程序才能使其合理、有效？学校行使课程权力如何监督？在这方面英国有“学校董事会”的设置，政府规定：“虽然课程工作在实践中通常交由校长和教师负责，但在学校管理和课程设置方面，现行的管理条款还是要求学校董事会负起总的指导和监督的责任”，“无论董事会的正式职责是什么，为了把教师、家长和地方团体聚拢在一起，应该能够提供一个研讨的场所。校董事会和校长及教师之间应始终保持密切的协商和协作关系”①。法国在小学建立“家长委员会”，在中学建立由教职员工、学生家长和学生组成的“学校共同体”，对学校行政起一定监督作用。教师虽有权参与教学用书的选择，但须经一定审议程序才可以认定。

综上所述，我国现行学校（无论是公立学校还是民立学校），并非全无办学自主权，所缺乏的主要是专业自主权，尤其是自主选择课程的权力。解决学校课程自主权问题，不一定都要实行“校本课程”，在“国家本位课程”或“地方本位课程”范围内，如果把义务教育学科门类、教材内容与教学时数的统一规定降到必要（必不可少）的限度，同时授予学校自主选择教学用书的权力，即可大大增加学校的专业空间。如果试行“校本课程”，至少须创设两个前提条件，即校长、教师具备自主抉择课程的能力和角色转换的精神准备（从被动地实施既定的课程规范到形成课程理念、主动创设课程规

---

① 英国教育和科学部、威尔士事务部：《学校课程》，瞿葆奎主编《教育学文集·英国教育改革》，人民教育出版社，1993，第440页。

范），并建立有效的非行政的课程宏观指导与微观监督机制。

二

以上论述，大体上是外国课程经验的简单概括。西方国家的课程行政体制与相应的课程活动运行机制，不管是集中机制还是自由机制，都是自然地形成的。尽管各有利弊，由于早已形成传统，教育行政人员、学校行政人员、教师在历史的实践过程中已经习惯于其角色地位，且有一套监督机制，故其课程活动运行机制，基本上都有一定成效。如今在中国条件下，若人为地变革课程行政体制，将会遇到种种意料不到的实际困难与思想障碍，而任凭沿袭已久的“统得过死”的体制自然地延伸，越到后来，困难越大。

基于这种考虑，姑且冒昧地提出以下关于转换课程机制的策略。

1. 抓“大同”求“多异”

关于课程内容与教学时数的控制，在国家范围内确立统一的课程理念、课程价值原则和合格水平的标准（起码的标准），为第一级标准；各地区从当地实际情况出发，规定第二级标准。在第一级标准、第二级标准框架内，给予学校自主抉择课程的余地，由各个学校确立第三级标准。

2. 抓“大”放“小”

在课程各个层面上，国家抓“课程计划”，不干预课程标准与教学用书；各个地区抓地方性的“课程计划”、“课程标准”与通用教材，允许部分学校自主择定教材。

3. 抓“目标评估”，放“过程控制”

课程管理，逐步从“过程控制”向“目标评估”（“结果控制”）过渡。

4. 抓弱放强

择定管理水平、师资水平较高的学校（强校），进行“课程松绑”的试验（其中包括转换机制不同水平的试验）。

这四“抓”四“放”，该抓的，得抓严；该放的，得放宽。

或许这些都属很不成熟的建议。

就需要扩大的“学校办学自主权”来说，民立学校较之公立学校，不难获得自主筹措教育经费与聘任教师的权力，按理也有率先进行“校本课程”试验的可能。不过，在学历社会与盲目追求升学率的氛围中，民立学校在课程改革中反而受到重点公立学校的挑战。是否试行“校本课程”，取决于当事者的见识和勇气。

（原载《河北师范大学学报》（教育科学版）1999 年第 4 期）

十三、中国的三级课程设置（一）

所谓“三级课程”，指的是在基础教育中改变长期以来单纯由政府规定统一课程的格局，在同一课程中包含国家、地方与学校三级标准。这是1999年召开的全国教育工作会议作出的重要决策之一。

我国原先长期实行全国统一课程设置，属“国家本位课程”。20世纪80年代中期以后，基础教育实行在国务院统一领导下，地方负责、分级办学、分级管理的体制，在一部分省、市试行“地方分权课程”。从现在起，在此基础上，作进一步改革，实行三级课程的体制。三级课程的实施，为我国课程开发提出了一系列有待解决的新课题。即国家级课程标准如何确定、地方级课程标准如何确定、学校根据什么原则制定本校的课程标准、按照什么程序决定学校课程、学校自主决定课程对校长与教师提出什么新要求，等等。这些问题在我国都尚待研究，并亟须解决。关于为什么要实施三级课程、如何实施三级课程，迄今为止，在中国既无成熟的经验，亦未见权威的解释。这里拟参照国际上课程行政体制的一般情况、当代课程演变的趋势，适当结合中国课程状况，谈一些看法。

一

课程由谁决定，属于课程行政范畴。世界各国，依照课程行政主体之别，形成不同的课程行政体制。如法国自拿破仑统治时期开始，一向主要由中央政府以指令性文件规定全国统一的基础教育课程，以迄于今，称为“国家本位课程”。俄国早在1917年十月革命以前，就参照法国先例，实施集中统一的“国家本位课程”；美国一向实行地方分权的行政管理体制，州自为政，在同一州范围内，不同社区的课程设置也有一定区别，大体上属于“地方本位课程”；英国政府一向对学校课程不加干涉，基本上由学校自主决定课程，称为“校本课程”。

“国家本位课程”、“地方本位课程”和“校本课程”，是从课程总体上对课程行政体制的划分。实际上每一套课程，又可划分为四个层面，即课程计划（教学计划）、课程标准（教学大纲）、教学用书（教科书）及课程实施（教学）。不同国家在课程不同层面，行政权力主体又不尽一样。

法国率先实行“国家本位课程”。由中央政府颁布指令性的教学方案（教学计划）与课程标准。不过早在20世纪初，法国就赋予学校自主选择教学用书的权力。关于学校自主选择教学用书，如果被理解为学校自由选择这套或那套、这本或那本教科书，其意义相当有限。它实际上不仅指按照课程标准自由选编教学用书，更把课程标准作为衡量教学的尺度。即教师就课程标准所列课题组织教学，而不一定按照这本或那本教科书的顺序，讲授一本教科书中的知识。依照徐特立于1919—1923年间在法国所见，教师在课堂上不仅使用一本教材，可同时采用多本教材，学生所用课本可同教师教学用书不一样，从而把机械的书本知识讲授变成课题讨论或课题研习。表明即使在“国家本位课程”框架中，只要实行“教学自治”（或“教学自主”），也可能在一定程度上缓解“教”与“学”的矛盾。

马克思早在1869年就援引美国教育管理体制的先例，说明“教育可以是国家的，而不是政府的。政府可以委派视察员，视察员对教育过程本身虽然无权干涉，但应监督法律的遵守”。① 承认学校自主决定教学的权力，叫作“教学自治”。在美国，时至20世纪90年代，鉴于对公立学校的管理不善，允许或强制实施“校本课程”的州日渐增加。

英国中央政府一向对学校课程不加干预，地方政府对学校课程的干预也不多，由学校自主决定课程。属较为名副其实的“校本课程”。20世纪80年代，针对“校本课程”的弊端，英国开始注意对课程的宏观指导。1981年由英国教育和科学部、威尔士事务部联署发表的题为“学校课程”的指导性文件，提出“地方教育当局有责任制定既符合国家政策和目标，又能博得当地人士赞同，并适用于各个学校具体情况的课程政策和目标”，不过，仍认定“每个学生的课程应由所在学校制定，政府和地方教育当局都不应该具体地规定学校教育内容的细节。这都应由学校自己决定”。②

---

① 《卡尔·马克思关于现代社会中的普及教育的发言记录》，《马克思恩格斯论教育》，人民教育出版社，1986，第246页。

② 英国教育和科学部、威尔士事务部：《学校课程》，瞿葆奎主编《教育学文集·英国教育改革》，人民教育出版社，1993，第439—440页。

在集中机制中，俄国以往由中央教育行政部门统一规定指令性的教学计划、教学大纲与教科书，为典型的“国本课程”。不可忽视的是，俄国式的“教学大纲”与法国式的“课程标准”不同。“教学大纲”包括“说明”与“大纲本文”两部分。大纲本文规定本学科教材的编、章、节、目标题。基本概念、命题的规范提法，教学时间分配，实习作业，以及关于教学方法、教学仪器之类的提示，既是编写教科书的法规依据，又作为衡量教学的准绳。导致学校只能以教科书为蓝本进行教学，照本宣科。

在不同课程体制下，课程活动运行的机制有所不同。以往俄国那种课程活动运行的机制，为典型的“集中机制”；英国一以贯之的课程活动机制，称为“自由机制”。以上情况表明，“国本课程”并非课程行政的唯一选择，而“校本课程”倒也不是不可思议的举措。不过，课程的集中机制与自由机制各有利弊。集中机制是对课程实施过程加以严格控制的模式，它适用于规范观念薄弱、行政人员与教师水平不高的国家、地区与学校。有助于使课程的实施按规范操作，不利于学校和教师依据本地区和本校学生实际情况，自主地作出课程抉择。反之，自由机制使学校与教师成为课程的权力主体，可以从本地区实际出发，参照家长的意愿，决定本校课程。它既可能使学校课程形成特色，也可能导致课程失范，从而降低基础教育课程的水准。

英国教育和科学部、威尔士事务部 1985 年称：“我们的学校有很多方面值得赞赏。在过去 30 多年里，我们建立并发展了学校体制，无论初等教育和中等教育都有明显的改进。对于越来越多的艰难任务，很多学校完成得不错，有些完成得很好，但是有些学校还存在一系列弱点，有些还很严重。”“在最好的小学和中学，学生通过学习广博的课程，取得了高水平的能力，巩固自己积极的个人素质，但是，只有很少数学校的教师能够完全按照学校定的课程要求去做。约 2/3 的学校没有很好地计划课程设置，或者没有有效地加以实行。多数小学和中学过分重视语文和数学基本技能的实践，没有把这些实践同真实情况联系起来。不少学生很少有机会涉足科学、实践和美学领域。半数左右班级的老师指导太细，学生很少有机会进行口头讨论、提出和解决实际问题。很多教师对学生要求不高，大多数班级里的优生得不到充分发展，差生得不到恰当帮助。”①

这种结果，在实行集中机制的国家难免引起惊诧，而英国人却冷静地看待这种事实。他们虽表示要“促进全国对课程目标和内容的认识的一致”，并就5—16岁学生课程的范围与类型提出政策建议，但同时又声明这种建议不会导致全国统一的课程表。认定“在地方教育当局和学校一级保持多样化是健康的，是符合英格兰和威尔士学校教育传统的，使教育富有生气，有利于革新”。正由于课程的集中机制与自由机制各有利弊，故当代在实行这两类课程机制的国家，各向自己的对立面调整。

在中国，从20世纪50年代后期开始，就不断地批判俄国的教育经验。这种“大批判”的浪潮，一浪高过一浪。俄国许多不该批判的经验，被武断地否定了，而俄国高度集中的课程机制，却被小心地保存下来。其实，我国长期沿袭的课程机制，又与俄国课程机制不尽相同。

1. 按照俄国规定，只有联邦教育部有权颁布教学计划与教学大纲，“教学大纲就是法律”。既定的教学计划、教学大纲，不得随意更改，而在中国，除了由教育行政部门拟订教学计划、教学大纲以外，还可能增设“计划外课程”。

诚然，每一门“计划外课程”，都可说得出三五条“理由”、七八条“意义”，像是“加法合理性论证”。问题在于教学时间为常数，有“加”必有“减”，若不同时作点“减法合理性论证”，靠得住吗？况且除了正规的“计划外课程”外，还有大量难以言表的非正规的“计划外课程”，如源源不断的竞赛、检查、评比。至于为应试而增加的课业负担，那就更不用说了。

2. 按照俄国课程机制，教学大纲是考核教学的唯一依据。俄国“教学大纲”之所以对教材作细致的规范，正是为了便于检查教学。尽管中国“教学大纲”规范化的程度不亚于俄国“教学大纲”，而自20世纪80年代以来，在“教学大纲”未废的情况下，又从西方引进根植于自由机制的“教学评估”。加此一举，是不是以为原有课程行政还“统”得不够死呢？

俄国课程机制的意义，在于保持教学的计划性，形成同“计划经济”相应的“计划教育”。在教育行政人员与教师平均水平不高、“计划观念”薄弱的条件下，促进教学规范化。这种机制虽束缚学校与教师的主动性，却有助

---

① 英国教育和科学部、威尔士事务部：《把学校办得更好》，瞿葆奎主编《教育学文集·英国教育改革》，人民教育出版社，1993，第550页。

于使教学保持起码的水准。在这个意义上，不妨说，我国只能在有限的程度上触动基础教育课程的集中机制。

以中国课程同俄国课程相比，如果说比俄国课程“统”得更死，倒不妨说，比俄国课程更少计划性。课程计划主体似明确，又不甚明确，课程缺乏计划性，能说已经形成成熟的课程机制么？

惟其如此，在中国既要改变基础教育课程“统得过死”的格局，又不宜贸然实行所谓“校本课程”。把“试行国家课程、地方课程和学校课程”提上日程，是果断而又稳妥的决策。

二

“国家本位课程”、“地方本位课程”，未必都束缚了学校的办学自主性。因为在由中央政府、地方政府发布的指令性的课程文献（课程标准、教学计划、教学大纲）中，关于学科门类与教学时数的控制，可有不同的选择。这同“义务教育”的观念有关。西方国家统一规定的义务教育课程（学科门类、教学时数），一般为起码的课程，课程控制中保持或大或小的弹性，给学校留有自主抉择的余地。俄国以往的义务教育课程，追求尽可能完善的目标，形成满负荷的课程，这才发生“统得过死”的问题。

我国关于“义务教育”的规定，着重于学制层面（修业年限）的限制，甚少考虑义务教育内涵（课程层面）的限度问题。由于法律意义的义务带有强制性，也就不能没有一定的限度。法律义务同权利对等，才算公平。因而国家通过学校对公民承担的体现在课程中的教育义务，适龄儿童应承担的接受教育的义务，都该约束在一定的限度之内。

我国现行义务教育课程设置本身，其实就是对义务教育课程限度问题的回答，而长期以来课业负担居高不下，正反映我们缺乏义务教育课程限度的观念。从义务教育立法的观点看来，超越义务教育承担者所能承担的限度，无论对国家、学校还是学生，都有失公平。

我们曾经把旨在提高国民素质的义务教育的内涵规定为：面向全体学生，而不应面向少数学生；促进学生全面发展，而不助长其片面发展；培养学生的自主学习能力和自我发展能力，而不是让学生被动地、机械地接受知识。1999 年的新提法是：“以提高国民素质为根本宗旨，以培养学生的创新精神和实践能力为重点”，“要坚持面向全体学生，为学生的全面发展创造相应的条件，依法保障适龄儿童和青少年学习的基本权利，尊重学生身心发展特点和教育规律，使学生生动活泼、积极主动地得到发展”。这些规定，都有道理。由于各个学生受其主观与客观条件的限制，他们发展的全面性、自主性、创新精神与实践能力不可能一致，故“面向全体学生”的义务教育课程，宜以学生平均水平所能达到的基础教育要求为标准。这种有限的教育义务，不仅对于一般学校较为合理，而且对于平均水平以下和平均水平以上的学生也较为公平。因为它使前者可望经过主观努力与必要的援助达到合格水平，同时，为后者留下较大的自主活动的余地。

确立适用于一般学校的合格标准，意味着把超越合格标准、及早为培养高层次的创造性人才奠定基础，看成是家长的事。在公立学校以外，通过社会力量办学，可以满足家长更高的教育消费需求。

如果说以往统一的课程设置，难以反映不同地区、不同学校的实际情况和特殊需求，那么，实行三级课程，就可使地区之间、学校之间的距离适当拉开，推动不同地区、不同学校之间的竞争，减少一般学校的压力，并使条件较好的学校有可能形成自己的特色。

三

我国自 20 世纪 80 年代中期以来，一直谋求使学校获得较大的办学自主权。其实，一般学校并非没有办学自主权，所缺乏的主要是自主筹措教育经费的权力、自主决定课程的权力与自主聘任教师的权力。实行三级课程，意味着使学校获得一定的自主选择课程的权力，成为课程开发的基地。

学校课程开发的意义如下：

1. 设置“国家课程”、“地方课程”固然有必要，但由于这种课程总不免带有普遍适用性和较长的周期性，故难以反映学校的特殊情况，也不足以在课程中及时吸纳新信息，反映社会生活的变化，而“学校课程”可补救“国家课程”、“地方课程”的这类缺陷。

2. 以往国家课程开发，主要依靠学科专家设计，各学科教学大纲、教科书主要由学科专家拟订和编撰，从而使课程设置难以摆脱“学科课程”的局限。各门学科之间缺乏联系，每门学科因从本学科知识逻辑出发，难以割舍，遂使课业负担居高不下。相对说来，“学校课程”可能从社会实践、学生情况及教育效果出发，弥补“学科课程”的缺陷。

3. 以往把“课程”理解为由政府制定有关教学内容、教学时间的规范性的文本（教学计划、教学大纲与教科书），使教师成为课程规范的执行者和教科书的奴隶。由于不承认学校和教师为课程行政的权力主体，客观上默认了教师被动地接受课程规范的合理性。事实上无论是教学计划、教学大纲，还是教科书，都只具有“应然课程”的意义，只有教师领悟与实施的课程，才具有“实然课程”的含义，接近“课程”的事实状态。单靠外在的检查、监督，充其量只能使教学内容、教学进度勉强接近课程规范；而使教师参与课程开发，不仅可以提高课程的活力，即使对于“国家课程”、“地方课程”的实施也有促进作用。况且，参与课程开发本身，也是教师继续教育的良机，有助于教师专业化。

自然，学校课程开发，因参与者受其活动条件和自身视野、学力的限制，若缺乏必要的指导，可能带有随意性。在缺乏监督的情况下，还可能放任自流，造成基础教育的缺陷，或借此片面追求升学率。

四

在一套基础教育课程中，国家课程、地方课程与学校课程各作什么性质的规定，各占课时的比重，将随情况的变化而变动。在目前情况下，学校自主选择的课程，大抵为选修课与综合实践活动课。这类课程在现行高中课程计划中，约占总课时的20％—25％。如果就事论事，从学校现有条件出发，能开设什么课就开设什么课，事情并不复杂，其效果恐怕未必都比没有“学校课程”更好。若要使“学校课程”显示出成效与活力，就得从学校实际与需要出发，提出课程的总体构想（包括课程价值取向、课程目标），并把综合实践活动课与各学科联系起来，把选修课与必修课联系起来，形成反映特定课程价值取向、实现课程目标的学校课程体系，才堪称具备学校课程的特色。这样，事情就复杂得多。

如今，不少学校都在追求办学特色，也有总体构想，其操作倒也简单。所以有各种时髦的口号满天飞，什么“××教育”、“学会××”、“以×为本”、“××精神”、“把课堂还给××”，还有四句八字式的“校训”，甚嚣尘上。随意捡个什么口号，并不困难，这种“捡”的功夫，虽也算是一种价值选择，而择定的口号，若没有得到本校教师广泛的认同，那也只是校长的空话。即使在学校墙壁上大书特书，如果不在一套课程中体现出它的精神，它就不过是给别人看的广告语。

这种情况，在目前尚属难免。因为实施“学校课程”的条件尚待创造，其配套措施尚付阙如。

1. 三级课程设置，意味着课程行政主体局部地从教育行政部门向学校行政转移，要求校长、教师转换在课程中的角色。多少年来，校长、教师都把课程设置看作是教育行政部门的事，自己只有实施既定的课程与接受检查之责。如今客观情况迫使校长、教师自主决定课程，而他们既无这种精神准备，也未受到过课程设计的训练，只能参照别的学校的先例，或凭经验办事。

2. 在把部分课程行政权力下放给学校之前，如果不建立恰当的课程决策程序与学校内部课程监督机制，势必把课程设计看成是校长、教导主任的事。结果，学校自主决定的课程，或许比没有“学校课程”更好，也可能比没有这种“学校课程”更差。因为这种课程不见得都有可靠的根据，也未必有真正的权威。

3. 学校校长、教师，即使受到过课程设计的专门训练，因受学校活动条件的限制，要真正把握课程的精神与可靠依据，依然有一定困难，故需建立课程中介机构，对学校设计课程予以指导，包括课程理论与技术的指导和对学校课程的具体指导。

4. 随着课程行政权力主体逐步下移，教育行政对学校课程的管理，将逐步从对课程实施过程的控制转变为以宏观调节与课程评价为主。这就要求教育行政人员相应地转换他们在课程中的角色和地位。如果教育行政人员仍按照老一套的办法管理学校课程，不仅比以前更难管理，而且可能为学校课程添乱。在三级课程管理体制下，对“国家课程”、“地方课程”与“学校课程”以不同的方式管理，是有待解决的新课题。

多年来，千呼万唤“扩大学校办学自主权”。如今，学校课程自主权问题终于提上了日程，尽管有许多条件还有待创造，可是问题的提出，可以说等于问题解决了一半。

（原载《教育参考》1999 年第 4 期，原题《关于“三级课程”问题》）

十四、中国的三级课程设置（二）

我曾在《关于“三级课程”问题》（本书中改题为《中国的三级课程设置（一）》）一文中，着重讨论作为课程行政权力主体结构的“三级课程”体制问题，并尝试对“校本课程”概念加以澄清。一年来，关于“三级课程”实施的准备，正在紧锣密鼓地展开。由于“三级课程”是我国特定条件下的产物，是我国前所未有的试验，严格说来，在国际上都无先例可资借鉴，故存在许多以前从未遇到过的问题。如：“三级课程”到底是什么性质的问题？在《中国基础教育课程改革指导纲要》中，称其为“课程管理政策”、“课程三级管理模式”，它只是“管理模式”的概念么？什么叫作“地方课程”？什么叫作“学校课程”？“学校课程”同所谓“校本课程”是一码事么？“三级课程”之间的关系如何？“地方课程”、“学校课程”是不是仅指由地方政府或学校自主决定的那部分课程？“课程开发”是什么性质的问题？地方政府或学校是不是只管开发由它们所决定的那部分课程？在“三级课程”体制下，课程管理同以往相比，应该有怎样的变化？如今，对上述问题的困惑，往往同对“三级课程体制”、“三级课程开发”与“三级课程管理”分辨不清相关，而从三个层面混淆又同“国家课程”、“地方课程”、“学校课程”三个概念容易发生歧义不无关系。这里拟在澄清“三级课程体制”、“三级课程开发”与“三级课程管理”三个层面问题性质基础上，尝试就其中若干问题发表一些浅见。

一

“三级课程”到底是一个什么性质的问题呢？

世界各国课程体制，有“国家本位课程”（简称“国本课程”）、“地方本位课程”（“地本课程”）与“学校本位课程”（“校本课程”）之分。这原是以课程行政权力主体为标准的划分。唯不同国家，在课程计划（教学计划）、课程标准（教学大纲）、教学用书（教科书）及课程实施（教学）等不同层面上，或多或少存在分权现象，故实际上并无纯而又纯的课程体制。到了当代，情况更是如此。中国一向实行“国本课程”体制，从 20 世纪 80 年代中期开始，在一部分地区，首先进行国家与地方之间课程行政权力分配的尝试；到了 20 世纪 90 年代末，进一步提出“三级课程”的构想，这确实是符合国情的明智的决策。

“三级课程”作为无可争议的决策，意味着在中国既力求改变“国本课程”体制，也不采取“地本课程”、“校本课程”之类的选择。令人不解的是，自从“三级课程”决策形成以后，关于“校本课程”舆论的势头反而更旺。你道有谁打算同官方决策唱反调？那是误会。因为许多著作、文章中所谓“校本课程”，其实不过是“学校课程”的同义语。这类宣传如果只是为了开阔视野，或无大碍。问题是这种宣传多以“决策参考”标榜，似乎认错了对象。即使为了开阔视野，也得说明事情的原委。在这类著作、文章中，少不了力陈英国“校本课程”实施如何如何，澳大利亚“校本课程”情况怎样怎样。说得也许不错，只是中国所谓“学校课程”（由学校自主决定的课程）只有那么一点点，同基本上由学校自主决定课程的“校本课程”体制迥然不同。“校本课程”云乎哉？如果在决策时真的“参考”这种先例，只有一法，那就是放弃刚刚决定的“三级课程”的尝试。自然，不必把这类宣传调子看得那么认真。因为还是那句话：“校本课程”也者，“学校课程”是也。

“三级课程”问题提出以后，人们自然会问这样一个问题：到底什么叫作“地方课程”，什么叫作“学校课程”？这两个概念，既明确，又含糊。关于课程行政权力在国家、地方与学校之间的分配，如今倾向于把占总学时 15%的课程交由地方自主决定，把每周 4 学时（或 4—6 学时）课程交由学校自主决定，是明确的。问题是所谓“地方课程”，如上海的课程，又是指在上海地区实施的包括国家课程、上海地方课程与上海各学校自主决定的那部分课程在内的全部课程。“学校课程”更是如此，这就发生歧义。说到底，还是决策时对用语缺乏斟酌。如把“三级课程”表述为“国定课程”、“地定课程”与“校定课程”，就不致发生概念的混淆。

二

我国正在进行的基础教育课程改革，不限于课程体制的变革，还涉及培养目标、课程结构、课程标准、课程资源开发之类的改革。为适应这一系列改革，还将调整课程管理规范，适当改变原有的课程管理方式。因此，在这些层面上，还存在“课程开发”问题。如果说课程体制属于课程行政范畴，那么课程开发则属于课程研究范畴。

按照国际惯例，课程研究以往主要是课程专家的事。不过，实践证明课程专家的研究若得不到教育行政部门的支持与教师的参与，其成就会很有限。故在当代兴起各种以课程开发为旨趣的合作研究。就教育行政部门来说，在既定课程体制下，一般情况是由课程行政权力主体参照课程研究成果，作出有关课程的决策。例如，美国基本上实行“地本课程”体制，联邦政府一向无权干预课程设置。从1958年开始，联邦政府才依法资助课程开发，遂有20世纪60年代课程改革运动的兴起，而那种课程开发的成果，对各州、各学区、各学校，只有指导的意义，并不具有指令性质。那是由于这个国家“地本课程”体制未变。同样，在20世纪70—80年代，鉴于由联邦政府支持的用类似于工业产品“研制”与推销的方式开展的课程改革并不成功，对教师触动不大，甚至受到教师抵制，故如今又出现学校自主开发课程的动向。自然，这不意味着美国改行“校本课程”体制。我国有不少研究者，由于不明“课程体制”与“课程开发”之别，遂把“学校课程开发”同“校本课程”混为一谈。

自然，关于别的国家“课程体制”如何判断，对于我们并不重要，重要的是在区分“课程体制”与“课程开发”基础上，理清实施“三级课程”的思路。

如今在着手起草《地方课程实施指南》与《学校课程实施指南》时，不免产生一个问题：地方政府与学校该对“三级课程”的实施作出什么贡献？关于这个问题最自然的想法是：地方政府的责任是执行“国定课程”，设计“地定课程”，管理“校定课程”。同样，学校的责任在于执行“国定课程”与“地定课程”，设计“校定课程”。如此设想，等于把“三级课程”看成是三块铁板的拼接。那样，在课程体制上同20世纪80年代中期以来的格局，实际上并无多大区别，学校无非是像以往那样在更换了名目的“活动课”上做点文章。其实，地定的约占学时总数15％的课程，若游离于占总学时85％的国定课程，校定的4学时课程如同课程总体不发生联系，它们的意义将非常有限。如果着眼于“课程开发”，势必把“校定课程”、“地定课程”

与“国定课程”联系起来，从整体上考虑本地区、本校课程开发，课程研究的空间将广阔得多。

由于我国不同省、自治区、直辖市发展很不平衡，同一地区不同学校之间的差异也很大。事实上国定课程在不同地区、不同学校实施的过程与结果不可能完全相同，故即使是“国定课程”，也可能成为各地区、各学校开发的对象。把学校课程开发的视野局限于“校定课程”，结果将会同以往的“活动课”一样，使学校中大部分骨干教师置身于学校课程开发之外。只是无论哪一级课程行政权力主体，都不应越权开设课程，即地方政府与学校不得轻易更动国定课程结构，不得随意降低国定课程标准；反之，地方或学校适当提高国定课程标准，只要不致发生负面效应，国家也不必干涉，更进一步说，国家无权干涉。

然而，课程开发毕竟属于课程研究范畴，主要指的是课程革新。它同作为厘定课程工作基础的调查研究（工作研究）不是一码事。严格说来，“课程开发”是课程专家、同课程相关的各种专家、行政人员与教师共同参与的课程革新活动，其研究成果仅供政府或学校课程决策参考，而各级课程标准，只有以平均水平为底线，才具有普遍适用性。除此以外，课程开发中的建树，不宜以指令性方式强制推广。教育行政长官根据下级汇报或精心安排的表演，即心血来潮，冒充行家，随意表态，或题个词，或请人代笔写个序，无非是一堆套话，甚至下令推广什么“经验”，这种情况，在法制国家难得见到，也不为中国自重的教育行政长官所取。

三

在实行“三级课程”体制背景下，课程管理应发生怎样的变化呢?

从长远考虑，不知是否可以立一条规则——课程决策权与管理权的统一。即“地定课程”原则上由地方政府自主管理，“校定课程”原则上由学校自主管理。因为既然授权地方政府与学校自主决定课程，就该尊重地方政府与学校对他们所定课程自主管理的权力。这就是说，地方教育行政当局，对“校定课程”的管理，原则上应与对学校实施“国定课程”与“地定课程”的管理有别，避免越权管理。由下级自主决定的课程须逐级向上级主管部门备案，上级主管部门可根据备案材料对下级实施课程的结果（而不是过程）进行监督，并把这种监督纳入督导系列，以减少日常管理。对于“校定课程”，不是按照一般课程标准督导，因为不存在一般的“校定课程”标准，而应按照《学校课程实施指南》督导。至于课程开发，属于教育研究管理范畴。

如此设想的前提是逐步建立类似于法国“学校共同体”的学校的社会监督与自我监督机制。不过，我国至今仍对这个问题缺乏足够的重视。惟其如此，既未提到“地定课程”与“校定课程”决策程序，也没有授权给行政部门以外的组织实行监督的意见。说到底，还是诉诸教育行政部门对学校课程的实施，进行直接管理与直接监督。如是，即将开展的课程改革，在教育体制改革方面的意义会相当有限。

以往历次“放权”，尤其是向学校放权，几乎都无实效，往往反而徒然滋生混乱。其原因盖在于没有尝试建立有效的学校的社会监督与自我监督机制。学校中虽有工会、妇女联合会、共青团之类基层组织及教职工代表大会，但这类组织既无学校工作决策权，也无真正意义的监督权。在这种情况下，“放权”属于冒险行为，可能比不放权更好，也可能比不放权更差。历次行政部门“收权”行为，都属轻率放权的反弹，而“收权”只是权宜之计。

现在的问题，不是马上普遍建立学校的社会监督与自我监督机制，而是得有这种长期打算。若有此打算，也不是全然没有条件在局部地区从若干学校做起，不妨借民办学校董事会探路

（原载《教育参考》2001年第1期，原题《再论“三级课程”问题——“三级课程行政体制”、“课程开发”与“三级课程管理”》）

=Ⅲ= 课程实施

理论一直未引起从事教育实践活动的教师的重视。然而在任何领域内，如果没有理论为指导，就没有真正的实践。这样就往往使得教师们只能依靠传统、直觉甚至一时的冲动和热情来开展教学工作。另一方面，另一种有关教育问题的讨论，因缺乏知识基础，使得一种令人满意的教育理论一直没有出现，并导致教育理论的研究，过分依赖于业已形成的那些知识体系—尤其是哲学、心理学和社会学。

——［英］唐尼、凯利：《教育的理论与实践》

◎ 前言

本书第Ⅲ编主要涉及教与学传承过程中诸实践环节。由于课程价值观念的变化和多年来实践经验的积累，其中每个实践中的环节，从备课到上课，从讲授、讨论到复习、考试，事实上都已经或将发生从“教程性”的环节到“教程性学程”或“学程性教程”取向的变化。鉴于第Ⅲ编所列各题，原是《课程实话》（随笔）中的篇目，虽力求接近地气，因受语境限制，并未成其为专题讨论，故其中的探讨，都还在路上。

一、基础教育课程的性质

我国通常把中小学实施的教育，称之为“基础教育”。所谓“基础教育”既是相对于高等教育的教育等级，同时又是有别于职业教育的教育类别。问题在于我国中小学教育实际上存在升学或就业“两种准备”的价值取向，至少表明其中缺乏对这种教育本身固有价值的考虑。因其成为“预备性质的教育”，也就不免随风转。以致多年来每一代小学生、中学生的课程不仅存在差异，甚至还迥然有别。表明其中确实存在一个带有根本性质的问题。即：到底何谓“基础教育”，其固有价值何求？分辨基础教育课程的依据是什么？

一

在中国，谁都不会不知道中小学教育属于“基础教育”，并且相信我们在中小学实施的正是“基础教育”。问题是我国中小学教育一直受升学或就业“两种准备”教条支配，或者干脆是“一种准备”，这就是所谓“应试教育”，它表明现有中小学教育实际上是高一级学校的预备教育。也许有相当多的中小学还不足以为学生接受高一级教育提供充分的准备，而只是为学生提供一张高一级学校的入场券，其中，等而下之者，甚至就连这种入场券也拿不出来，怎不急煞人也么哥？

正是这种客观现实，使得我们除了这种狭隘的功利考虑以外，很少有心思去考虑中小学教育“基础性质”到底是什么？它本身有没有价值（工具价值以外的固有价值）？

国家、社会和家长在教育上不吝啬投资，教师们千辛万苦，大抵出于一种共同信念：“培养下一代”，也可以说是追求实现教育的固有价值。问题在于尽管教师面对的是有待培养的活生生的未成年人，而作为高一级学校预备教育的中小学，却难以从学生成长的实际出发，难以顾及他们的自然需求与承受能力。因为这种预备教育不能不受高一级学校的逻辑支配，以致客观上不得不违背未成年人身心发展的自然规律，以牺牲学生的自然需求为代价换取学校、教师与某些家长的成功。这意味着什么呢？我们仿佛把“培养下一代”的期望主要寄托于高一级学校，尤其是大学，而中小学的任务则是带领学生拜领几张纸，证明他们曾经在这里虚耗过自己不少花样的年华。

自然，为了拜领一叠纸而辛劳，是不得已而为之，并且这也是从学生的利益出发。何况学校中毕竟也还有不少对人生有价值的知识与教育；只是我们一直未分辨基础教育的固有价值与工具价值，以致未把基础教育的“基础性”作为问题提出来，仿佛只要学生能升学或就业就足以证明中小学教育的“基础性”。

尽管我们一直忙于学生的升学或就业准备，倒也并不把它们视为基础教育的理想状态；虽然没有明确基础教育固有价值问题，我们提出的许多口号，如“教育的人文精神”、“学生主体性”、“培养创造精神与实践能力”等，倒也表明我们越来越接近于这种思考，只是这堆口号较为空泛。如果说诸如此类的口号能够成立，那么，至少还得考虑在中小学教育阶段如何体现“人文精神”与“学生主体性”，根据什么确定中小学学生应具备的“创造精神与实践能力”。可见这一堆口号还代替不了对中小学教育“基础性”问题的回答。

二

所谓“基础教育”，简单地说，指的是在未成年期为人的一生奠定基础的教育。如此界说，似无新意。不过，由于它着眼于人的一生，也就同限于升学或就业准备的基础教育观念有别，而正是这个人们都懂得的道理，却包含一条常常被人忽视的衡量中小学教育的标准，即：在中小学教育中，凡是未成年人身心正常发育的障碍都必须解除，以避免使未成年人身心正常发育受挫，凡是对现实人生不可或缺的文化、知识、技术以及行为规范，都不可忽视，而不给学生后来的发展留下难以弥补的缺陷；反之，一时一事需要的东西（文化、知识、技术、行为规范等）是不是该列入基础教育，不能单以这种东西的绝对价值衡量。由于学生受教育的时间有限，对一时一事需要的内容的取舍，宜以未成年人身心正常发育及他们后来发展的需要为尺度权衡。依此看来，我国以往虽把中小学教育定为“基础教育”，而往往并不把它当作“基础教育”看待。

自然，如此说法仍不免空泛，需要讨论的是中小学到底如何为人生做准备，而不限于为他们的升学或就业准备？其实这就是同样为人所共知的“普通教育”。

何谓“普通教育”？《中国大百科全书·教育卷》中并无这个词条。大概以为这是人所共知的事，无须解释，《辞海·教育学、心理学》解为“实施普通文化科学知识的教育”。什么是“普通”文化科学知识呢？或许同样由于它太“普通”了，也就无须解释。说到“普通教育”，在区别同级其他学校教育时，指的是“一般教养”，而不是特殊教养（如职业教养）；它是一定时代、一定社会中的未成年人都共同需要而又不可缺少的教养，也不同于造就专门人才的教育（如高等教育）。那么，一定时代一定社会中未成年人共同需要而必不可少的教养是什么呢？要在文化科学知识海洋中选择、提炼出这种“普通”的文化科学知识，势必需要开展大规模的调查，其中包括对社会生活各方面基本需求和学校原有课程状况、学生心理状况的实证调查，并致力于经得起实践检验与严格论证的试验。如果要从别国举例，不妨以美国的“八年研究”为例。美国进步教育协会为了编制基础教育课程，曾在1934—1942年间（或说1932—1940年间），择定30所中学进行试验研究。其中包括对从这30所中学毕业升入高等学校的1475名学生与同样数量的其他学校毕业生的比较研究。此外，各门课程委员会还对数以百计的学校进行广泛的调查；另据课程专家泰勒于1949年称：“在过去的25年里，为了推导教育目标，对当代生活已经做过几百项的调查研究”。其中包括：对行为的观察，对报纸杂志上发表的文章、前沿思想家对当代重大社会问题的看法的分析，用社会调查的方法进行社区研究等。①

我国以往历次基础教育课程改革，也少不了进行调查与试验，并且调查与试验的规模比美国“八年研究”还要庞大。即使就课程开发的经费来说，美国“八年研究”中由基金会提供的经费总额为160多万美元，而我国仅此次课程改革的财政支出即远远超过此数。问题是我国历次课程调查与试验的结果并不可靠，缺乏科学性，经不起实践检验与严格论证，以致终究心中无数，从而使基础教育课程长期处在不断纠正偏向的状态。意味着主要靠尝试错误，才得到一些改进。以往课程调查与试验不成功的原因，固然很多，其

---

① 泰勒：《课程与教学的基本原理》，人民教育出版社，1994，第17页。

中一个重要原因是，由于每项调查与试验，总免不了事前确定一些假设。这些假设本来是要在调查与试验中经受检验的，而我们却往往把这种假设当做不可动摇的信念和课程设计的前提；更由于中国处在社会转型期，情况不断变化，一般价值观念及课程价值观念不免随之变化，从而引起课程的频繁变动。说到课程理念的形成，且不说教育主管当局缺乏课程理论的专业修养，即使是主持与参与课程改革的行政人员与学科专家，他们或许有深厚的学科修养与教学经验，一般尚缺乏足够的课程理论与技术修养。虽也力求借鉴外国课程改革的经验，却未必了解别的国家课程设计所由何产生的那种思路与程序。这且不谈，如上所述，在我国就连“基础教育”、“普通教育”固有含义是不是被充分理解，至今仍是问题。

泰勒在论及学科专家对基础教育课程的建议的价值时，曾经指出：学科专家对基础教育课程问题的提法常常是：将来要在某个学科领域从事更高深研究的学生应该接受什么样的基础教育课程。所以，他们的建议往往不尽切合时宜。依他所见，学科专家对这个问题的提法应是：某门学科对那些将来也许不会成为这门学科专家的学生可能或应该作出什么贡献，即某门学科对该学科的外行或公民可能或应该作出什么贡献。① 这实际上是要求有机会主持或参与基础教育课程设计的学科专家，以“基础教育”、“普通教育”为着眼点。泰勒在半个世纪以前提出的问题，在我国是否已经引起注意，尚难断定。不过，从我国2001年公布的《基础教育课程改革纲要（试行）》中不难发现，此次课程改革业已开始触及课程体制、课程机制以及课程设计技术之类问题，表明它确已超越了学科专家的视野。至于编写中的课程标准、教材中所体现的“基础教育”、“普通教育”的含量如何，只能拭目以待了。

三

涉及中小学教育的基础性质问题，除了“普通教育”的内涵以外，就义务教育阶段的课程来说，还存在中小学课程限度问题，这又同“义务教育”观念相关。

义务教育课程要求办学主体所承担的“义务”是否该有个限度，这是人

① 泰勒：《课程与教学的基本原理》，人民教育出版社，1994，第19—20页。

们甚少考虑的问题。不错，所定课程本身就有限，问题在于所定的这些课程及其要求，都属办学主体应当承担的法律义务么？都是儿童和少年能够承担的法律义务么？例如，我国学生课业负担长期居高不下，从儿童和少年应该承担的“法律”义务角度考虑是否合适？又如家长和社会期待学校使儿童和少年都能顺利地升学或就业，不可谓不合理，而所有学校都单独承担得起这种义务么？学生在学校中发生伤害事故，不问青红皂白，都追究学校责任，学校负得起这种责任么？我们还要求学校发展儿童自主学习能力和自我发展能力，而在现有教育机制、教学制度与办学条件下，到底有多大可能实现这种目标？这就涉及一个问题：在课程层面该不该体现教育的义务性质，究竟根据什么规定办学主体和学生双方应当承担的义务？相比之下，有些国家只给义务教育课程确立合格标准（起码的普通教育），而把超越合格标准的追求，看成是办学主体与学生自己的事。这种有限的义务，不仅对于办学主体较为合理，而且对于平均水平以上和平均水平以下的学生也较为公平，况且只有在较为宽松的课程背景下，才更有可能进行有真正教育意义的活动。

法律意义的义务带有强制性，不能不有一定限度。自然，除此以外，还可诉诸道德义务，激励人们自觉自愿地作超越法律义务的追求，不过，划一而又过高的要求，即使从道德义务看来不也有失公平吗？

规定多少课程是一回事，学生经验的课程（他们实际掌握的知识技术和得到的发展即他们的教养）则是另一回事，课程的“过程模式”与“目标模式”代表两种不同的思路，就其实际成效而论，很难论定课程标准的高低。

这里提出的，实际上是课程改革中的一个相当尖锐的问题，并不期待我国课程很快作改弦易辙之举，只是在同年级所有学生满负荷课业的情况下，解决面向全体学生与照顾学生个性之类历史性的矛盾，要不流于空谈，却也难。

二、变化中的教与学组织的类型

教与学作为学生在教师指导下的认知与自我发展活动，存在着教师与学生之间指导与被指导的关系；同时，不但单个学生作为自己认识的主体成为被指导的对象，学生集体也可能成为认识主体，成为被指导的对象。学生集体一旦形成，学生之间也可能通过对话，进行交流与沟通，还可能进行正式的合作学习。此外，学生个人之间也有一定相互影响。依照上述诸因素的组合关系，可以区别不同的教学组织结构形式。上述诸因素指导与被指导、影响与受影响功能的实现，因教学组织结构而异。

历史上教学组织结构曾经发生过两次重大的变革：第一次是从古代非制度化的教学组织（个别教学）到近代制度化教学组织（班级授课制）的演变。这一演变大致于 16 世纪在欧洲萌芽，到 19 世纪末趋于成熟，并广泛推行。第二次是从单一教学组织类型到多样化教学组织类型的演变。这一变革于 19 世纪末 20 世纪初开始。第二次世界大战后，随着现代科学技术革命的兴起，出现了新的前景。

一

中国古代家塾和欧洲中世纪学校，主要采取个别教学的形式。个别教学的特点是：

1. 同一教师对年龄悬殊、文化程度参差不齐的学生分别授课。

2. 教学内容虽大体相同（不一定都有明文规定），但各个学生学习进度不同，所以聚在一起的学生分别进行不同的课业。

3. 无固定修业期限。

这种个别教学属于非制度化教学的形式。其优点在于办学形式灵活，并具有“因材施教”的潜力，但因同一教师分别以不同教学内容、按不同教学进度对众多学生分别授课，除师资条件优越、学生人数较少的经馆外，一般只能进行机械灌输，鲜有“因材施教”的可能。

非制度化的个别教学，是个体手工业式的教学方式。教师承担过多重复劳动，妨碍教学工作的改进。此外，当时一般还不懂得学生可能形成集体，学生集体可以成为指导对象。

二

随着扩大教育对象、变革与扩充教学内容的需求日增，用制度化的班级教学代替非制度化的个别教学成为不可逆转的趋势。

中国汉代太学由于太学生过多，曾有大班上课的尝试。“至一师能教千、万人，必由高足弟子传授”，这是非制度化的集体教学。时过境迁，遂销声匿迹。16 世纪在西欧国家出现制度化集体教学的萌芽。这种教学组织形式称为“班级授课制”，如法国的居耶纳中学、德国的斯特拉斯堡文科中学。与此同时，天主教的耶稣会学院也实行班级教学。17 世纪捷克教育家夸美纽斯奠定了班级授课制的理论基础。至 19 世纪下半期，班级授课制在欧美国家普遍推行，班级授课制度趋于完备。

班级授课制以集体教学代替个别教学，把学生集体作为指导对象，是教学组织形式变革中的一大进步。其优点在于：

1. 大大减少教师的重复劳动，使教学工作更为经济，有利于教育事业的普及。

2. 增强学生之间的相互联系，扩大学生相互影响。

3. 使教学工作制度化，从而使教学工作标准化，便于教学管理。

4. 使教学工作程序化的探索和教学方法的改进成为可能。

但是，教学工作的效果最终体现在各个学生身上。班级授课制在把教师工作重点从各个学生转向学生集体以后，产生忽视学生个人发展的可能性。

三

19 世纪末 20 世纪初，班级授课制的局限性已经引起人们注意，在教育史上揭开了改革班级授课制的序幕，还出现否定班级授课制的迹象。这方面的试验甚多。

1. 分组教学

分组教学的形式有两种：一是能力分组，即按照儿童能力的大小，把他们分为若干组，不同儿童组用不同的年限学习同样的课程，如德国的曼海姆制，美国的波特兰制和新剑桥制；一是作业分组，即不同儿童组在规定的学习年限学习不同的课程，如美国的圣巴巴拉制。由于这类试验在实行中偏重为“高能”儿童组创造优越的学习条件，而忽视对“低能”儿童的照顾，在儿童中容易造成不良的心理影响，在 20 世纪 40 年代受到批评，遂使这类改革的势头减退。

2. 制度化的个别教学

分组教学是在班级授课制的框架内进行的，制度化的个别教学则是班级授课制的逆反。制度化的个别教学，如道尔顿实验室制，是由美国的帕克赫斯特于 1920 年在马萨诸塞州道尔顿中学创行的。帕克赫斯特提出，道尔顿制的原理是：自由，互相节制的团体生活，时间的预算。其办法是取消班级制度，以个别指导代替集体教学。1925 年帕克赫斯特在华演讲时，自称道尔顿制有两个贡献：一是使“学校社会化”，一是把“教学”与“学习”联合一致。这种组织形式便于培养学生独立学习的能力，但也易放任自流，产生“逃而遁之”的现象。此外，稍有别于道尔顿制的另一种个别教学尝试，是所谓文纳特卡制，由美国沃什伯恩（原译华士朋）于 1919 年在伊利诺伊州文纳特卡镇的中小学试行。

分组教学以灵活掌握教学要求与教学进度的方式调整教学组织结构，改进班级教学。制度化的个别教学通过提供学生自学条件、变通掌握个人学习讲度、增进教师同学生个人联系的方式，用另一种教学结构代替班级授课制的教学结构。这两种教学制度都基本保持班级教学中原先采用的分科教学的课程组织。除此以外，当时还出现打破分科教学以改进集体教学的尝试，如基尔帕特里克（原译克伯屈）的“设计教学法”、德克罗利的“生活学校”等。实际上这类试验对传统的班级授课制的冲击力更强。

上述试验分别从不同角度突破班级授课制机械划一的刻板模式，即：突破划一的学习年限（能力分组），或突破齐头并进的学习进度（道尔顿制与文纳特卡制），或突破统一的课程设置（作业分组），或突破分科教学（设计教学法）等。在这些方面打开了人们的眼界，增进了改革班级授课制的选择；然而上述这些改革好景不长，20 世纪 30 年代以后都失去势头。这是由于这些改革在克服班级授课制弊端的同时，丢掉了班级授课制的优点。所以，这些改革方案，作为一种教学组织体系都起不了代替班级授课制的作用，但班级授课制如不吸取上述改革中的合理因素加以改进，也治不好自身的弊病。

四

可以认定教与学组织的类型曾经历两度历史性的变化，问题在于怎样看待这种影响深远的变化。

后记：

教与学组织类型历史性变化的再认识

一

近代以班级为单位的施教，同古代个别施教的显著区别，在于从教师同学生之间直接的具体的联系，转变为把全班学生当作一个“抽象的学生”施教。意味着抹煞不同学生之间的差异。

这个问题的纠结，在于古代在等级制度背景下，原则上不承认独立人格（个性）的价值。虽通行个别施教，甚至还有“因材施教”一说，却并不一般地承认不同的个人有平等的权利。甚至还基于社会地位不平等，以对个人求之过深的所谓“忠”“孝”之道，磨灭个人合理的需求和在人际关系夹缝中生成的个性；反之，近代教育虽崇尚独立人格，并且有条件地承认个人合理的行动自由与思想自由，然而以班级为单位的施教本身，恰恰易于漠视不同个体之间的差异。班级授课更由于越来越制度化从而成为对独立个性的束缚。

二

尽管班级授课取代朴素的个别授课，成为普及教育的契机，由于日趋制度化的班级授课同近代教育造就独立个性的初衷相去越来越远，故 19 世纪与 20 世纪之交，在反思传统教育过程中，兴趣可被称为欧洲“新学校”和美国“进步教育”的新潮流。成为课程历史性质变化的新起点。

欧洲“新学校”运动标榜“儿童中心主义”。其在实施中针对传统的“读书学校”，在课程结构中增加“活动课程”的权重，称之为“劳动学校”（或“劳作学校”“工作学校”等）；美国“进步教育”运动的旨趣与此相近。

随着新教育的兴起，其中新的纠结随之发生。因为针对传统教育束缚学生个性的弊端，新的课程设计把儿童的兴趣与需要作为课程实施的出发点，问题在于与此同时，基于对“个性”的再认识，教育的旨趣也在变化中。这是由于近代初期所谓“个性”系出于“孤立的个体”的假设。正如马克思所说，18 世纪是产生“孤立的个人观点”的时代。其实从那时起，正是生产及各项事业日趋“社会化”的时代。事实上每个人都不是孤立的个体，而是在个体社会化过程中形成的“社会人”。故客观上需要通过教育使未成年人实现“个体社会化”。至于每个人的“个性”，其实是不同人在个体社会化过程中显示出来的差异。不过“个体社会化”并非“同化”“个体同质化”“个体同性化”的同义语。而是在一定社会—文化中个体在不同程度上融入社会的过程。与此相应的课程类型尚在探索过程中。

三、备课

在课程实施中，备课早已成为常规。问题在于如今的课程多有变化，教师的职务观念也在变化中，以致就连如何备课也成为争议的话题。

且不说以往读到备课问题，一向存在所谓“备书本”与“备学生”权重不同的“教案”的详简之议，如今却有否定教案的“无纸备课”之说，甚至还有“我的教学我做主”的高见甚嚣尘上。表明现如今如何备课已经成为不容忽视的话题。

一

备课不是孤立的现象，它直接受到“课”（备课客体）和任课教师（备课主体）的状况制约。正是“课”及任课教师状况的变化决定了“备课”观念与章法的变化。

1. 作为备课者，自然直接为所教的那一个个单元、一节节课做准备，而备课的观念与章法则受整个课程机制制约。以往教师备课和教学管理的章法，是以“学科课程”（课程编制中的一种）和“班级授课制”（教学组织形式之一）为主体的课程机制的产物。由于这种课程机制是以“教学大纲”（现在改为“课程标准”）规定课程内容和进度，并衡量课程质量，而教师又只能面对全班学生（意味着把几十个学生当作一个学生，“一刀切”）照本宣科，即严格按照教科书讲授。正是这种“教科书本位”的课程，客观上要求教师备课以“备书本”为主。又由于课业负担过重，多数教师往往只“备书本”，而疏于“备学生”。如稍为关注学生学习情况，就算不错了。其结果是众所周知的。

问题是我国2001年出台的《基础教育课程改革纲要》，虽引进了一些新的课程要素，如“三级课程”中的“学校课程”、课程结构中的“综合课程”与“综合实践活动”等，教材也有新的变化；然而基础教育课程机制，在总体上仍以“学科课程”为主，以“课堂教学”为基本组织形式，仍实行“教科书本位”。这就预先决定了教师备课的价值取向。

2. 任课教师有新教师与老教师之别，新老教师又都有开新课（本校或本人从未开设过的课）与教旧课之分。其中新教师开新课的适应过程同老教师开老课的习惯过程不可同日而语。于是，在教学管理中，便有新教师写详案、老教师写简案，新课写详案、老课写简案的不同要求，这种要求难道都不合理么？

自然，无论是新教师还是老教师，其中各个教师的情况又不尽相同。例如，有的教师学科知识的功底扎实，懂得教学章法，态度又一向认真，即使年纪尚轻，一定要求他每节课都写出详案，或许显得多余。不过，由于备课规范适用于同一所学校中的所有教师，不宜破例，故有时明知不当，也只能如此。

3. 以往教学参考资料较为难得，故要求教师准备“一桶水”，以便在上课时随时根据需要从中取出“一瓢饮”。而如今教学辅导材料早已泛滥成灾，有些书商利用特级教师的资源，甚至已经把现成的教案（且多为详案）准备好了，就连出练习题也不用教师操心。有了这么多宝贝，再要教师详详细细抄在纸上，你道不习于此道的年轻教师怎忍受得了？试想假如没有成堆的现成材料，哪位年轻教师敢作“备课纸上没有一个字”的尝试？

如今，既然有了厚本、薄本的教学辅导材料和应试伎俩手册，从中剔除华而不实的玩意，去粗取精，删繁就简，自然可以节省备课中收集资料和“钻书本”的工夫，敬业的教师就可能把较多时间和精力用于“备学生”。于是，问题的关键又转到在备课中到底如何“备学生”。

4. 其实，如何“备学生”，正是有待重新考虑的问题。以往所谓“备学生”，通常主要指了解学生学习的情况。问题在于了解什么，如何了解！按照从有效经验归纳出来的“教学法则”，每当讲授新知识，都该从了解学生对同一问题的原有知识入手，以便从未知过渡到新知；进一步的讲求，便是“预习指导”，即在“布置作业”时连带布置预习题，并在新课开始时连带了解预习情况，“预习”的价值在于把“教师备课”中包含“学生备课”。问题在于如今就连教师赶教学进度、学生赶作业都非常吃力，遑论什么“学生备课”。果真在“学程”意义上开展课程，“学生备课”才成为课程题中应有之义。

二

鉴于教师较少自主履行职务的空间和机会，是久已存在的问题，故如今勇于发出“我的教学我做主”的声音，算得上是教师职务自主意识觉醒的征兆。问题在于公共职务既有通行的职务行为规范，又有行政与公共舆论的监督，当事人到底做得了什么主！何况自作的主张究竟是否比规范的行为更高明、更有效，也还是问题。

这个问题的症结不在于教师是否该有足够的自主选择的空间，而在于当事人自主抉择依据的可靠性如何，自主抉择本身的正当性与适当性如何！

四、教案

按照常规，教师备课必须写教案。一般学校在教务管理中还定期或不定期检查教案。

教案原是学科课程中派生的备课方式，如今随着课程改革的兴起和教师自主意识的觉醒，针对传统课程中重教轻学的倾向，有些教师不仅尝试改变以往那种教案的样式，提出关于教案的新设想和新样式，而且就连教案的存废也成为争议的话题。如此教案现象，不免在教师中引起困惑。如要加以澄清，还得从“教案”的由来说起。

一、教案的由来

19 世纪中叶，随着赫尔巴特学派的兴起和普通教学法研究的进展，在备课中逐渐发生教案问题。

现在尚可见到的教案有：如 19 世纪 70—80 年代，美国奥斯韦戈学校校长谢尔登，倡导按照裴斯泰洛齐“符合心智演化秩序的教学原理”改进教学。他在《初等学校教学手册》，列入关于“贝壳和它们的共生”一课的大纲，[①] 便是教案的先例。19 世纪与 20 世纪之交，美国学者多德于 1906 年在《赫尔巴特教学原则引论》一书中，收入按照“教学形式阶段”编制的《数理地理学》课文的教案。[②]

清末民初，我国在西学东渐过程中，清政府学部曾于 1905 年颁发的《教案规程》为我国仅有的教案规程。毛泽东于 1917 年在湖南省第一师范学校附属小学实习时撰写的《国文教学案》，如今尚存。[③] 从中可知当时教案的样式。

---

① 原载谢尔登《初等学校教学手册》，转引自克拉里：《现代教育的基础》（1971），华东师范大学教育学系外国教育研究室 1972 年未刊译稿，译文载于本书第 143—144 页。

② 本书第 136—137 页。

③ 中共中央文献研究室、中共湖南省委《毛泽东早期文稿》编写组：《毛泽东早期文稿》，湖南出版社，1990，第 92—93 页。

中华书局于1928年出版的《中国教育辞典》中，把“教案”解为“教师每次上课前所编定之教授顺序也。如教授目的、教授材料、教授步骤、教授用具、教授时间皆详解在内”；商务印书馆于1930年出版的《教育大辞书》，在“教案”辞目中解为“学校所编教科教授之次序。如课程表、教授纲目等，均为教案。”此解望文生义，名不副实。

其实从20世纪20年代开始，美国进步教育已经压倒了赫尔巴特学派的风头。加之民国时期中小学教师课业负担甚重，故当时一般并不强求教师编写教案。

在我国，大致从20世纪50年代中期开始，在“以俄为师”的潮流中，才把“教案”列为常规。当时教案的样本是，1953年北京师范大学学生在北京市第六女子中学实习时，在俄国专家普希金指导下的《红领巾》课文教案方案[①]和1955年上海中学顾巧英在杰普利茨卡娅指导下的生物学教案。[②] 两者均名噪一时。

虽然“以俄为师”转瞬即逝，而教案作为正规学校的常规，至少作为对新任职教师的要求，倒沿袭下来。

二、教案的缘由

教案原是从学科课程中派生出来的备课方式。它涉及教师对教科书中课文的理解和每节课的合理安排。旨在使教师（尤其是新任课的教师）胸有成竹地上课。通过课业的合理安排，便于教与学之间的沟通，并使教务行政从中考察教学及教师的教学水平。在教师学历不高、教学经验不足和教学参考资料不多的情况下，这种备课方式，有助于保持教学的合格水平，也是教师在职培训的一种选择。

为什么这么说呢？

1. 任课教师即使对教科书中知识的理解无误，教师的知识却未必能使学生了解与领会，学生能否因此而对学科知识发生兴趣与求知欲望，也值得去考虑。这些正是撰写教案过程中所要解决的问题。

2. 任课教师如果对每一节课教与学的安排都考虑一番，未免太费功夫。

① 叶苍岑：《从〈红领巾〉的教学谈到语文教学改革问题》，《人民教育》，1953，第7期。

② 瞿葆奎等：《顾巧英在植物学、动物学课——课堂教学记录》，上海新知识出版社，1956。

其实设置教案的前提，是在教师培养与训练中，使教师初步掌握普通教学法和分科教学法，从中大致了解教材的类别（如知识—思考类教材、价值—欣赏类教材和技能—发表类教材）、课的类型（如新授课、练习课、复习课、参观访问课等）、每种课合理安排的程序，等等。编写教案也是教师在实践中学习和运用教学法的方式。经过反复练习，编写教案也就并非难事。

不过，我国一般教师不一定熟悉教与学程序设计的理论基础。20 世纪 60 年代中期以前，通常由教学研究机构或学校行政，印制教案表格，教师备课时，照样填空，以致教案难免流于形式。

20 世纪 90 年代以后，由于各种各样教学辅导材料大量问世。其中包括配套的现成教案。加之现成的教案在互联网上大量转载，广为流传，遂使抄写教案成为教师的累赘。于是，教案的存废也就成为争议的话题。

三、现今的“教案现象”

现今的“教案现象”大致如下：

1. 以个人经验为依据的教案

一般教师在教案中虽有教学程序的安排，因大都根据个人经验作出判断，或出于对别人安排的仿效。在此情况下，有些学校尝试“一课多教”。即在众多平行班中，不同教师同时教同一课文，相互听课，取长补短。问题是因既无教学法依据，又无大致统一的教案章法，故对同一课文的教学目的、教材内容、教学程序安排存在不同看法，难以作出理性的判断。已致相互之间对这种以个人经验为依据的不同教案，也只能凭个人经验作出选择。

2. 学的程序与教的程序同步的教案

最近若干年来，由于越来越从对如何教的关注转向如何“教学生学”，于是出现一种“教与学同步”的教案。其中有些教案甚至把学生可能做出的答案也列入教案。此类教案虽然中看，因加重教师负担，故未必中用。

3. 以“学案”取代“教案”

在关于“教案”问题的讨论中，只闻“学案”一说，未见样本。

其实，“学案”同“教案”不是一回事。教案原是从学科课程中衍生出来的备课方式。学科课程以教材为依据，教案是教师运用教学法的原则、规则使教材便于为学生所掌握，成为学生的教养。如此设想虽然合理，然而事实上不仅使系统的学科知识转化为学生教养并非易事，而且传统的学科课程本身容易发生学与用脱节的倾向。于是从 19 世纪与 20 世纪之交开始，便有欧洲“新学校”、美国“进步教育”的兴起。这些所谓“新教育”，在“儿童中心主义”或“社会核心问题”课程实施中，形成有别于学科课程的“活动课程”。其实施方案虽称得上名副其实的“学案”，然而实践已经证明，“活动课程”代替不了“学科课程”。“学案”也就代替不了“教案”。

4. 所谓“零教案”

关于“零教案”，有两种解说：一说“无纸教案”。意思是把课业安排编入电脑；一说把课业安排存入自己脑中。都美其名曰：“我的教学我做主”，其实是拒斥教务行政检查教案的托辞。

问题在于教学为公共事业，对学生的影响关系甚大，教师对学生成长做得了“主”么？如果任凭教师自作主张，岂不是无法无天？

四、如今质疑“教案”的缘由

诸如此类“教案现象”的发生，实不足为怪。

1. 教师传授的知识，原本是为了使其转化为学生的教养，故在备课中把不同学生接纳与领会如此知识的实际情况考虑在内，实在情理之中。

2. 教学原理本是一定的教师面对一定的学生在特殊的情境中授业之事。谁执教，谁负责。虽然教师未必做得了这个“主”，而“我的教学我做主”倒也不失为教师自主意识觉醒的征兆。

3. 由于现今教师大都对“教案”的本义和由来、学科课程“教案”与活动课程方案的区别，未必了解，又被流于形式的教案常规所困扰，以致发生对教案的质疑，实属在所难免。

在如今有些教育专家眼中，“教案”也许不过是区区小事。其实它却同每个教师的日常事务相关。若论教案的改进或存废，恐怕还得在明白教案究竟是怎么一回事以后再说。

五、教与学过程中的对话

如今，“对话教学”很时尚。据说这种新的“教学价值观念”同雅斯贝斯的“教育类型说”相关，它更以文学理论中巴赫金的“对话理论”以及现代解释学中的“对话”之说为理论基础。本人对于这些学说只知一点皮毛，也就不识“对话教学”的深文大义。最近拜读《教育参考》杂志 2009 年第 4 期上一篇题为《避免假“对话”》的文章，由于自己对“假对话现象”的流行早有感触，在头脑中也就不免发生一个接一个的疑问。这便是：“真对话”在哪里？“假对话”何以发生？假如暂时忘记“对话教学”，情形将会怎样？是为“对话教学”三题。其中并无深文大义，更不敢对“对话教学”本身说三道四。无非是以平常心看待如今的教学现象与教育研究现象而已。

一、真“对话”在哪里

《避免假“对话”》一文中，提到一系列“假对话”教学现象。如“简单的是非判断”的对话、“由师而生”的对话、“预设过度”的对话、“缺乏深意”的对话，以及“表演成分过重”的对话。指其“严重违背了教学对话的理念和精神”。此类现象在如今的“公开课”中确实屡见不鲜。不过，在读了这篇大作之余，不免产生疑问：“真对话”在哪里？

据称“真对话”是指“平等交流与沟通”的对话、“多维的教学互动”的对话、“一种生成的理解”的对话。对如此“教学对话”的理念和精神，自然没法不赞成。只是这种“理念和精神”，若不附着在某种载体上，人们怎能看得清、摸得着呢？尽管这是一个外行的困惑，终究是一种困惑。

本人虽然不明“对话教学”是怎么一回事，在小学语文教学课堂上，倒也见识过不少似乎符合上述“理念和精神”的对话。例如，对课文中的某个故事情节，学生议论纷纷，许多同学做出互不相同的解释，其中不乏出奇的看法。教师即使面对奇谈怪论，也未轻易否定，甚至还从中挖掘出“合理”的成分。对这类案例，我大抵只是看热闹，却说不出其中的门道。因为这类案例，自然算不上“简单的是非判断”的对话、“由师而生”的对话、“预设过度”的对话。虽或有“新意”，却无法测其深浅。对有表演成分的对话，也难以断言其轻重。有时见到“简单的是非判断”的对话，却又无法证明对话者之间是否平等。偶然见到“多维的教学互动”，仍弄不清楚其中“生成”了什么理解。

或谓“教育”就在这种“学生互动”的过程之中。只是又很难区分其中“创新精神”的生成与随意性的生成。也许创新精神与随意性是共生的。不过，随意性毕竟有别于创新精神。如果真要养成随意性，那又何必把那么多孩子圈进学校、圈进课堂呢？

其实，本人所虑“真对话的载体在哪里”，也许不是一个真问题。因为据雅斯贝斯分析，仅就教育本身而言，可把人类迄今为止的教育，分为三种基本类型，即经院式教育、师徒式教育与苏格拉底式教育。其中经院式教育与师徒式教育，算是教育上根深蒂固的病根。唯有远远早于那两种教育的“苏格拉底式教育”，才深得“教育”的精义。

何谓“苏格拉底式教育”呢？“从教育的意义上看，教师和学生处于一个平等地位。教学双方均可自由地思索。没有固定的教学方式。只有通过无止境的追问而感到自己对真理竟一无所知”，“因此教师激发学生对探索求知的责任感。这是苏格拉底的‘催产式’的教育原则”。[①] 自然，在雅斯贝斯看来，苏格拉底式教育，“不是发挥学生凭偶然机会和一时的经验所表现出来的特殊才能，而是使学生在探索中寻求自我的永无止境的过程”。这就是说，学生单凭自己的经验和体会，在课堂上无拘无束地自由发挥，虽也难得，却不一定称得上“真对话”。

这种对话，如果称得上真对话，尽管令人向往，然而，据说它“没有固定的教学方式”，即没有定型的结构形式与运作程序。或许由于“固定的教学方式”可能束缚人的思想。问题是即使是再明智的价值观念，如果缺乏相应的载体，人们怎样才能把握它呢？

其实，“产婆术”本身就是一种反复运用的独特的对话方式。其特点是教师（如果可以这样称呼的话）为探求某种理念的真谛，主动向对话的另一方，不断地追问。使对方不断地从自以为知到知道自己无知，从而一迭连声

① 雅斯贝斯：《什么是教育》，三联书店，1991，第7—9页。

地唯唯诺诺，说不出一个“不”字。而教师一方并不因对方随声附和而罢休，仍继续追问下去。在这个过程中，并无什么“生生互动”。其场景绝对没有我国小学课堂那么热闹。“教师的主导作用”发挥得淋漓尽致。不过，这虽是“由师而生”的对话，所提出的问题又多半只求“简单的是非判断”。它又不是“预设过度”的对话。因为教师的每一个追问，都是在对话场景中针对对象的回答提出来的。尽管每一个过渡性的问题都“缺乏深意”，而整个对话过程却大有深意在。确是一个让谈话对象自己发现真理的过程。

苏格拉底自称，他同青年人的对话，主要出于自己无知。为了探求真理才同别人对话。另据雅斯贝斯称，无论是经院式教育、师徒式教育，还是苏格拉底式教育，“都需要学生具有对绝对真理和寻求真理的引路人——教师的敬畏之心”。所以，如果教师中的有识之士、有志之士、有为之士，有感于自己无知，有探求真理的愿望，同时，学生对真理与老师又存敬畏之心，那么尝试实施这种“真对话”，肯定大有希望。

自然，如今所谓“对话教学”的理论基础，除了苏格拉底的先例和雅斯贝斯的教育基本类型说以外，还有巴赫金的“对话理论”，以及这种理论在现代解释学中创造性的发挥。只是这些建树，还不是教育基础理论本身。如果把这些理论当作教条，在基础教育中生搬硬套，那么在中小学课堂上出现真真假假的“对话”，也就不足为怪了。即使出现“假对话”，又怎能怪得了教师？

二、“假对话现象”何以发生

其实，在公开课上常常看到的“假对话现象”，未必是这个或那个教师之失，或许是如今教育界侈谈“对话教学”之误。这不见得是“对话理论”本身的问题，而是这种理论在教与学中的误用。只是，一般中小学教师未必知道“对话理论”到底是怎么一回事。

文学理论中的“对话理论”、现代解释学中的“对话”之说，原不属于教育理论。雅斯贝斯的教育类型说，虽同教育相关，它本身也只是对教育方式的一种哲学思考，是对历史的教育现象的非常抽象的概括。其中所论三种教育方式，即经院式教育、师徒式教育与苏格拉底式教育，有助于理解不同类型教育的性质与特点。至于所谓“苏格拉底式教育”，既同苏格拉底“产婆术”原生态有显著区别，更同我们所处时代、我们这个国家、我们国家的不同地区和不同学校教与学的具体实践，有程度不同的距离。这种理论虽然有助于提高对教与学现状的洞察力，如把它奉为圭臬，用以衡量这个课堂或那个课堂“对话”的真假，结果大抵只能是“假对话”比比皆是，“真对话”难以寻觅。

因为自古以来，苏格拉底就这么一个。苏格拉底式的学者（或教师）也很少见。怎能期望甚至强求成千上万教师，实施“苏格拉底式”的“对话教学”呢？何况引导学生自己发现真理（哪怕只是合乎逻辑地得出结论），虽是一种较为理想的教与学的方式，然而如以此种方式取代使学生接受现成结论（现成知识）的“讲授”或“阅读”，取代训练动作技能或心智技能的“练习”，其结果很可能便是使学生成为“苏格拉底的谈话对象”般的路人，或广场上聊天的闲人。

雅斯贝斯在论及“苏格拉底式教育”时，曾道“没有固定的教学方式”。其实，“没有固定的教学方式”，并不表示“没有教学方式”。苏格拉底的“产婆术”本身不就是一种教学方式么？按照这种说法，岂不是认定就连“苏格拉底式教学”也不宜模式化？

雅斯贝斯表达的，毕竟是一种天马行空的哲学见解。由于教与学无不是在特定情境中的具体实践，即使是明智的哲学（我国爱谈“理念”），若不以一定的载体沟通同具体实践的联系，也只能是可望而不可即的空中幻影，或心目中的美妙愿望。因为即使是“摸着石头过河”，也得有“石头”可摸啊！

惟其如此，近代以来便有“教学法”的探索。所谓“教学法”，原意是“教学法则”，包括教与学的一般法则（普通教学法）与各门课程的教材教法（分科教学法）。不论其研究水平如何，它们都作为把近代“以人为本”的教育价值观念——或为教与学的自然法则（规律—规则），或为教与学的当然法则（价值法则—规范）——转化为教与学的原则、程序与方法的尝试，旨在指导或规范教与学的活动。

问题在于教与学毕竟是活生生的人所参与的活动。关于教与学的任何法则，任何原则、程序与方法，在运用中既可能行之有效，也可能硬化为束缚人们主动性与创造性的模式。加之传统的教学法根植于学科课程，曾经被我国称之为“新教学法”的那些“新教育”的建树，缺乏普遍适用性，这才使教学法的命运不佳。于是，也就出现更加聪明的想象，即如果教师形成先进的“教育理念”，如“对话”之类理念，就可不受既成的教学法条条框框的束缚。从具体条件出发，自主寻求实现某种“理念”的方式，岂不是更好？

只是自编或搬用“对话”之类的新词、新口号虽不困难，而形成这种思维谈何容易？即使形成某种新思维，自主寻求实现这种思维的手段或路线图，哪有那么轻松？其实，这倒像是一种“有石头不摸”或“不摸石头过河”的思维。惟其如此，教与学活动中出现鱼目混珠现象也就不足为怪了。

三、假如暂时忘记“对话教学”

说罢“真对话”在哪里和“假对话”何以发生，忽然想到：假如暂时忘记所谓“对话教学”，情形将会怎样呢？

假如暂时忘记“对话教学”，这就是说，如果换一个视角看待所谓“假对话现象”，那么一些简单的谈话方式，如“简单的是非判断”的谈话、“由师而生”的谈话、“预设过度”的谈话、“缺乏深意”的谈话，以及“表演成分过重”的谈话，很可能会自然减少。既然无意标榜“对话教学”，对这类简单的谈话，也就无须以“假对话”论定了。

其实，如以平常心看待这类简单的谈话，它们不过是日常教学中寻常的现象。就以其中最为简单的方式（是非判断）来说，以往有些中小学教师形成一种“教师职业语言”（含语气），即在讲授时连续中带有停顿，让学生齐声应答，而讲课并不为学生应答所打断，形成师生呼应的氛围。这种只求是非判断的谈话，何错之有？

如无“对话教学”的讲究，只要允许学生发问，尊重学生提问的权利，“由师而生”的谈话，即教师主动提问，有何不可？在“产婆术”的运用中，几乎全是苏格拉底连珠炮似的提问与反问，不亦妙乎？

如不以“对话”论短长，那么“缺乏深意”的谈话、“表演成分过重”的谈话，都不难理解。因为小学生的学习谈得上什么深意？反之，含义深刻的学习活动，未必适合小学生。

如果达不到“真对话”的水平，何妨注重对“课堂谈话”（通称“谈话法”，其中包括“问题法”）的讲究？

如今在小学课堂上与其说“满堂灌”，不如说“满堂问”现象更为普遍。常见的流于形式的“对话”，其实多为走过场式的问答。

小学课堂中提问过多现象，从活跃课堂氛围角度看来，是可以理解的。问题是在我国多年来一直把教师系统讲授贬之为“注入式”和“满堂灌”，导致对教师系统讲授的价值估计不足，从而发生“满堂问”优于“满堂灌”的误解。

其实，教师系统讲授亦大有讲究。能够吸引学生津津有味地听课的教师，其功力实在不浅。只是再精彩的讲授取代不了学生自己的认知和思考。

根据长期积累的教学经验，作为教与学活动的课堂谈话（不只是为了活跃氛围的谈话），也有一些起码的规则，如：

1. 以教材中的重点与难点为话题。

2. 面向全班学生提问，让学生考虑后再回答。

3. 由学生自动举手回答，必要时由教师点名指定学生回答。

4. 避免在点名对象的选择中流露出对这个学生或那个学生的偏爱或歧视。不论学生回答得对错，哪怕答案很可笑，教师和其他学生都不失对回答问题的学生的尊重。

5. 避免把谈话变成回答问题的学生同教师之间的个人问答。要求学生面对全班同学回答问题，其他同学注意认真听取同学的回答。

6. 每一次旨在解决教材中重点与难点问题的谈话，都得避免发一通议论，不了了之，而要得出明确的结论。其结论即使不是标准答案，也得有能够成立的说法，避免助长随意性，甚至把随意性合理化。

7. 对于某个问题的谈话，避免使学生只关注教师作结论，而要引导全班学生关注谈话的结果，并须了解学生是否知道这个结果。

8. 更重要的是，既然学生参与谈话，就该使他们了解上述有关课堂谈话的起码的规则，并经常运用这些规则。

9. 这样的课堂谈话，不仅是一种行之有效的教学方法，教学的教育性也蕴涵在其中。即使如此，也只能有选择地运用。避免滥用。

教师如果连这些起码的课堂谈话规则尚未掌握，就试图实施富于哲理的“对话教学”，其结果也就可知。

在传统的教学方法中，比谈话法进一步的教学方法，还有“课堂讨论”。关于“课堂讨论”，在历史性的实践中也形成了一系列的规则。只是它最多只能在小学高年级运用。即使在中学也只能有选择地运用。故在这里也就毋庸赘言了。

“对话”比“谈话”、“讨论”更富有哲理性。其含义更为深刻，其外延也更为宽广。例如，它可以超越传统的“阅读教学”的视野，讲求“同文本对话”。至于如何在头脑中“同自己对话”，那又是更加高深的问题。惟其如此，在这里只“假设”暂时遗忘“对话教学”将会发生的情形，无意对这个建树本身妄加评说。

附录

教学中的“满堂问现象”

据《文汇报》2001 年 3 月 20 日载，上海市有一所区教育学院对 6 所中小学语文、数学各 9 节课的课堂提问进行了专题调查。从中发现了不少问题，如教师提问次数过多（平均每节课达 30 次），且大都是教师问学生答，所提的问题又过于简单，所提的问题几乎只有一个标准答案，很难见到学生主动发问。总之，教师所问是学生已知的东西，学生即使不懂，也无意发问。遂成为“懂的要问，不懂的不问”。此项调查中发现的这些现象，恐怕至少在如今的公开课中带有一定的普遍性。其中“为课堂提问号脉”之见，亦切中时弊。

这次调查中发现的此类现象，显得相当幼稚、粗糙。这种现象在以往甚少见到，至少没有现在这样普遍。究其原因，或如调查者所说，最近若干年来，为改变教师“满堂灌”的弊端，提倡“师生互动”，其中有不少研究者、教学管理者甚至把学生在课堂中“动”的时间，作为衡量教学改革程度的尺度。有时听课者还用秒表记录学生“动”的时间，而教师问、学生答倒不失为一种“师生互动”的方式。

所谓“满堂灌”，只是一个简单的比喻。要说以往教师全都是“只讲不问”，那也不尽符合事实。只是以往教师提问不像如今这样滥，并且那时教师还多少懂一点“课堂提问 ABC”。因为过去在教师培训、示范课、评课中有这种讲究。而最近若干年，人们特别注重教学改革，对“满堂灌”异常敏感。“满堂灌”也者，这一个“灌”字好生了得，竟把教师的讲述、讲解（不管讲得如何），全都贬为“灌输”。以致就连讲得很精彩的教师，也不敢在公开课中亮相。何必自讨这个没趣呢？因为如今教学研究者、管理者的兴趣不在于教师如何“讲”（如何“问”），主要关注的是学生在课堂中活动的时间。这样，不少教师不懂“教师提问 ABC”，也就不足为怪了。

恐怕作为此次调查对象的教师，在其日常教学中，“满堂问”的现象未必如调查者所展示的那样突出。只是在有人听课时，才如此着意地大搞“满堂问”，以避“满堂灌”之嫌。同时，年级越高，学生越对师生间频繁的简单问答感到单调、厌倦。只是在“客人老师”面前，才不得不配合老师，做出起劲地举手发言的样子。经常同自己学生打交道的教师并非不明此理。惟世风如此，才不得已而为之。

本人听课不多，从所听的公开课中，似乎觉得现在不少教师已经“忘记了”“课堂提问ABC”，或者竟不知道存在过这种“ABC”。果如是，在这个问题上，岂不是越改越糊涂了？在此不妨顺便谈谈以往听优秀教师（例如上海市实验小学袁瑢老师）上课时留下的印象：教师提问后，学生大都积极举手。有些小学生甚至急不可待，把小手举得很高，而老师总是要学生仔细想一想，不必急于回答。一两个学生回答后，老师进一步提出“谁能把这个问题回答得更好”。没有直接回答问题的学生，对同学的回答一一加以评说。先肯定其优点，再指出其不足。或者说：“某同学如那样那样回答，那就更好了。”有的学生还对别的学生的评论，再加以评论。最后老师提出：“谁能把大家的意见综合一下？”“谁能把这个问题的答案说得更完整一些？”“谁能把他们的意思表达得更清楚一些？”“同学们还有什么不懂的地方？”其中主要之点，在于教师把全班学生的注意力，引向同学的回答，而尽可能把师生之间的问答，变成同学之间的讨论。可见，只有在教师引导下“学生之间的互动”才堪称“师生互动”。

自然，即使是组织得很好的课堂提问、课堂讨论，仍有别于“以学生活动为中心”或“以问题研究为中心”的课程。问题是如何才能实现“以学生活动为中心”、“以问题研究为中心”的课程。中国迄今为止或在可预见的未来，基本上实行的是“学科课程”编制。学科课程是按学科知识逻辑程序组织教材的。其中的知识是教师已知、学生未知的知识。这种系统知识与学生现实生活关系不大，与学生认知的心理程序又缺乏沟通。这种教材“心理化”的难度甚大。教师面对众多各不相同的学生，寻求教材与各个学生认知心理沟通之途谈何容易？在这种情况下，自然特别需要“师生互动”，而师生之间难以互动，实是学科课程使然。即使实行学科课程编制，如果教材分量不太多，教学进度较为宽松，师生之间或有品味教材的余地。然而，中国现行教材分量如此之重，教学进度如此急迫，故若开拓学生自主学习活动的空间，除了在课程组织结构中纳入以学生活动为主的课程（如“综合实践课”）以外，在学科课程范围内，恐怕只有课堂提问、课堂讨论、阅读指导以及实验室实验，才是顺理成章的补救办法。

所以，要从根本上改变教师“满堂灌”、学生被动学习的状态，先得改变导致学生被动学习的单一学科课程编制和过重的课业负担。在这种格局尚未根本改变以前，“师生互动”实现的程度不能不是相当有限的。超越一定的限度，很可能事与愿违。从如今的公开课中，不仅可见到教师“满堂问”，还可见到许多“师生互动”的新花样。如类似电视节目的课、类似游戏的课，倒煞是热闹，只是不知成效如何。

课堂提问可算是成千上万教师每日每周都在做的事。这类最平常、最带有普遍意义的问题，才是教育研究中最不可忽视的课题。然而，多年来教育研究主管当局往往不屑关注这种“小问题”。这才导致把相当幼稚的东西当作“教学改革的成果”堂皇地展示。可见，这所教育学院关于课堂提问的初步调查，不仅对于作为调查对象的教师，而且对于空泛的教育研究风气，都不失为切中时弊的举措。

六、背诵

背诵，不仅是把客观知识纳入个人记忆的方式，也可能成为个人记忆力训练的方式。不过，其中存在“机械识记”与“意义识记”之别。所谓“意义识记”，是指在理解知识基础上的记忆。通常把“机械识记”称之为“死记硬背”。在一般情况下，机械识记较于意义识记，不仅难于记忆、易于遗忘，而且即使牢记，也不善于运用，所以死记硬背成为传统授业中的弊端。问题在于儿童对事物的理解能力非常有限。儿童期曾被称之为“理性睡眠期”（卢梭语）。相对说来，儿童记忆能力较强，到少年期，理性才开始“觉醒”。事实上从小死记硬背的知识，随着理性的觉醒有些“死”知识也可能在意识中“活”起来。惟其如此，至当代，背诵依然成为争议的话题。其中有代表性的看法，如“把死记硬背逐出现代教育”；同时儿童背《三字经》、背唐诗的声浪也不绝于耳，故有分辨的必要。

一

《中国青年报》2001 年 8 月 12 日在一篇教育时评中，发出“把死记硬背逐出现行教育”的强音。这在有起码现代意识的人们中，都不会不引起共鸣。不过，其中倒不无可议之处。

“死记硬背”也者，是指在不理解知识的基础上，用“背”的方式机械地强记。这种死记硬背，自然合该被“逐出现行教育”。那么是不是还该把理解了知识的“活记活背”也随之“逐出现行教育”呢？这篇时评没有明说，实际上作了暗示。据称爱因斯坦曾说：“如果是在任何一本中学教科书上都可以查到的知识，我为什么要记住它呢？”又称据一位美国教授说：“在美国，一切可以用电脑做的事儿，都交给了电脑。人们的脑子通常只做电脑做不到的事。”不甚明白的是，举出这样的证据是不是打算说明，就连“活记活背”（哪怕是有选择的活记活背）也不可取呢？这篇时评的话题是由开卷考试引起的。由于实行开卷考试，“记”耶“背”耶，自然成为多余的事。

不过，鉴于这篇时评并非专门讨论学生记忆问题，关于它，说到这里也就罢了。

真正值得一议的，是开卷考试，以及诸如此类的改革。困难在于有关这类改革，单凭传媒报道，既难尽信，也就不敢贸然臧否。且说说日常教学和不时展示的公开课吧。现在在课堂中不难见到的情景是：教师频频发问，学生有口无心地应答，“师生互动”、“生生互动”，花样繁多。有些课即使同电视节目相比也未必逊色。学生堪称活跃，氛围也够热烈，自然可观。只是不知这种课在学生头脑中究竟留下了什么，究竟留下知识几何？由此不免想到一个问题：现在死记硬背猖獗，固然由于应试压力过大，试卷导向失当，此外它是不是也同日常教学有点关系呢？平时上课如果少要花样，而注重知识的理解，不忽视及时复习，凭儿童和青少年的识记能力，比较牢固地掌握必要的基础知识，这有何难？又何须都到临考前再花那么大的死工夫去“抱佛脚”呢？反之，正由于平时忽视有选择地“活记活背”，才不得不全靠临考前去“抱佛脚”，而那种“死记硬背”同“活记活背”的效果不同，它来得快，去得也快，过后即忘。

如果不避“保守”嫌疑，不妨说以往通常在一节课中，先有“检查复习”的环节，后有“巩固复习”的环节，到一定阶段，另有“复习课”的安排，虽不起眼，总算还想到让学生头脑中留下一点备用的基础知识。而现在这一代教师，未必都知道有这么一回事。因为现在的师范教育、师资培训，是“面向21世纪”的，自然不屑关注“复习”之类小节，所关注的是诸如“××精神”、“以×为本”、“学会××”、“××教育”、“×本课程”、“×本培训”之类大道理和战略构想，那是难以否认的。基础知识或不可少，其作用终究有限。尤其在当今时代，知识仿佛已经从人的头脑转移到教科书与电脑中，何须记忆？麻烦的是，学生除了应付考试以外，在日常生活和以后工作中，随时随地少不了用到一些知识。怎么办呢？能不能设想每个人能够随时随地夹着捧着教科书或电脑去应试和讨生活呢？

洋教授也许比我们高明许多倍，只是不知他们的知识是不是随得随失，不或多或少留在记忆中，而把大脑空出来专作“创造性思维”之用呢？自然，人们所援引的爱因斯坦的见解，如不作为否定“活记活背”的理由，倒也无可厚非。真正的问题在于如今的日常教学之中，急迫的教学进度与花样翻新的时尚，导致对当堂巩固、及时复习的漠视。正是这种随学随忘、多学少记的教学才加重了应试的负担。加上外部考试本身的缺陷，才使应试中急匆匆的死记硬背现象突出地显示出来。

当今时代，专家学者、能员干将、名师名长，为接踵而来的教育工程和各种创新大业到处奔走，而把“复习”之类小节留给难望有大作为的教书匠和保守派去操心，以致应试中的死记硬背几乎不可避免。你想把它“逐出现行教育”，谈何容易？于是，一个在天上自由地翱翔，一个在地上艰难地蠕动，这难道不正是当今中国教育界状态的写照么！

二

近日偶然看到一篇短文《一位小学生家长的忧虑》。其中提到：“小学一年级课本中增加了一些唐诗，但除了要求背诵以外，老师并没有指导学生体会韵律之美和意境之美。”“也许我操之过急，但我不明白，背诵唐诗的目的是什么。”

唐诗、宋词、元曲、明清小说中的精品，堪称中华民族的文化瑰宝。多年来，有识之士有感于这些国粹在我国青年中的影响迅速淡化，深为不安。当人们把现时代青年的行为与作品同前辈加以比较时，发现现代青年“缺乏文化底蕴”。当人们把祖国大陆的这种现状同东方邻近国家及地区作比较时，更不免深感忧虑，这是与那位家长正相反的忧虑。有道是“有忧而不知忧者凶，有忧而深忧之者吉”（董仲舒语）。据称，我们的前辈在童年时代就接触古代典籍、古典诗词，虽然只是机械地背诵，由于从小就把它们牢牢地储存在记忆中，后来随着经验的增加，也就逐渐理解并能运用了，从而在无形中构成其人格中的文化底蕴。惟其如此，在小学课本中早就入选了一些古代童谣、民谚、寓言以及浅显的唐诗、宋词，从来没有异议。要说从唐诗中体会“韵律之美”、“意境之美”，那至少是中学生的事。小学教师如果指导低年级学生鉴赏唐诗之美，体会其中的意境，那倒是想入非非，或曰“操之过急”。

席勒说：“忧虑像一把摇椅，它可以使你有事做。”所以，现在“操之过急”者，倒大有人在。例如，在家长中，要幼儿背唐诗，几乎成了一种时髦。有些人夸耀自己的孩子能背几十首唐诗，其洋洋自得之情，溢于言表。这还不足为怪，奇怪的是教育界、教育理论界有些大有名气或小有名气的人士，也热衷于此道。有一次，我有幸遇到一位业内人士，在一道散步时，大谈自己在幼儿园和小学进行教学古代典籍中的名言名段和唐诗宋词的试验。其洋洋自得之情，也溢于言表。不过，他并未察觉，他是在“对牛弹琴”。我对于此道则似信非信。岂知有一天，我的孙女从幼儿园回家，高唱：“知止而后有定，定而后能静，静而后能安，安而后能虑，虑而后能得。”我于惊诧之余，遂兴之所至，立即同她一人一句轮流对唱。小孙女也好生奇怪：“我刚刚学会这首儿歌，爷爷怎么也会唱?”我说：“爷爷在比你现在还小的时候，就会背这首儿歌了。不过，一直到现在对它的意思还没有真正懂得。”后来孙女拿出幼儿园发的课本。原来是一家非常重视教育的出版社出版的读物。其中全是古代典籍中的名言名段以及诗词等，精彩纷呈。卷首还赫然罗列一堆当代名流的语录。前面提到席勒的话，没有引全。他的意思是忧虑虽可以使人有事可做，“却不能使你前进一步”。要前进一步还少不了理性思考。于是，我也发生那位家长的疑问：如此这般，“目的是什么”?

其实，上文在介绍这件事的起因时，已经对这个问题作了解答。只是这种解答本身不无可议之点。不过，先得声明：其可议之点，不在中小学课本可否适当选入古典作品，而是从幼儿开始大量背诵唐诗之类的时尚。

1. 人生提早接触古典名作是否有用?这是一个难以绝对肯定或轻易否定的问题。回答这个问题，首先要就判断这个问题的标准达成共识。早在19世纪60年代，斯宾塞在讨论判断基础教育课程的标准问题时，曾经指出：儿童该学习的自然是有价值的文化。对此谁都不致发生异议。由于有价值的文化成果几乎不胜枚举，故不能以某种文化成果的绝对价值判断儿童该学、不该学。由于儿童学习的时间与精力有限，也就只能以不同文化成果之间的比较价值作为判断儿童该学什么、不该学什么的依据。

古代文化中的精品和它们所体现的精神，即使不说其“永恒价值”，也不能否定其深远的意义。不过，在不同层面上、不同范围内，它的意义有别。就古典文化专业研究来说，儿童从小熟悉一些古典文化，并在这个过程中，确立继承中华民族文化传统的志趣，对于尔后成为这方面的专才，其作用不可低估。一般人文学科、社会学科研究者，以及社会精英，是不是从小获得足够的民族文化陶冶，情况也不一样。而对于幼儿以及一般中小学学生的基础教育来说，情况稍有不同，当另作别论。基础教育课程只有权衡各类文化成果的比较价值，才能反映一定时代的全面需求，并使学生得到健全发展。

事关中华民族优秀文化的传承，国学大师、各种文史专家的建议，应当受到充分尊重。问题是涉及幼儿教育及中小学课程设置，专家需要调整自己的视角。美国课程专家泰勒曾经提到：学科专家对于基础教育适当的视点，主要不该是某门学科所集纳的历史文化成果的传承，而是某门学科对那些“不会（不一定会）”成为这个领域“专家”的年轻人（即一般公民）有什么贡献，才不致有失偏颇。这种看法也适用于关注基础教育的科学技术专家以及其他各种专家。

2. 关于“背诵”是否值得提倡，或是否应当反对，也是目前我国教育界有争议的问题。其中自然包含“背诵”是否可以保留的问题，只是这种提法缺乏刺激，也就不予置议。

最近一段时期以来，在中国大地上，基础教育改革之风劲吹。课程改革锋芒所向，“死记硬背”首当其冲。且不说在各种“观摩课”、“展示课”之类的公开课中，再难见到背诵的影子，单是取消校内考试和各种考试改革的举措出台（其中包括开卷考试），就使“背诵”失去了存在的理由。不过，此类改革只是局部地区的个别试验，而考试仍迫使学生不得不“死记硬背”。于是，传媒大声疾呼：“把死记硬背逐出现行教育！”

“死记硬背”，指的是在不理解知识的基础上的强记和背诵。学生为了应试，在短时期内大量强记、机械背诵，自然无效。然而现在就连平时理解了的知识该不该适当地有意识地记，也成为问题。如前所述，据《中国青年报》时评中援引的一位美国教授介绍：“在美国，一切可以用电脑做的事，都交给了电脑。人们的脑子通常只做电脑做不到的事。”可见美国人何等聪明，这是不是说，有了电脑之后，就连“活记活背”也该“逐出现行教育”呢？好在把“四书五经”、“二十四史”、唐诗、宋词、元曲、明清小说、《康熙字典》、《辞海》、《辞源》以及一切有价值的民族文化精粹全都储存在电脑中，现在不但可以做到，而且有些已经做到，人们随时都可以检索。这样，既可一举消除对中华民族文化遗产丧失的隐忧，又无须下死工夫背诵，何乐而不为？

不过，同在中国，同在这个电脑趋于普及的时代，有忧患意识的名流和对子女期望甚切的家长，却津津乐道而又孜孜不倦地大搞儿童早期接触古代典籍、古典诗词的试验。其中在幼儿园和小学低年级的试验，倒是名副其实的“死记硬背”的试验。于是，我们有幸看到在中国教育大花园中，漠视

"活记活背"与提倡"死记硬背"的"两家争鸣"的生动景象。一家有意或无意地宣称电脑的信息储存功能，可以代替人脑的信息储存功能，暗示就连新鲜、实用的知识也无须记忆；一家担心国粹流失或期待子女及早成才，故试行把古代通行而现今仍未失效但已不通行的精神财富，牢牢地堆集在孩子的记忆中。他们都有道理，只是小民不知何去何从。问题是：知识是游离于个人经验的纯粹客观的符号么？不理解的知识单凭背诵，其中到底有多少能够转化为个人的经验？所以，看起来针锋相对的两种高见，其实都体现同一种以"知识与经验分离"为特点的"知识观"。

幸而这种知识观不甚流行，否则会有更多关心教育的人们发生忧虑。

七、复习

按常规，复习有经常性复习与单元复习、学期学年总复习之分。现在的情况是：高考、中考前的总复习有越来越提前的趋势。有些学校的总复习，不仅提前两个月、三个月，甚至提前更长时间，以便进行有针对性的应试训练。为此，不得不拉紧日常教学的进度，其中包括挤掉经常性复习的时间。在公开课中，固然看不到“课内复习”（不同于“复习课”）的影子，就连日常教学中“课内复习”也不多。这种情况，正好应了一句老话——“平时不烧香，临时抱佛脚”。

其实，日常复习和突击复习的意义大不相同。“复习”的本义，按照《中国大百科全书·教育卷》中的解释，指的是教师指导学生温习已经学过的教材，以强化识记，加深理解，融会贯通，从而使知识系统化。经常性复习，作为刚刚理解的知识的强化识记，属于意义识记，并且在新知识尚未遗忘时及时强化，故能事半功倍。在忽视经常性复习的情况下，突击复习大量原未巩固、现已遗忘了的知识，纯属机械识记。这种简单、枯燥、烦琐、繁重的机械识记，就连应试功夫到家的学生，也难免在考试过后迅速地遗忘，把他们记得的知识大都交给考官了。可惜如此“复习”，糟蹋了无数学生宝贵的光阴，还糟蹋了“复习”这个好词。

这样说来，与其“临时抱佛脚”，何不“平时多烧香”？话虽如此，个中也还另有蹊跷。如今的学校唯因难以甩掉“应试”的包袱，也就不能不以“素质教育”作一些补救或补偿，至少要争得“素质教育”的外观。于是，各种名目的“改革”或“创新”层出不穷。这些“改革”或“创新”，如果名副其实，自然功德不浅。只是它们大都同学生所学知识的巩固关系不大。固然，在如今这个电脑普及的时代，学生无须像以往那样大量识记现成知识，不过，人的有意记忆能力并不能都随知识一道储存在电脑中，它也需受到训练。由于人们都专注于“改革”、“创新”的大业，以致像经常性复习这样的小事，既在教学计划、教案、教学研究中排不上号，就连写文章的人也懒得提及。

上课不及时复习，犹如老熊掰苞米，边掰边丢。这是再简单不过的道理，在教师中说起来人人都懂，而又未必都真懂。以往，稍为懂行的教师，都不会不知道，教师不仅要指导学生理解知识，还要了解学生究竟是否真正懂得，他们的理解是否正确，有哪些学生理解了，还有哪些学生不理解。于是，他们在指导学生学习新知识以后，一般都安排一个“巩固复习”的环节。以便及时了解情况，发现问题，及时订正。下一节课开始时，又安排一个“检查复习”的环节。检查学生上一节课后是否复习了、复习的成效如何，然后才转入新课。虽然每节课未必都需如此，却不能否认由于及时复习，也就使学生所学的知识易于巩固。况且这对于学生来说，并非难事。几乎用不着“死记硬背”就会记得。所以，有经验的教师也就基本上能做到“当堂巩固”。到一定阶段，又有专门的“复习课”的安排，如“单元复习”、“期中复习”，旨在使学生的知识系统化，算是“温故而知新”。学生一旦对平时逐步掌握的零碎知识有系统的了解，所学的知识也就更加容易巩固。

说到这里，明眼人不难发现：时至今日，居然还会有人“跳出来为凯洛夫翻案”，或谓“凯洛夫阴魂不散”。别急！如果不“因人废言”，更不打算让每一节课、每一单元课、每一门课“走过场”，难道不该把“凯洛夫”中的这一点点小道理“复习”一下么？只要你无意“走过场”，谁规定你一定要“走老路”呢？

现在不少教师对经常性复习重视不够，或不善于安排，这也难怪。因为他们在师范学校、师范学院、进修学院、教师培训班中，何尝受到过这方面的教育与训练？那时即使对这种并不起眼的小事或有所闻，后来也想不到去“复习”。加之，如今教育研究中，有价值的研究课题实在太多了。人人都想“面向 21 世纪”，意味着要从 2001 年一直关心到 2100 年。人人都打算实现“教育创新”的大业，哪有心思顾及“复习”之类细节呢？更不用说去研究它了。

以上说来说去，无非是老生常谈。其实，这不过是对久已不弹的“老调”的重弹而已。

八、兴趣小组

兴趣小组是怎么一回事？谈论这个问题少不得从拨开多年来在这个问题上的迷雾入手。这里拟对我国多年来有关兴趣小组提法的变化和隐含其中的价值观念、主要依据、其实践的后果，加以审视。

一、我国兴趣小组的演变过程

所谓“兴趣小组”，原是“课外活动小组”。其实，“课外活动”，有两种不同的含义。一是“课堂”以外的活动；一是“课程”以外的活动。苏维埃时期俄国的课外活动，指的是“课堂以外的活动”。作为对课堂教学的补救与补充，支持与指导学生的课外活动，是学校和任课老师不可推卸的责任。西方社会中，一般把“课程以外的活动”，看成是学生自由活动，学校和教师可以支持与指导，但不得强制性地干涉。教师和学生的任务都以课程为限度，原则上不得在课业以外增加教师与学生的负担。“课程以外的活动”，是学生的自由。惟在美国，学生课外活动如达到一定的标准，可以记学分，算是修习相关课程的成绩。①

我国在20世纪50年代，学校中的课外活动，基本上属于“课堂以外的活动”，其要求列入教学大纲。约在20世纪60年代初，鉴于课外活动不一定引起学生的兴趣，故改称“兴趣小组”，意味着不一定同“课堂教学”衔接。不过在学校中一般仍把它作为“课外活动小组”看待。

20世纪80年代初，出现“第二课堂”一说。在它成为热点时，我曾到上海市静安区中心小学，看所谓“第二课堂”究竟是怎么一回事。据我所见，该校大致把基础知识学科归入“第一课堂”，把技能性课程（旧称“术科”）列入“第二课堂”。当时我冒昧地发问：“你们还有没有课外活动？”得到是含糊的回答。其实，原先的“课外活动”已经纳入“第二课堂”，转变为“课堂活动”了。

稍后，又有“劳动技术教育”与“劳动课”一说。我参加过这类研讨会。由于这是许多“技能”或非技能凑合的课程，故各个学校开设这门课，实际上能者为师，就地取材，事实上成为把“课外活动”、“兴趣小组”纳入“课内活动”的另一种说法。

21世纪初，课程改革中，又出现“活动课”、“综合实践活动”和所谓“校本课程”之类名目。它们同以往名噪一时的“第二课堂”、“劳动技术课”一样，都事出有因，旨在弥补学科课程和课堂教学的不足，使课程更有活力和生气。至于现今的这类新举措，如“综合实践活动”、“校本课程”，其具体实施同“第二课堂”、“劳动技术课”究竟有什么实质性质的区别，不知谁分得清楚。至于它们之间的共性，倒也不难看出。这便把“课堂以外的活动”移入课堂，把“课程以外的活动”列入课堂。于是，兴趣小组便处于似有却无、似无还有的状态。若论如此变化的得失，不妨把此类活动同原先的“课外活动”、“兴趣小组”加以比较。

二、对兴趣小组的“刮目相看”

我国在20世纪60年代上半期，中小学（主要是城市学校）学生课外活动比较正常。当时大致以学科为单元，组成课外活动小组。学生根据自己的兴趣与才能，从中做出选择，故也算是“兴趣小组”。不过，由于名额有限，报名者不一定被录取。小组成员往往由教师推荐。被推荐者无不有脱颖而出的感受。

在学校中，主要由共青团、少年先锋队及中学学生会负责。各兴趣小组独立活动，原则上自主管理。学生主动邀请教师指导，被邀请者也觉得是一种光荣，自然想不到额外报酬。由于学生和指导教师积极性甚高，故小组活动丰富多彩，逢年过节更是学生大显身手的机会。

问题在于原先的兴趣小组，实际上是学生中的精英组合。20世纪80年代以后，由于“教育公平”的呼声日高，越来越关注“面向全体学生”，故课外活动逐渐成为中学生的群众性活动。其活动不免减色，从而逐渐失去对学生的吸引力。在这种情况下，把“课外活动”纳入“课堂”、转入“课内”，成为势所必至。即使把此类课程作为“选修课”，仍不足以改变把学生的自主活动变成课业负担这个客观事实。

自然，学生的兴趣与需要，不是教育根本性质的标准，不是学生有什么样的兴趣，就跟着他们的兴趣转。兴趣问题有两面：完全没有兴趣的人，成长是不好的，总要有一些兴趣。兴趣可把注意力引向正当的方向，但兴趣本身有正当和不正当之分。有值得提倡和不值得提倡之分。跟着学生的兴趣走，便称之为“兴趣主义”，兴趣主义值得怀疑。老师不能迁就学生的兴趣。既然选择某种兴趣小组活动，就得在共同活动中负担起应负的责任。大家看赫尔巴特的《普通教育学》，叫做“多方面的兴趣”，有六种兴趣，意思是每个人都要有这六种兴趣。这才是基础教育，不能从小就让学生局限起来。有些学生就是喜欢打球，不喜欢读书，就让他打球，不要读书，这样行吗？这样就算不上是基础教育。

学校有必要研究多少学生由兴趣发展成特长。有的是理直气壮地发展学生的特长，有的学生是书呆子，培养他社会兴趣，教他多与同学交往，不论你有什么兴趣，就让你这个兴趣绝对化。应使他们把兴趣变成特长，这样学校才能出人才，也是对国家的贡献。哪些学生表现为无所事事，没有兴趣，要培养他的兴趣，假如有的学生过于偏重某一方面，就得防止片面发展。这才是真正关心孩子。不是我开展一些活动让你选择，就解决了问题。

以前黄浦区有一位校长说能给学生多少选择的机会，这个问题也值得研究。我给你选择机会，你选择打篮球，一段时间后不想打篮球了，想读书。我问这位校长：“这样是培养学生的办法吗？”兴趣小组同其中的成员要有类似合同的约定。参加这个兴趣小组，要达到什么起码要求，达不到没有再选择的机会。第一学期达到了，可以继续在这个小组活动，也可以选择另外的小组。如果说参加一个小组马马虎虎，就再也没有选择的机会了。这才是对学生负责。

九、公开课

如今所谓“公开课”，原称“观摩教学”。尽管原先的观摩教学也是在光天化日之下供同业人员观摩的，而那个名称并非另有“秘密课”的暗示。因为凡是对未成年人开设的课原则上不存在“成年人不宜”问题。其实如今的公开课有别于往日的观摩教学，主要还不在于其名称，而在于如今为公开课附加了“任课教师大奖赛”“名师工程”“学校形象工程”“地区政绩工程”之类诱因，这才使观摩教学变味，成为人们关注的话题。

公开课，是把原属师生之间的教学活动，变成师生共同向旁听课的“客人老师”的表演，使教学失真而“异化”。指其“反教学”，可谓“一语中的”。自然，带有“反教学”之嫌的公开课，只是“表演性”的公开课。有没有不带“表演性”的公开课呢？以往有，现在或许也有。如 20 世纪五六十年代，袁瑢老师的公开课，平实、自然、和谐，令人如沐春风。现在有些中学教师，大抵对自己教学上的一套颇为自得，运用自如，课的安排恰到好处，临场驾驭学生，左右逢源。他们提问不多，却能从学生回答中发现问题。间或说漏了嘴，一经学生指出，或诚实地一笑，或说一句“老师错了”。不管有多少人听课，仿佛旁若无人，心目中只有他的课和他的学生。在这样的课堂中听课，算是一种享受。只是在“教学研究”不太发达的时代，对“教学研究”兴味不太浓的人，才可能使公开课不带“表演性”。在如今这种“教学研究”发达的时代，有那么多真真假假的“新创造”有待试验，公开课又被纳入“学校形象工程”。更有一种特殊的公开课堂，本身就是校级、区县级、省市级教师选拔赛的舞台，而旁听者除同行外，还有上级领导与专家。有此数端，又有什么办法能使公开课免带“表演性”呢？所以，为使教学不致异化，在避免公开课“表演性”的诀窍发明出来以前，恐怕只能说：“这种公开课可以休矣！”不过，只要导致“表演性”公开课发生的种种动因存在，它是“休”不掉的。怎么办呢？

有道是“加强管理”，焉知人们是不会到“管理不善”的学校去听课的，而“表演性”公开课，往往倒是校长、教导主任、教研组长、同教研组的教师，加上区教研室、学科中心组、专家，一大帮人集体智慧的结晶，它其实是“过量管理”的产物。

或谓这类公开课的泛滥，是“公开课教学理论”研究不够所致。诚然，中国现在“教育理论研究”已经发达到如此程度，以致发生开辟“公开课教学理论”研究领域的需求，且据说已有10多篇大作问世。话虽如此，从另一面看来，这种专门研究领域不发达，倒也未尝不是幸事。否则“表演性”公开课或许会比现在更加泛滥。单看关于公开课现有研究成果，便可见端倪。

据说公开课有两种功能：一是评价教学，其功能是对教学主体而言的；一是观摩教学，其功能是对听课者而言的。这自然是不错的，强调这两种功能统一于真实无妄的教学，那就更对。只是由于把“公开课”作为专门研究对象，也就容易忘记公开课也是“课”。是“课”，就该以学生为对象，这种不言而喻的功能，不也是“公开课”的功能么？更有“根据目的”将公开课分类的“理论”，把公开课的目的分为“研究目的”、“指导目的”、“观摩目的”。在这种理论指导下，势必得把各种不同目的的公开课都试一试，若再把层出不穷的“新方法”试一试，公开课不更加泛滥才怪。

说到底，公开课的起码要求，是不失“课”的本色。所谓“公开课的功能”，无不是从“课”派生出来的名目。失去“课”的本色，所有派生的名目都无价值可言。学校、教师、专家，在课的派生职能上大做文章，反而容易转移对“课”的视线，成为“课的异化”的诱因。

照这样说来，岂非要取消教学评价、观摩教学么？那倒不一定。

1. 本来，按正常的制度，对教师日常教学的检查，只是教导主任、教研组长的职责。除此以外，什么时候赋予教师的同行、专家以检查教学的职责？区教研室、督导大员光临学校，如果要想考察教学的真实情况，何须听什么“公开课”？依此看来，公开课其实同教学检查、课程评价并不相干。

2. 为了提高教师教学水平和开展教学研究，较为可靠的办法，还是校内同教研室的教师相互听课、评课。如有专家指导，那就更好。这种校内公开课，无须作假，也难以作假。开放性的观摩课是否必要，取决于课的品位如何。唯其是示范性的公开课，更须防止误导的可能。

初次公开亮相的教师，为了得到学生配合，课前作一番布置，或预先排练，往往是不得已而为之。经多次亮相，这种情况自会减少。尽管弄虚作假有失“教育”宗旨，而学生倒也未必介意。公开课不仅是教师显露才华的场合，也是学生在“客人老师”面前表现一番的机会。学生不会不知道公开课与非公开课的区别。当他们把公开课看成是“表演课”时，所关注的是表演的真实，故不致有损教师在他们心目中的形象，还可能以自己的老师受到“客人老师”关注而自豪。公开课，如目标明确，教材处理与教法运用得当，即使课前做过手脚，于旁听者实无大碍。怕的是为供人观摩，少不得玩些新招，显示“特色”。例如，讲得越少越好，提问越多越好，至于效果如何，旁听怎测得出？这也难怪，有些专家硬是用秒表计算“师生互动时间”，不可不防。公开课固然是开放的，而执教者的心往往是收紧的，随时都得防止出差错，恐怕这也是一种失真。公开课如以不适当的“教学法”示人，假中有假，又博得青睐，对旁听者误导，那才真正成问题。

3. 如果说课的评价、观摩教学是从“课”中派生的职能，那么如今又从这种派生的职能中，再派生出以公开课选拔教师的职能。从而使公开课获得前所未有的动力。

谈起教师，历来都道是“默默奉献”，令人感叹！如今发明一种新方法，俗称“大比武”，以公开课为窗口，让教师“响当当地奉献”，可谓功德无量。如上海市 1998 年组织全市 6000 多人次参与市、区县、校三级教学展示活动，有万余名青年教师参加教学评优活动，可谓盛矣！所以，教师们十天八天“磨”一课，旬月“钻”一课，再辛苦，倒也心甘情愿，否则就得承认自甘落后。尽管“课”的性质一转再转，终于变成教师表演的舞台，其结果难以逆料。唯教师心愿如此，利益所系。这只能说或许比某些单位评教授、副教授还郑重一些。

这些，原都是个人悄悄话，闷在心中，于别人自无大碍。如今“公开”了，虽说“我说了，我拯救了自己的灵魂”，由于涉及普通的或优秀的教师中发生的事，不敢贸然举例。说了的话，心中到底还是不踏实。看来还没有把自己的灵魂完全拯救出来。

十、考试

考试，包括不同级别的考试。不同级别的考试性质不同，它们在教育界的地位差异甚大，有必要作具体分析。

一

“考试”是什么？《中国大百科全书·教育》把考试定义为：“学校检查学生学业成绩和教学效果的一种方法。一般包括期中考试、学期考试、学年考试和毕业考试。”这个定义的问题在于：

1. 这是一个“校内考试”的概念，不包括“校外考试”。因为“校外考试”的主考单位不是“学校”，而学校也属间接被考查的对象。尽管这个定义只指称“校内考试”，并没有妨碍同一词目在陈述中越出定义指称的事实范围，大谈科举考试制度（校外考试）。

2. 它对于校内的两种级别的考试未加区分。这两种考试是：由学校主持的学期考试、学年考试（升级考试）与毕业考试和由教师主持的日常考查与期中考试。前者把教师教学效果也作为间接考核的对象；后者具有教师间接自我考查的意义。

不同级别的考试，其共同点只在于以学生为考核对象，其区别列表如下：

考试级别		主考	名称	被试者	间接考核对象
校内考试	教学过程中的考试	任课教师	日常考查、期中考试	学生	教师自我考核
	教育实体中的考试	学校行政	期终考试、学年考试（升级考试）、毕业考试	学生	教师

续表

考试级别		主考	名称	被试者	间接考核对象
校外考试	教育系统中的考试	教育行政部门或特设机构	会考、统一招生考试	学生	学校
	教育系统外的考试	招收人员单位或专门机构	不定	应届学生或非应届学生	
备注	由学校主持的招生考试（入学考试）属于教育系统内的考试；教育系统外的考试，不列入讨论范围				

这是中国较长时期以来考试制度的大致框架。这种考试制度是怎样形成的？其性质如何？它是否合乎时代潮流？为了弄清这些问题，有必要对考试的演变作一番考察。

二

人类教育经历了从非制度化教育到制度化教育演变的过程，到了现代，传统的制度化教育受到了挑战；考试，在不同的教育背景下，都起着异乎寻常的作用。

（一）古代非制度化教育背景下的考试

古代教育在总体上属于非制度化教育。不是说它全然没有学规、教规，而是说当时尚未形成成套的教学—教育制度。那种非制度化教育机构能够正常地运行，实同考试相关。

古代考试的特点是：

1. 以习代考

古代教育的情境是：以传道为主，授业为了传道，解惑为传道、授业的补充；学程以权威经籍或蒙学课本为基础；实行个别施教；所谓“教”以督促弟子“习”业为主，可开讲，可不讲。在此背景下，教育实体内部，重在自习，即读书、背书、写字、珠算、作文，每天放学前背书、审阅作业，不另立“校”内考试制度。

某些书院有内部课考规定，如南宋福建延平书院规定：“每月三课，上旬本经，中旬论，下旬策。课册待索上看，佳者供赏。”①

2. 以“考程”定“学程”

古代尚缺乏“课程”观念，主要以权威经籍、蒙学读本为“学程”。值得注意的是，在《学记》中，连读什么“经”，都无明文规定，却尝试确立“比年入学，中年考校”之制。

目标	期限	考程		大学学程
		业	道	
小成	一年	离经	辨志	安其学
	三年	敬业	乐群	
	五年	博习	亲师	亲其师
	七年	论学	取友	乐其友
大成	九年	知类通达	强立不反	信其道

虽不必把此制视为存在过的事实，值得注意的是，以考程定学程，反映了国古代教育的外部管理机制，开隋代以后科举考试制度的先河。

（二）近代考试制度的形成

中国教育近代化的进程，以“废科举，兴学校”为发端，伴随着学校的兴起，逐步建立了近代考试制度。

《中国大百科全书·教育》中“考试”词目释义提到：“当代资本主义国家出于政治、经济的需要，力图把考试作为促进有效利用人才的一种工具。”这是一种肤浅之见。从根本上说，考试制度的根源，应从学校教学制度内部去探求。

学校本身是制度化教育的基本组织形式，考试作为检查学生学业成绩与学校办学实绩的手段是制度化教育本身的需要。

1. 古代非制度化的教育实体中，不存在学生编级制度，那时尚未形成严格意义上的学校系统，也就不存在升级、留级、升学制度；正是从近代学校招生、升级、毕业、升学制度中才派生出入学、升级、毕业考试。

2. 古代实行个别施教，学生以自习为主，可以以习代考；近代学校以

① ［宋］徐元杰：《延平郡学及书院诸学榜》，《楳埜集》卷十一。

集体施教为主，以“学生集体”为直接教育对象，导致“教”与“学”的分离，从而提高了日常考查的意义。

3. 古代不按统一的教学进度施教，在日常施教中，无法用统一标准考查不同学生；近代因有统一的课程设置与教学进度，才有可能用统一标准考查同年级学生。

4. 古代各个教育实体之间缺乏分工与衔接，基本上不存在对教育实体的规范管理；近代包括各级各类学校的学校系统形成以后，才把考试作为间接考查学校的手段。

正是在教育制度化过程中，才逐步形成包括外部考试与内部考试在内的整套考试制度。

近代考试虽属制度化教育的配套措施，它的原旨是以客观、公正的手段（在分数面前人人平等）考查与甄别学生，以排除身份、地位对个人成长的影响；事实上，由于迄今为止尚未形成全面考查学生实际知识、能力水平的普遍有效的方式，在学历社会反而造成以分数定终身的不合理现象。

近代“废科举，兴学校”的原旨在于使教育实体不再像科举时代那样成为外部考试的附庸；而事实上，外部考试却代替科举成为教学过程的指挥棒，从而使教学过程越来越丧失其独立地位。

在当代，尽管传统的考试制度越来越受到挑战，而《中国大百科全书·教育》“考试”词目释义中却认定：“当代中国学校的考试一般遵循教育、教学的规律，考试的安排、方式的选择和内容的设计，要有利于人才的培养选拔，有利于学生身心发展。”这个长句所陈述的，一半是描述性命题，一半是规范性命题，合成一个含义模糊的陈述句。其描述性命题（断言“当代中国学校的考试一般遵循教育、教学的规律”），不知有何事实根据；其规范性命题，只表示一种虔诚的愿望。

尽管外部考试对我国教学进程的实际干扰越来越引起人们的不安，而我国通行的教育学教科书，大都只讲内部考试（列入“教学工作基本环节”），不知作何解释？

三

20 世纪 80 年代与 90 年代之交，在所谓“素质教育”提法出现后生造出一个单词叫做“应试教育”。指称游离应然的基础教育目标，单纯追求升学率的倾向。不过，从那时起，“素质教育”未见起色，而“应试教育”不但势头未减，反而变本加厉了。至于这种状况是如何形成的，怎样看待这种反常的学校状况，其实是有共识的。因为如此令人厌倦和不安的现象，实在太露骨了。稍嫌不足的，或许只是不以平常心看待这种不正常的现象。

（一）关于中国如今的教育状态，不管人们怎么说，说得如何堂皇，大家心中还是有数的：它越来越趋于应试化。尽管这并非人心所向，却是大势所趋。教育领域的当事人谁也回避不了。教育主管当局顺应这种不以个人意志为转移的大趋势，不得不采取“两手”应付：一手举起外部考试的大棒，以指挥学校课程的运作；一手挥动“素质教育”的大棒，以抑制应试化的势头。只是此棒没有彼棒粗，彼棒更比此棒硬。自然，果真以素质而非分数考核学生，将又是一番景象。问题是这种考法还没有发明出来，即使发明出来了，也未必行得通。

在同级学校地位悬殊的情况下，那些引起公众瞩目的强势学校，既有机会，又有特权，用一般学生很难达到的高分数线，优先录取学生，从而造成强势学校之间的竞争也越来越激烈。在此种情况下，每一所学校，如果不出应试高招，它还办得下去么？在一个地区，如果学校中学生升学率普遍较低，当地教育长官还坐得住么？

还有一招，便是做家长的“思想工作”。问题是只要孩子升学、升重点学校问题解决了，家长的什么思想问题都好解决。若不解决这个切身利益问题，说什么都是空谈。面对如此困局，怨家长、怨学校、怨教育局长，都没有用，也欠公允，怨学生更不应该。各种相关角色明明都是这种现实的牺牲者，而为了应付这种无情的现实，又不得不相互推卸责任，又少不得施加压力。自然是上级压下级（焉有下级压上级之理），教育局长压校长。学校既受上级调控，又受家长牵制，只得对外埋怨家长，对内挤压教师。无可奈何的教师和家长，只得把学生作为挤压的对象。归根到底，学生是最大的牺牲者。

（二）如此教育状况，固然同社会就业状况相关，但其中存在职业差别、职业歧视以及一般择业取向之类的问题。然而，教育主管当局多年来人为地制造并不断地扩大学校之间的差距，不也难辞其咎么？

为什么这样说呢？

1. 在中国，经过多年努力，如今无论在小学、中学还是大学，一般并不缺乏就学机会，城市的情况尤其如此。缺乏的主要是上重点学校的机会。由于同级学校之间的差别过大，人们才不得不去争这种入门券。

不同学校之间自然形成的差别，是一回事。过分向强势学校倾斜的政府行为，则是另外一回事。高一级学校之间过大的差别，必然引发低一级学校之间差距过大。在学校之间差别过大的情况下，升学率竞争只能越来越激烈，或许还可能从正常的竞争转向恶性竞争。只要如此格局不发生根本性变化，升学率竞争便无终期。

2. 正由于学校之间差距过大，外部考试的筛选功能也就较之正常情况更加突出。在一般情况下，外部考试按照基础教育《课程标准》出题，而《课程标准》以学生应当掌握与必须掌握的基础知识与基本能力为限度，才不失“基础教育”之道。且不说如今的《课程标准》解释的空间甚大，即使以学生应当掌握与必须掌握的知识与能力为出考题的依据，仍不足以淘汰考生。于是，在出题时候便出现对付猜题的难题，每年出题也就不得不使出新招数。“指挥棒”挥动的方向不定，固然加大了猜题的难度，却使学校的教学成为不定的琴弦。不过，学校也不简单，大都已经掌握以不变应万变的应试伎俩。这就是张开越来越大的应试题目网络，这种网络早有“题海”之誉，以便考生临场能从题海中捞到一些“针”。

这便是人们难以逃脱的“应试教育”的逻辑。

（三）同级学校之间差距的形成，原非空穴来风。20 世纪 70 年代与 80 年代之交，针对一度拉平学校的倾向，逐步恢复重点学校，旨在使有限的教育资源集中办一批优质学校，以便“早出人才”，这尚可算得上是明智的选择。至于后来，在学校之间的差距已经过大、薄弱学校相对增加的情况下，反而变本加厉地扩大学校之间的差距，据说是为了缩小与发达国家学校之间的距离（在国内一些地区首先为了缩小与国内发达地区学校之间的距离）。果能缩小这种距离，倒也不失为“政绩”。只是不管这些理由多么堂皇，在一批又一批学生和教师如此不堪重负的残酷现实面前，那些想法、说法都不成其为理由。何况如此后果，不更拉大中国学校与发达国家学校之间的差距么?

多年来，确有一套接一套减轻学生课业负担的指令下达。且不说“减轻”后的，仍是过重的负担，就连这些指令本身，又怎能逃脱被升学率竞争化解的命运？如今，到处讲求社会和谐，终于见到取消重点学校、加强薄弱学校之类的措施出台。只要与此同时，不再另立名目，不惜工本装备改头换面的重点学校，以继续扩大学校之间的差距，则幸甚。

今天，又开学了。附近的学校也许正在举行开学典礼，传来激动人心的国歌声："中华民族到了最危险的时候，每个人被迫着……"我也得照例开始一天的工作了。

十一、为课堂转向喝彩

——拟中学生座谈纪要

“千钧霹雳开新宇，万里东风扫残云。”在这新世纪的春天，改革之风吹遍神州大地，我们的学校正在发生翻天覆地的变化。过去，我们的课堂被老师占去了多少年，现在老师终于开始把课堂还给我们了。我们无比激动，有说不完的话……

A：过去上课时，老师高高在上，滔滔不绝地讲，我们不管听得懂听不懂，爱听不爱听，都得抬头仰望老师，听、听、听。在老师的讲台和我们的课桌之间，明显地形成一条鸿沟。现在好了，我们教室里的讲台，已经靠边站，老师和我们站在同一个平面上，我们可以和老师随意交流了。

B：你说得对，我们学校不仅取消了讲台，还改变了课桌椅的排列格式。以往的“稻田式”已经让位于“圆桌会”或“四角鼎立型”（A：奇了，哪有四角的“鼎”?）就连华东师范大学的专家也认为讲台在一定意义上是权威的象征，“取消讲台是带动课堂教改的楔子”。（C：专家的话太深奥了，这句话听不懂。）听不懂拉倒。重要的是专家为我们撑腰。

C：你们学校让讲台靠边站，老师的权威不见得就跟着靠边站。还是我们学校的经验好。过去老师常常用纪律卡我们，现在不同了。我们学校规定：家离学校远的学生，不参加早自习，或不按时参加早自习，不算迟到；我们上课时偷看闲书，学校不但不许老师没收，还要求老师反思自己的课堂为什么没有吸引力；老师在课堂上提问，我们可以不回答。这是学校给予我们的“沉默权”。

D：“沉默权”，绝了！以往上课时，老师为了怕别人说他“满堂灌”，就来个“满堂问”。有一批专家到我们学校做过调查，据统计 18 节课平均每节课提问 30 次，也就是每隔一分半钟提问一次，烦死了。我们如果有了“沉默权”，就可以不理他。他问他的，我看我的闲书。

E：上课时老看闲书也单调。我们学校允许我们上课插嘴。老师讲课时，我们七嘴八舌，课堂上那才热闹哩！

D：妙！老师提问，我可以不理睬；老师讲课，我可以插嘴。课堂的主动权全在我们学生掌握之中。

E：别高兴得太早，老师还可以拿作业卡我们。

F：何必担心？我们学校允许我们在作业上“开天窗”。也就是说，我们可以适当地放弃会做的“基础题”和暂时不会做的题目。我们学校作业“开天窗”的经验在全国重点中学校长研修班上介绍，还得到近百位校长赞赏呢！

G：我们学校比你们学校更宽松。学校规定：家庭作业可以采用“自助餐的方式”来交，部分完成作业有困难的同学，由老师用集体方式和个别辅导方式予以补教；个别基础太差的同学，即使把别人的作业拿去抄一遍，也不算违纪。

E：你们学校的经验好是好，能够推广么？

G：2001 年 5 月 10 日的《中国青年报》在头版头条报道了我们学校的“教改探索”。你们不信可以去查。

A：最好把考试也改一改。

B：你还不知道吗？现在沪上早已“轻吹考试改革风”了。有的学校学生可以“自拟作文试题”；有的学校考试“答题不限时间”；有的学校学生可以经家长同意，自行申请免试。语文、数学、外语期终考试免试名额已占学生数的 25%。

A：OK，这样的好事别是你“吹”出来的吧？

B：“吹”？你去查查 2001 年 1 月 12 日的《文汇报》好了。

C：照我看，干脆不用上学，在家学习岂不更好？人家美国早就允许“在家上学”了。日本也时兴“闭门族”：不上学，不工作，不参加社会活动。

D：我们中国也有“闭门族”。1999 年 10 月 21 日《扬子晚报》上就有报道。有一个姓周的家长，让他读初中一年级的儿子退学，在家里学习，已有 5 年之久。只学自己感兴趣的东西，那才有劲。

B：韩寒的例子更有说服力。那小子真棒！

二

G：这样岂不是违反《义务教育法》了？

B：连政府都不管，执法机关也睁一眼，闭一眼，我们管它干吗？

C：再想想，还有什么要改？

A：我就要一条：允许“在家上学”。只要有这一条，学校改不改同我们有什么相干？

D：当“闭门族”，好是好，就是太孤单了。让老爸老妈管，更没劲。

E：前面都已谈到，我们能想到的，有些学校都想到了。就是我们的老爸老妈和有些老师太保守。他们对这些新生事物总是看不惯。唉！这些绊脚石！

F：有什么法子可以“救救老爸老妈”、“救救老师”呢？

B：有！现在电视台、报纸为我们撑腰，又有那么多教育专家为我们说话。过去家长、老师老是揭我们的短，现在我们也可以在电视屏幕上“实话实说”。公开揭他们的短，弄得他们哭笑不得。

D：还有一个小品，表演一个女孩当面数落她老爸老妈的过错，淋漓尽致。虽然那个丫头老气横秋，不讨人喜欢，作为我们的代言人，倒还卖力。

E：嘿！过去是“三娘教子”，现在来他个“子教三娘”，把被颠倒的历史颠倒过来。

F：我看现在老爸老妈、校长老师大都落伍了。就数教育专家、记者、电视节目主持人行，少数校长也行。

H：你们说了那么多，我看是“旗杆上放鞭炮——响（想）得高”。难道什么规矩都不讲了？

E：规矩，值几文钱？老师常说“不依规矩，不能成方圆”。“规”是圆规，“矩”是曲尺。现在是电脑时代，不用圆规、曲尺，上机也能打出圆和方。“不依规矩照样成方圆”。

H：照这样改下去，我们上大学还有希望么？

C：听到这种话就烦。没劲，开路！（拉着D跑了）

A：谈得正热闹，你们怎么开溜了？

C和D：（高唱）“说走咱就走，你有我有全都有……”

H：（哼着走开）“悠悠岁月，欲说当年好困惑，亦真亦幻难取舍……”

（原载《民办教育动态》2001年第7期）

后记

2001年，因进入新世纪，兴致忒高。某日，闲来无事，便就手边资料，尝试以代拟中学生座谈纪要名义，把吸引时人眼球又得到专家首肯的教学改革新举措加以整理。其中包括：

1. 讲台靠边站。

2. 课桌椅按“圆桌会议方式”安排。

3. 允许学生上课看闲书。

4. 给予学生上课“沉默权”（可不回答教师提问）。

5. 允许学生上课插嘴。

6. 允许作业“开天窗”（交白卷）。

7. 以“自助餐方式”交作业。

8. 允许抄同学作业。

9. 学生自拟作文题。

10. 可申请免试语文、数学、外语。

11. 学生在家“上学”。

12. 邀请学生在媒体上面对面地“实话实说”，指陈三老（老爸、老妈、老师）过错。

这些不同凡响的创造，其专利虽归属不同地区不同学校所有，而在总体上已经形成一个序列。意味着同学校的常理常规告别，向教育常识宣战！惟其如此，在整理之余，忽然觉得似乎回到那个高唱“千钧霹雳开新宇，万里东风扫残云”的时代，忽然又陷入“亦真亦幻难取舍”的困惑。

如今，将近八年过去了，相信有足够时间，让这些不同凡响的创造，向越来越广大的空间延伸，在神州大地发扬光大。

本人原先不吝惜时间和精力，把这些惊人的创造，小心地加以整理，为的就是给那一段历史中精彩的镜头，留下一个还算是可靠的记录。现在关心的是：

1. 这一系列惊人的创造，到底是如何推广的？推广的成绩如何？

2. 那些原创者在哪里？该给他们记什么功？那些专家今何在？他们热情支持新生事物的精神是如何发扬光大的？

八年时间虽不算短，也还不算太长。对于那些名噪一时的创造及其创造者，人们总不至仅仅经过八年，就健忘到那种程度。

（2009年6月20日记）

=Ⅳ= 课程—教学理论源流

现在我进而考虑“要素方法”理论在教育应用方面所必须谈到的问题。顺应大自然普遍地要求这些教育应用最大限度地简明化，我的一切教学法著作一直是建立在这一观念上的。

——裴斯泰洛齐：《天鹅之歌》

探求新教育运动前景以适应新社会秩序的现实需要的人，应当只思考教育本身的含义，而无需顾及关于教育的一些“主义”。甚至连“进步主义”也不必考虑。

——约翰·杜威：《经验与教育》

一、“教学法”界定

教学法原是学科名称。据唐钺、朱经农、高觉敷主编的《教育大辞书》解释，凡是依据实验而得之原理、以教儿童学习各种学科之方法，谓之“各科教学法”（或“教学法各论”）。而讨论教学上一般的原则，为各科教学所共通适用者，谓之“教学法概论”（或“教学法通论”）。[①] 这个解释不错，但有必要补充说明。

1. “教学法”一词，原为“教授法”。由于陶行知倡议把“教授”改称“教学”，这才把它改称“教学法”。只是换个语言符号，并不表示事实就自然而然地随之变化。它事实上仍是教授法，涉及教师如何“教”的问题。

2. “教学法”之“法”，容易被误解为教学的“方法”。其实，它指的是教学的“法则”。“依据实验而得之原理”、“教学上一般的法则”，此之谓也。

所谓“法则”，原有“自然法则”与“当然法则”之分。“自然法则”即规律；“当然法则”即“原则”，是指作为价值观念凝结用以指导实践的原则。后来，把“法则”作为“规律”的同义语，才把“当然法则”改称为“原则”。它们之间的区别在于，“规律”是隐含在已经发生的历史的现实的事实中的诸种现象的必然的联系，“原则”则是自觉的变革已经存在的事实的实践价值取向。以往有些教育学教科书把“原则”说成是“规律”。那是出于对“原则”与“规律”的误解。

3. “教学法”脱胎于“教学艺术”。所谓“教学艺术”，其中的“艺术”，是同“自然”对举的概念。相对于自然发生的事物，艺术是指对自然事物人为加工、改造的系列动作。不过，对自然发生的事物进行人为加工、改造的系列动作，又有机械的（刻板的）手工技艺与艺术之别。“艺术”专指在原则指导下的实践，又称“自由艺术”。

作为“教学法”源头的“教学艺术”，即“教学的当然法则”。“教学的当然法则”即“教学的原则—规则体系”。17 世纪经夸美纽斯概括的，是称

---

① 唐钺、朱经农、高觉敷主编：《教育大辞书》，台湾商务印书馆，1974，第 1068 页。

之为“教学艺术”的有关教师如何教学生学的一套原则—规则体系；19 世纪第斯多惠称之为“教学法”的，是更带民主色彩的教学原则—规则体系。

4. 17 世纪中叶发端的“教学艺术”，由于夸美纽斯的建树尔后被历史的烟尘埋没长达两个世纪之久，以致在 18 世纪与 19 世纪之交，又从头开始进行教学艺术的探求。惟从 17 世纪中叶到 18 世纪与 19 世纪之交，时代毕竟发生很大的变化。19 世纪初期学术界兴起按照自然科学的先例建构人文科学的潮流，而教育科学的建构最先开始。故重新建构教学法，旨在寻求教学的科学依据，也就是从探求教学的“当然法则”转向探求教学的“自然法则”（规律）。只是初步的建树，科学根据不足。加之对按照自然科学范式建构科学的教学法这一意图本身有不同看法，导致作为“教学艺术”的教学法与作为“教学科学”的教学法两种研究取向分途。

然而，教学法形成的过程比较复杂。

1. “自然法则”与“当然法则”是后人的分类。从近代开始，教学法研究的先驱则试图使教学适应儿童心智自然发育的过程，故往往把有关教学的“当然法则”看成是“自然法则”。后来自觉地为教学法则寻求科学依据。即参照自然科学的先例探求教学的“自然法则”。由于科学依据不足，其研究成果事实上仍属“教学艺术”，或教学的“当然法则”。

2. “教学法”是在“教育学”形成以后才确定的名称。原先探求“教学的一般法则”，后来成为教育学中“教学论”的思想源泉。在“教育学”形成以后，教学法在很长时间里，还作为“普通教学法”存在。到“教学法”成为独立学科领域以后，“普通教学法”逐渐为“教学论”所代替，教学法则作为“分科教学法”（亦称“教材教法”）继续存在。不过，现今在有些社会，更把“分科教学法”融入分科课程研究成果之中。如把“语文教学法”称为“语文课程”，“数学教学法”称为“数学课程”。导致“教学法”观念淡化。

3. “教学法”是在近代学科课程形成之后的产物。教学法的命运也就同学科课程的命运攸关。近代课程原先着重解决的是教师“教什么”问题，由此派生出教师“如何教”问题。这种课程实际上是一种“教程”。作为“教什么”（教材）、“如何教”（教法）依据的“教学一般法则”，实际上是“教程”中的教学法。到了现代，课程逐渐从“教程”向“学程”转化。其重心从“教什么”、“如何教”正在向“学生学什么”、“如何指导学生学”转移，导致有关“学程”的各种设计应运而生。这些设计实际上是不以“教学法”名之的教学法，遂使传统教学法更加成为问题。

不过，从“教程”向“学程”转化，将是一个漫长的历史过程。经历整个20世纪的酝酿、探讨与尝试，到如今即使在教育发达的国度，恐怕还处在这种转变的初级阶段。只要“教程”的基本格局未变，“学科课程”的优势未变，与其配套的“分科教学法”就有它不可磨灭的生命力。

然而，“学科课程”（或称“分科课程”）与“分科教学法”本身也不是一成不变的。“学科课程”如果不辅以“综合课程”、“综合实践活动课程”之类课程编制，不向“学生学什么”转化，“分科教学法”如果不向“如何指导学生学习”转化，那么从“教程”向“学程”转变过程将无终期。

二、教学法缘起

教学法就其整体来说，源于夸美纽斯揭示的“教学的一般法则”，即教学的原则—规则系列。只是他把系列的教学法则称之为“教学艺术”。“艺术”，作为同自然发生的事物对举的概念，原指人为加工的技艺，而教学艺术又不同于一般机械、刻板的手工技艺，而是指价值原则指导下的运作。这种价值原则的内涵，是适应儿童自然成长的秩序。故当事人往往把实际上是“当然法则”的价值原则视为“自然法则”。

“艺术”，又是同“科学”对举的概念。时至18世纪与19世纪之交，受科学潮流的影响，致力于为“教学的一般法则”寻求科学依据，或者说寻求科学的教学法则。裴斯泰洛齐的“教育心理学化”与“教学要素分解”的尝试，遂成为从“教学艺术”到“教学科学”的转折点。这种研究取向，就寻求适应儿童自然生长的秩序来说，同原先的“教学艺术”倒一脉相承，而从“教学要素”分解入手，则属于建构自然法则的思路。“教学要素”的分解，是从分析教材简单要素入手，寻求从具体到抽象、从简单到复杂的可行的道路，从而大致符合儿童心智演化的自然秩序。惟其如此，裴斯泰洛齐成为教学法的奠基者。此后赫尔巴特、第斯多惠、斯宾塞沿着裴斯泰洛齐提供的思想线索，各自对“教学的一般法则”的探求作出独到的贡献。其中，赫尔巴特以“观念”为简单要素，以“统觉”解释观念系统，建立“教学形式阶段”学说，揭示教学的一般过程，形成教学运作的程序；第斯多惠按照教学过程的逻辑，重新建构教学原则—规则系统，奠定“普通教学法”的基础；斯宾塞在总结自裴斯泰洛齐以来教学演变的历史经验基础上，概括了“符合心智演化秩序的教学原理（法则）”。基于这些研究成果，大致形成了教学的常理常规，使教学有序地进行。问题是已有的研究成果，科学依据并不充分，而教学作为人所参与的活动，仍少不得价值—规范的指导与约束，以致包含上述研究成果的教学法，实际上仍以教学的“当然法则”为核心，至今仍被一些学者视为“教学艺术”。

一

近代教学艺术的探索始于17世纪。

“在（17世纪）以前各世纪，这种教与学的艺术是很少有人知道的。至少，我们现在希望它能达到的完善程度是很少有人知道的。由于这个缘故，文化界和学校便充满了劳苦与厌倦，充满了缺点与欺诈。只有天分超过常人的人才能受到一种健全的教育。”①

到了17世纪才出现曙光：

“近来上帝乐于使得一个新兴的时代表现了朝气。有些坚毅的德国人对于现行教学方法的错误感到了厌烦，因此着手去想出一种比较容易、比较简捷的教授语文的方法。他们这样一个一个接着去想，有人成就较大，有人成就较小，这是可以从他们给予世人的教学法著作看出来的。”②

这批探索教授法的先驱者被称为“革新者”（innovators）。在德国，加入“革新者”行列的，有拉特克（1571—1635）、卢斌、赫尔维希、里特、博丁（1600—1650）、格劳恩、福格尔、佛尔夫斯东和“值得放在他们诸人之前”的安德烈埃（1558—1654）；在法国有弗雷（著有《科学、艺术、语文和修辞学易学新法（1629）》）。不过，这批先驱者的成就，随着岁月的流逝，大都已经失传，而拉特克算是例外。

拉特克可算是培根的科学方法论最初的受惠者之一。培根的科学方法论也括两方面，一是关于科学方法的规定，主要是归纳法，二是关于研究者心灵的规定，即他的“幻象学说”。归纳法背后的基本假设在于自然的有限性以及每种自然均有其相对应的形式，只要人心能扫除四种偶像（幻象）的蒙蔽，③ 即可对自然做机械式的处理，而掌握自然的真相。深受培根影响的拉特克在教学法探索中也采取类似培根的方法。在基督教学校的教学中，特别强调人类理解能力涉及实在世界的必要性。至于理解出于先天还是后天获得，他采取类似培根的说法。认为必须勤于练习，去除蔽障，才能接受更多

---

① 夸美纽斯：《大教学论》，傅任敢译，人民教育出版社，1984，第5页。

② 同上注。

③ 指所谓“种族幻象”（指把人类本性混杂到事物本性之中，从而歪曲事物真相）、“洞穴幻象”（指以往认识经验的局限）、“市场幻象”（指语言对思维的约束限定）、“剧场幻象”（指臆造虚幻世界取代客观真实世界）。（参见培根《新工具》，商务印书馆，1984，第18—21页。）

的经验。他于1617年所著《新方法》，提出一系列教学革新的原则（或规则）。根据英国教育学家奎克（1831—1891）《论教育改革者》（1868）一书介绍，他提出以下一些教学原则（或规则）。

1. 教授宜遵循自然的顺序进行。所谓“自然”的顺序，常常是从简单到复杂、从低劣到高尚，循序渐进。

2. 在一定时间里只可学习一种事物。若同时学习许多事物，无异于把许多肉类放在一个锅里煮，所得不致良好。

3. 凡已经教授的内容，还须再三复习。

4. 凡事物不可强记，即一切事物的法则及其他一般概念，不可单凭命令使之信服，强迫记忆，如同盲从宗教权力、墨守习惯等一样，均为不可。凡事物的缘由，须使其十分理解，从而得到正确的知识才行。

5. 一切教学方法不可不讲求统一。语言教学，尤其应当采取同一形式，才使儿童容易理解。如语法教学，无论德语语法还是希腊语语法，根据语言的性质，采取同一种方法教学，学生自能分辨不同语言的差异，并促使其知性发展。

6. 教学中须先提示事物的形体，然后讲授关于这种事物的知识。

7. 一切事物运用实验及归纳的方法教学。

8. 教学中不应实行强迫，而应采取温和的方法。决不可施行体罚。如教学得法，虽无惩罚，亦不难奏效；若教学不得其法，而滥用体罚，只能证明自己无能。道德陶冶，虽有不得不用惩罚之处，然而教师不宜直接施行惩罚。应把惩罚之事，托诸监督者。教师本人只应温和地进行教学。[①]

拉特克“新方法”究竟“新”在哪里？在什么意义上可称其为新“方法”？

经奎克归纳的各条原则（或规则），在当时虽都带有新意，但尚未形成教学法则系列。同他大致处在同时代的夸美纽斯，对拉特克“新方法”是否了解，是否全不了解，不得而知。从夸美纽斯关于“教”法的构想反顾拉特克的“教”的规则，可以认为他提供了构建“教学艺术”的思想成分。这就是：

---

① 转引自姜琦：《西洋教育史大纲》，商务印书馆，1933，第170—171页；参见林汉达《西洋教育史讲话》，世界书局，1944，第109—110页。

1. “划一”原则：“教”法统一，意味着遵循一种自然的秩序。

2. “程序”原则：对“教”与“学”的诸成分加以区分，即区别简单教材与复杂教材，区别教材的主次，区别不同语言的教学，区别文字教学与实物教学，等等；在分析的基础上确立“教”的自然程序：从事实到文字，从理解到记忆，从简单到复杂，等等。

3. “直观”原则：体现在“教”的程序之中。

4. “专一”原则：按照“教”的自然秩序，在一定时间里，只学习一种事物，以便“去除蔽障”；学了以后，反复练习，务求巩固。

5. “温和”原则：显示出对学生态度的变化。

这些原则在培根的见解中已现端倪。后来在夸美纽斯的建树中形成系列，不失为一套切中时弊的见解。自然，拉特克所提供的，充其量是适合时宜的处方，缺乏对教学情境的具体分析，亦未对教材加以分解，也就算不上严格意义的“教（学）法”。

拉特克及同时代多数“教”法革新者，“仅仅关注方法”，从而“暴露了他们思想的褊狭性”，[①] 反过来又成为他们在“教”法革新上的限制。他们注定要被历史所遗忘。以视野较为宽阔的“大”教授艺术，代替视野狭窄的“教”法革新尝试，实乃势所必至。

二

捷克教育家夸美纽斯（1592—1670）的《大教学论》（1632年完稿，1657年出版），是教育学史上划时代的著作。

夸美纽斯约比前面提到的那些教法革新家晚一辈（比安德烈埃小34岁，比培根小31岁，比拉特克小21岁）。他完成这部著作时，这些革新家大都还健在。这部著作问世时，安德烈埃、培根与拉特克都已作古了。拉特克的教法是秘而不宣的。相比之下，夸美纽斯无私地奉献了自己的创造。

夸美纽斯的著作足以表明，当时所谓“教学艺术”，系指教学生学的原则—规则体系。他提出的教学生学的价值原则—规则体系为：

---

① 威廉·博伊德、埃德蒙·金：《西方教育史》，任宝祥、吴元训主译，人民教育出版社，1985，第239页。

<table>
<tr><th>主导原则</th><th colspan="2">原则</th><th>亚原则</th><th>规则</th></tr>
<tr><td rowspan="12">把一切知识教给一切人类的秩序</td><td rowspan="3">设置学校的原则</td><td colspan="2">共同性</td><td rowspan="3"></td></tr>
<tr><td colspan="2">普遍性</td></tr>
<tr><td colspan="2">周全性</td></tr>
<tr><td rowspan="4">“教”与“学”的原则</td><td>(教与学的一般要求)</td><td>1—9</td><td rowspan="4"></td></tr>
<tr><td>便易性</td><td>1—10</td></tr>
<tr><td>彻底性</td><td>1—10</td></tr>
<tr><td>简明性与迅速性</td><td></td></tr>
<tr><td rowspan="5">各类教育的原则</td><td colspan="2">科学“教”与“学”的规则</td><td>1—9</td></tr>
<tr><td colspan="2">艺术“教”与“学”的规则</td><td>1—11</td></tr>
<tr><td colspan="2">语文“教”与“学”的规则</td><td>1—8</td></tr>
<tr><td colspan="2">道德教育的规则</td><td>1—16</td></tr>
<tr><td colspan="2">灌输虔敬的规则</td><td>1—21</td></tr>
<tr><td>1</td><td colspan="2">6</td><td>29</td><td>65</td></tr>
</table>

值得注意的是，《大教学论》中所列“教”与“学”的原则，主要是“教”的活动规则。单就这类规则而论，所列原则似乎共有 5 条。实际上“延长生命的原则”作为正常学习的前提，行文中只列 4 条原则，而更着重的是 3 条原则：“所谓正确的教学，我的意思是指把容易、彻底和迅速结合在一起的教学。”

“教”的原则基本上按“教”与“学”的目标分类，即：

（1）延长生命的原则。

（2）精简科目，使知识能够更快地获得的原则。

（3）抓住机会，使知识一定能被获得的原则。

（4）开发心智，使知识容易获得的原则。

（5）使判断力变锐利，使知识能够彻底地被获得的原则。

问题在于所列措施同教的目标并不完全对应。如解决更快地获得知识问题的措施不限于“精简科目”，知识能被获得的措施不限于“抓住机会”，等等。于是造成展开论述各条原则时措施交叉的现象，即同一原则采取不同措施，不同原则往往采用相同措施。行文颇多重复、杂乱。

其实，“教学的原则”作为“教学一般法则”，不应按“教学目标”分类，而应按方法分类。基于这种考虑，不妨依照原著的精神，对其构想另作概括，把教学原则重新命名与分类。即：

<table>
<tr><th rowspan="2">主导原则</th><th colspan="3">一般原则</th><th rowspan="2">说明</th></tr>
<tr><th>类型</th><th>命名</th><th>价值</th></tr>
<tr><td rowspan="4">秩序原则（自然秩序）</td><td rowspan="2">按“教”的情境的横向划分</td><td>划一原则</td><td>标准化</td><td rowspan="2">互为表里：划一其表，集中其里</td></tr>
<tr><td>集中原则（机会原则）</td><td>效率</td></tr>
<tr><td rowspan="2">按“教”的情境的纵向划分</td><td>程序原则</td><td>程序化</td><td rowspan="2">互为表里：程序其表，直观其里</td></tr>
<tr><td>直观原则</td><td>求真</td></tr>
</table>

这样一种划分，不仅可从培根—拉特克的见地中寻根，亦可从后来的“教”法见地（洛克、赫尔巴特等）中或多或少见其流。此谓“英雄所见略同”。这种历史的联系，实反映教学法演变的客观趋势。于此，才可真正把握夸美纽斯教学原则的真谛。

三

《大教学论》作为教学法的雏形，对“教”与“学”的原则、规则的论证，基本以形而上学为理论前提。虽然所作的大量结论，针对形式主义的“教”法，且有一定经验基础，而那些结论，大都是从形而上学的命题中演绎而来；他也引证自然，但不是从事实中归纳出结论，而属于简单的类比。

在夸美纽斯看来，“自然界是对上帝事业的最真实的反映”，“根据自然界和《圣经》这两个源泉——应当建立起泛智论的基础准则，借助于这些准则，应当使一切——最伟大的、最渺小的、最高尚的、最低下的、首先的、最后的、有形的、无形的、已创造出来的、尚未创造出来的——归于真正的、处处都与其本身和自然界的事物相符合的协调一致（或者说完全协调一致），这些协调一致将是最完善的”。①

① 夸美纽斯：《泛智学导论》，任宝祥等译，《夸美纽斯教育论著选》，人民教育出版社，2005，第211页。

可以说，在《大教学论》中，涉及教育事实（即旧学校、旧教学方法的弊端），大抵以简单归纳的方式加以罗列，而涉及教育的价值取向，一般都从《圣经》、权威著作和自然（天文、气象、生物、手工生产）中演绎出来，也就是以引经据典和引证自然为基本方法。所谓“引证自然”，属于“类推法”。①

夸美纽斯倡导的“周全的方法”，在他所处的时代，“只在期望中存在”，“实际上还没有出现”。② 所以，这种“教学艺术”，整个说来，不是从已经存在的教的事实中归纳出来的结论，而是基于他的价值观念从对不合理事实的怀疑与批判中得出的结论。《大教学论》中回答的不是“教学是什么”问题，而是“教学应当是什么”和“怎样教”的问题。

夸美纽斯逝世后，《大教学论》长期不为人们所知。关于这部著作何时被人发现，尚难断定。据称 1841 年耶·普尔金在列什诺城展出夸美纽斯著作《母育学校》的捷克文版以及附有作者注释的《大教学论》手稿。19 世纪中叶德国教育史学家劳默尔（1783—1865）提倡研究夸美纽斯的教育理论遗产；③ 直到 1870 年举行夸美纽斯逝世 200 周年纪念和 1892 年的夸美纽斯诞生 300 周年纪念以后，夸美纽斯的代表作才广为人知。④

---

① 佛罗斯特：《西方教育的历史和哲学基础》，吴元训等译，华夏出版社，1987，第 263 页。

② 夸美纽斯：《大教学论》，傅任敢译，人民教育出版社，1984，第 249 页。

③ 劳默尔著有《文艺复兴以来的教育史》（四卷本），分别于 1843、1845、1847、1855 年问世。

④ 克腊斯诺夫斯基：《夸美纽斯的生平和教育学说》，人民教育出版社，1957，第 46、109 页。另有资料表明，德国“泛爱派”教育家巴泽多（1724—1790）在夸美纽斯和卢梭启发下，才于 1774 年创办著名的德绍学校（卡尔·福尔伦德：《康德生平》，商务印书馆，1986，第 82 页），唯此资料不足以证明巴泽多读过《大教学论》，第 46、109 页。

三、“教学形式阶段”的构想

19世纪初，赫尔巴特目睹裴斯泰洛齐主持的伊韦尔东学校的成就，裴斯泰洛齐简化教学工作的努力，打开了他的视野，裴斯泰洛齐使教育心理学化的主张，启发了他的思路。不过赫尔巴特的心理学与伦理学素养使他比裴斯泰洛齐更有条件致力于教学一般法则的研究。

一

赫尔巴特把莱布尼茨的“统觉”观念应用到教学上。统觉作用就是利用已有的观念吸收新的观念，并构成“统觉团”。统觉团越丰富，越系统化，就越能吸收新知识。统觉观念在教学上运用的实际成就，就是确立新旧知识的联系。

赫尔巴特在吸取前人研究成果基础上把教学过程分为四个阶段，即清楚(或译明了)、联系、系统、方法。这就是所谓“教学形式阶段”。

赫尔巴特学派的赖恩（1847—1929）把“清楚”分为“预备”和“提示”，加上他所谓的“联系”、“统合”与“应用”，合称“五段教学法”。

1. 预备：通过问题谈话，使儿童回忆已有的相关知识，为学习新知识做准备。

2. 提示：提出许多事例，让儿童观察和了解。

3. 联系：儿童比较和分析所提到的事例。

4. 统合：帮助儿童寻求一条可以解释这些事例的原因。

5. 应用：供给习题，让儿童试用自己求得的原则。

其中第1—2阶段，形成个别观念；第3—4阶段，从个别观念到普遍观念；第5阶段，为普遍观念的应用。

从第2到第4阶段，是归纳推理过程，故人们曾把“教学形式阶段”，称为“启发式的教学法”。

人们普遍忽视的是，赫尔巴特所谓“教学形式阶段”，原是基于对儿童观念形成过程的理解、对“教”的活动的形式分析。即撇开具体教材与实际教学情境，对“教”的活动的抽象分析。这种形式分析，旨在像探索教学法的先驱那样，揭示“教”的一般法则，并且比前人进了一步。把“教学法”上升为“教学理论”。问题是就连赫尔巴特本人也已意识到，从“专心”与“审思”推演出来的“教学形式阶段”，并不适用于他列举的教学的“同时性活动”，只适合于“继时性活动”，并且更适合于“每一个最小的组合”，以致后来在实际运用中，成为每一节课阶段的划分。其结果，使得教学理论带有可操作性。至于它是否有违“形式分析”本意，似乎并不重要。其实，正由于把抽象分析当作具体阶段的划分，遂不免演成教学模式化的弊端。

近代有关教学艺术的研究原是从不同学科（主要是语文学科）的改进入手的。只是研究者的初衷，倒不满足于建立“分科教学法”，而要寻求教学的“一般法则”，即“普通教学法”。唯在“教学形式阶段”构想形成后，很自然地从对“教学法”的关注转为对教学理论（教学论）的关注。问题在于作为研究教学的一般原理与方法的教学论，同各学科教材缺乏具体联系，而裴斯泰洛齐关于“教学基本要素”的分解正为同教材相联系的“分科教学法”提供了线索。

附录

赫尔巴特学派教案

19世纪与20世纪之交，赫尔巴特学派一度在美国有很大影响。美国学者多德在《赫尔巴特教学原则引论》（1906年）一书中提供一份教案，有助于增进对“教学形式阶段”实际应用的了解。

数理地理学①

关于地球的测量，它的运行，它对于太阳的位置，纬度，经度，海船上罗盘的用处，六分仪与经线仪以及地图、航海图的用处等一系列功课，组成了与哥伦布有联系的一些适当的功课。把他所使用的简单的航海图和仪器与今天所用的仪器相比较，并把他的肤浅的天文学的、数学的和地理学的知识与我们现代丰富的知识相比较。

教学目的	一个船长或水手怎样找出他的船只在海上的位置？	
教学过程	（一）预备	地球模型，一个圆球体。 它从西到东旋转。 它在24小时内完成一次自转。地球的经度分成360°。 儿童从以前功课中得到的知识，使他们毫无困难地举出这些事实。

① 转引自克拉里、佩特龙：《现代教育的基础》（1971），华东师范大学教育系外国教育研究室1972年未刊译稿。

续表

教学目的	一个船长或水手怎样找出他的船只在海上的位置?	
教学过程	(二)提示	(1)点燃一支蜡烛，并用一根针把一只橘子举在蜡烛前面，因此烛光照在橘子上面，一半在充足的烛光照耀下，另一半在阴暗中。 烛光代表太阳，橘子代表地球。在烛光照耀下的部分表示白天，在阴暗中的部分表示黑夜。 使橘子转，学生可观察到地球的各部分是在不同时间正当中午。 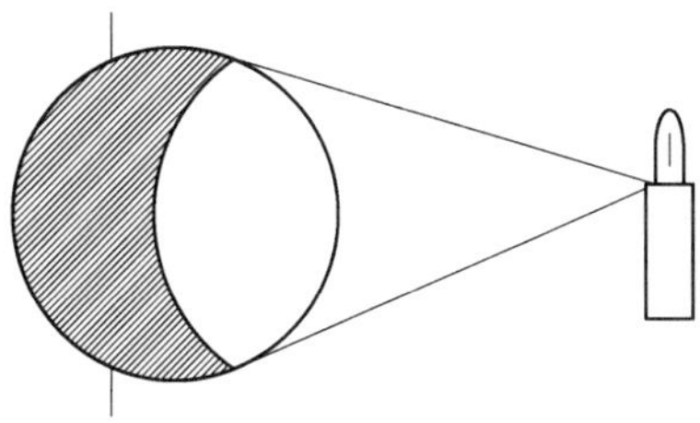 概括地球的各部分在不同时间正当中午。 (2)标出格林威治的子午线，使橘子正如地球在它的轴上自转那样旋转着，要求学生注意是东半部分还是西半部分先正当中午。 概括——格林威治的西部地区正当中午的时候，比东部地区较迟。 (3)精确的时差——如果地球需要在24小时内才能旋转360度，地球每转1度需要多少时间。24小时/360＝1440分钟/360＝4分钟。 概括——经度1度等于4分钟时间。 (4)在格林威治12点钟时，波尔多是什么时间? 波尔多的位置在格林威治以西(参阅地图)，由于在西面，它正当中午的时候比格林威治较迟。 波尔多在格林威治以西1度，因此当格林威治12点钟时，波尔多是11点56分。 问题——当伦敦在12点钟时，热那亚是什么时间? 当格林威治在12点钟时，纽约是什么时间? 当孟买是4点钟时，格林威治是什么时间? (5)查明靠近同一经线的地方。 学生在地图上找出例子： 伦敦和廷巴克图 北京和澳大利亚的佩思 柏林和开普敦 概括——在同一经线上的各地，同时正当中午。 对提示阶段的事实作总的概括。

续 表

教学目的	一个船长或水手怎样找出他的船只在海上的位置?	
教学过程	(三)联合	把通过观察太阳的高度找出时间的方法、经线仪和六分仪的用处,与以前关于纬度的知识联合起来。 我们怎样能发现一定地方的时间?知道该地的经度。 一个水手怎样能找出经度?由于已知格林威治的时间,可将之与船上的时间相比较。 一个水手怎样能知道格林威治时间?参照经线仪。 他怎样能找出船上的时间?观察太阳的高度。 为什么知道了经度,还不足以确定船的位置?经度只能指出船在某一点以东或西多远,北京和澳大利亚的佩思在同一经度上。 依靠什么来确定船在赤道以北和以南的位置?依靠纬度。 水手怎样能找出它的纬度?观察太阳的高度和参阅航海历书。 已经找出它的经纬度,他还要做些什么?参阅航海图和地图。
	(四)统合	一只船的确切位置,可以通过正确地观察出经纬度,并在航海图和地图上找到确切地点,而加以发现。
	(五)应用	提出许多有关经纬度和算术方面知识的问题,加以解答。

四、传统教学的常理常法（一）
——第斯多惠的总结

在裴斯泰洛齐以后，且在夸美纽斯《大教学论》失传的情况下，第斯多惠沿着“简化教学方法”的思路，建立了比以往更加完善且更带有民主色彩的教学原则—规则体系。

第斯多惠（1790—1866），德国教育学家，比赫尔巴特小 14 岁。他主持编写的《德国教师培养指南》，在其生前，先后出了 4 版（第 1 版，1835 年；第 2 版，1837 年；第 3 版，1844 年；第 4 版，1850 年）。这本著作和他本人一样，经受了德国与欧洲 1848 年革命的洗礼。

第斯多惠沿着裴斯泰洛齐关于教与学的程序与方法必须适合心智演化自然过程的思路，继续进行探索。他也从教学活动的分解入手。不过裴斯泰洛齐所谓“教学要素”只是构成教材的要素（原始成分），而第斯多惠则致力于对构成教学过程的诸要素的分解。

一

第斯多惠说：教学方法的理论和建立是根据心理学的原理。为了理顺这些教学方法，我们必须首先考虑以下这些决定教学活动的要素。这就是：1. 所教的对象，学生——主体；2. 教学学科，教学内容和学习材料——客体；3. 学生所处的时间、地点的外部社会关系；4. 教师。①

这四个要素都以培养人为目的，“至于别的因素，诸如教材、教法和师资都是达到这一目的的手段。所有这些，都得迁就学生的需要”。②

康德认为人不可作为单纯的手段，这是至理名言……不过，人可以自由行动来充当手段和工具，教师就是扮演这一角色。“教师就是把自己的全部心血和力量作为教育学生的手段。”教材同样也不是目的，只

① 第斯多惠：《德国教师培养指南》，袁一安译，人民教育出版社 1990 年版，第 94 页。
② 同上注。

是一种手段。学生不是为了教材才学习的。“在进行教育和教学时，不应当先考虑客体，而应当首先考虑主体”，“一切学习都是为了培养主体”。[①]

关于这些教学要素的运用，他分别提出一系列原则与规则，以指导与规范教学行为，即教学生学的常理常规。

根据学生的观点，客观教学法	1. 符合自然发展规律的课堂教学 2. 按照人的自然发展阶段进行课堂教学（即按照一般人的个性教学） 3. 站在学生的立场上进行课堂教学，不间断地、无间隙地和彻底地引导学生勇往直前 4. 不要在学生正在学习时对学生讲授毫无意义的知识，不讲授对学生未来不再有意义的任何知识 5. 直观课堂教学 6. 由近及远、由简到繁、由易到难、由已知到未知教学原则 7. 不要用研究科学的方法来施教，而要用基础教学法 8. 遵循形式教育目的，形式教育和实质教育并举，尽可能用学科来全面激发学生，做到知识和能力相结合，反复练习所学过的知识，直到移交给思维进程使用为止 9. 不要教学生还不能理解的知识 10. 注意让学生记住所学过的一切知识 11. 不以驯服为教育目的，应当实施人民、公民和国家普通基础教育 12. 使学生习惯做作业，喜欢做作业，而且要别具一格 13. 重视学生的个性
有关教材和对象的课堂教学规则	1. 根据学生的观点和（上述的）学生的发展规律来安排教材 2. [illegible] 3. 在讲授派生原理时要温习基本原理，由基本概念推导出派生概念 4. 把教材分成若干阶段和一个个小的整体来讲授 5. 在任何一个教程中均应提前告诉学生下一个教程的学习内容，不要间断，从个别讲起，积极激发学生的求知欲，但又不要完全满足学生的求知欲 6. 在下一个教程中讲授课文时尽可能再来温习以前所学过的课文 7. 将专业相同而接近的课文结合起来讲授 8. 由实物教学到图形教学，不可颠倒 9. 根据学科特点选择教学形式 10. 不要臆造概念和公式化地讲授教材，要从各个方面研究教材 11. 不要用普通的运算方法来推导原理，应当根据专业的特点来发展原理 12. 教学内容要符合科学所达到的最新水平

① 第斯多惠：《德国教师培养指南》，袁一安译，人民教育出版社1990年版，第94页。

续表

根据时间、地点和条件的社会关系的课堂教学原则	1. 讲授学科要循序渐进 2. 重视学生未来的前途 3. 遵循文化的教学原则
教师课堂教学原则	1. 使课堂教学富有吸引力（兴趣） 2. 课堂教学要精力充沛 3. 教师讲授教材要符合学生的口味！发音要清晰洪亮，重音要突出，表达要清楚，思维要有逻辑 4. 学无止境 5. 为了你本人和你的学生而爱好运动

二

关于第斯多惠的建树在教学历史上的地位，值得注意的是：

1. 自夸美纽斯以来，一向注重按照近代教育价值观念，把人类长期积累的教学经验，提升为教学原则与规则，以指导与规范人们的教学行为。不过，夸美纽斯是按照教与学的目标（方便、彻底、简明而又迅速）对教学原则进行分类，以致在各个原则之下的规则，难免重复；相比之下，第斯多惠则基于对教学活动的分解，按照不同的教学要素，归纳教学原则与规则，似较为合理。

2. 教学要素的分解源于裴斯泰洛齐。不过，裴斯泰洛齐实际上只限于对教材要素（原始成分）进行分解，而第斯多惠则对教学要素进行了全面的分析。其中以培养学生为目的，并确立学生在教学活动中的主体地位，而以教材和教师为手段，还注意到“根据时间、地点和条件的社会关系”要素，故更为切合实际情况。

3. 从夸美纽斯到第斯多惠，都把长期积累的教学经验提升为教学原则与规则；而赫尔巴特则重在对教学过程的形式分析，建立“教学形式阶段”的理论假设，从而形成包括若干步骤的教学程序，故更易于流行。

五、传统教学的常理常法（二）
——斯宾塞的总结

由于夸美纽斯在17世纪建构的“教学艺术”（实际上是教与学原则—规则体系）在尔后两个世纪中失传，时至18世纪与19世纪之交，开始出现参照自然科学的先例，建构人文科学的潮流，遂把探求“符合心智演化秩序的教学原理”提上了日程。裴斯泰洛齐得风气之先，率先提出“教学要素”之说，从分解教学简单要素入手，开“普通教学法”与“分科教学法”研究的先河。成为从“教学艺术”到“教学科学”历史性转变的开端。裴斯泰洛齐虽然提出“教学研究”的原创思想，他并不长于理论建构。19世纪50年代，斯宾塞对自裴斯泰洛齐以来半个世纪中探索“符合心智演化秩序的教学原理”进行了系统的总结。他所概括的“教学原理”后来作为“教学格言”（舒新城语）成为教学中的共识。19世纪70—80年代，谢尔登在美国发动“奥斯韦戈运动”，使裴斯泰洛齐的“实物教学”主张更为可行。

1854年斯宾塞发表《智育》一文，其中概括了“符合心智演化秩序的教学原理”。他所说的“原理”相当于“法则”，“教学原理”即“教学法”。

他从近代以来教与学变化的社会—文化背景谈起，主要见解是：一定时代的教育制度同所处时代的社会形态相关。每个时代的制度虽不尽相同，它们又以民族意识（文化）为共同根源。依此看来，近代以来教育（主要是教学）演变的趋势是：

1. 从迷信教条到诉诸理智。
2. 从严酷纪律到减少对学生的限制。
3. 从禁欲的道德到尊重个人的合理愿望。
4. 从注意人为的限制到鼓励学生自我调节。[①]

如果说古代的变革诉诸权威，那么在近代则随着权威的衰弱以不断增长的分歧代替统一的信仰，出现自由行动的趋向。不过，许多人迄今却仍对培

---

① 斯宾塞：《斯宾塞教育论著选》，胡毅、王承绪译，人民教育出版社，1997，第94—96页。

养学生的方法的多元化趋向表示惋惜。其实，传统价值的失落并不足惜。

“研讨者的不同意见”是从“无知者的一致意见”到达“聪慧者的一致意见”的必经阶段。

随着社会—文化背景的变化，自裴斯泰洛齐以来教与学方法演变的趋势，经过50年讨论、实验，培养学生的方法已经发生了相应的变化。这些变化集中表现为：

1. 从忽视身体发育到只求心智发育，再到兼顾身心发育。

2. 从注重文字符号（死记硬背）到注重文字所标志的事物，即从注重形式到注重内容（实质）。

3. 从注重规则到讲求原理。

4. 培养学生观察力。

5. 从具体到抽象。

6. 最重要的是用引人入胜的方法介绍知识，使获得知识成为愉快的事。①

“这样，我们就走上了导向裴斯泰洛齐早就提出的主张的那条大道”，“他主张在次序上和方法上，教育必须适合心智演化的自然过程；能力的自然发展有一定次序，而在发展中每个能力需要一定种类的知识；我们应当找出这个次序和供给这种知识”。②

裴斯泰洛齐揭示的符合心智演化秩序的教与学的原理是：

1. 从简单到复杂。

2. 从不准确到准确。

3. 从具体到抽象。

4. 个体知识在小范围内再现人类文化。

5. 从实验到推理。

6. 力求成为自我发展的过程。

7. 力求成为愉快的教育过程。③

---

① 斯宾塞：《斯宾塞教育论著选》，胡毅、王承绪译，人民教育出版社，1997，第96—101页、第112页。

② 同上书，第101页。

③ 同上书，第107—112页。

六、传统教学的常理常法（三）
——谢尔登的总结及奥斯韦戈运动教案示例

19 世纪初，裴斯泰洛齐的教学法在德国经过赫尔巴特（1776—1841）、福禄培尔（1782—1852）、贝内克（1798—1854）、第斯多惠（1790—1866）的弘扬与具体运用，影响甚大；19 世纪 70—80 年代，美国在谢尔登倡导下，以奥斯韦戈师范学校为中心，试行裴斯泰洛齐教学法，称为“奥斯韦戈运动”。谢尔登提供的范例，有助于增进对裴斯泰洛齐教学法的具体了解。

谢尔登在《初等学校教学手册》（1868）一书中，把裴斯泰洛齐的“实物教学”（亦称“直观教学”），归纳为 9 条原则，即：

1. 活动是儿童时期的规律，要使儿童习惯于做事——训练他的手。

2. 按照自然的顺序培养各种能力（faculties）——首先要培养心智（mind），然后充实之。

3. 要从各种感觉开始，并且决不要告诉儿童他能为自己发现些什么。

4. 把每个问题化成各个要素——每次使儿童解决一个困难问题就可以了。

5. 循序渐进，充分透彻。对知识的衡量不是教师所能教的内容，而是儿童所能吸收的内容。

6. 要使每一节课有一个重点：直接的或是遥远的。

7. 形成概念——加以命名——培养语言。

8. 从已知到未知——从特殊到一般——从具体到抽象——从简易到较难。

9. 先综合，而后分析——不要按问题的顺序，而是按自然的顺序。[①]

关于这些原则的运用，从谢尔登提供的教案可窥一斑：

---

① 原载谢尔登《初等学校教学手册》，转引自克拉里、佩特龙《现代教育的基础》（1971），华东师范大学教育系外国教育研究室 1972 年未刊译稿。

关于“贝壳和它们的共生”一课的大纲

(一)	方法	把一些贝壳放在孩子们面前。让他们说它们是什么，在什么地方可寻到。提供有关贝壳可在内陆找到的资料，把它们叫作海产物，引导儿童作出这样的结论，即凡是能找到贝壳的地方，那里一定一度是海。出示牡蛎的贝壳，包括它的共生者。儿童说贝壳的用处。通过说明没有贝壳，这种动物就处于无抵抗情况，而指出贝壳的决定性用处。让儿童去按压牡蛎；再按压他自己的下巴或前额，说出差别及其原因。关于牡蛎，他能说些什么。“牡蛎没有骨骼。”通过触觉发现另一个差别及其原因。“牡蛎的血是冷的。”谈及我们血的颜色。割开牡蛎，指出似水的液体。“牡蛎的血是没有颜色的。”告诉儿童，凡是住在贝壳里的动物，在这几方面都与牡蛎相似，由于它们的软体而没有骨骼的组织，都叫作软体动物。儿童口述这一项目的事实。
	事实	用处——贝壳可在水中寻到，也可在江河内寻到，有些又可在陆地上找到。它们可兼作某种动物的住所和盔甲。这些没骨骼而有冷的白色或无色的血并且很软的东西，叫作软体动物。
(二)	方法	谈及海上风暴，浪涛使贝壳冲击岩石等等，引导儿童了解贝壳必须很坚硬。出示作为动物的一个组织成分的一种石质标本。动物从哪里能够找到这种物质？参看海岸的石灰岩石和水壳内壁上的薄层物质。这种物质是否会单独构成一个好的贝壳（是否太脆了）？还需要什么——一些不脆的、同脆的相反的物质，与它掺和在一起？出示胶质，让儿童认出它是动物物质，并指出贝壳赖以作为组成成分的这种物质的性质。告诉儿童构成贝壳的胶质是来自动物自己身上的。注意各种贝壳的美观和色彩，让儿童列举出各种不同色彩，并试说明它们是怎样出现的。让儿童举出其他种类的大自然造物（鸟类、石头等等）相似变化的例子。动物怎样构成贝壳——作为动物本身的组成部分，和它一起成长起来。参看破裂的贝壳。这些物体易破裂，却是能够修复的。贝壳上出现一块新的部分，参看补在一件旧衣服上的新布料，等等。
	事实	组成成分——贝壳是由居住在其中的动物所形成的。它们由三种物质组成：(1) 石灰，一种白垩质，这是动物从水中获得的。(2) 胶质，从动物自己身体内产生的——有不同的颜色，构成贝壳的色彩。(3) 动物部分的皮，作为贝壳的衬里，贝壳破裂了，可以再生出新的，新的比旧的色彩更明亮。
(三)	方法	给儿童们看每种标本。让他们发现它们不同的结构，并参照结构分类，让儿童口述这一课的事实，并由教师写在黑板上。
	事实	各种不同的贝壳。各种贝壳，不胜枚举，有几千种，它们可分为以下三大类：(1) 一片的，(2) 两片的，(3) 三片的。

从夸美纽斯到裴斯泰洛齐，不约而同地致力于“简化教学方法”的尝试。所谓“简化教学方法”，或谓使“教”的方法划一化，就是从复杂的“教”与“学”的活动中，发现“教学的一般法则”。

七、“新教育”研究中的问题

19世纪与20世纪之交，欧洲“新学校”运动与美国“进步主义教育运动”方兴未艾。两者合称“新教育”。经过大约一代人的时间，杜威于1928年应进步主义教育协会之约，作题为《进步教育与教育科学》的报告。[①]

杜威的这次谈话，从一系列“进步教育之问”入手，分析进步教育要素的价值与问题；又从进步教育要素的价值与问题出发，反思“教育科学”的过去，提出“真正的”即另类“教育科学”的设想。人们读了这个文本以后，关于“进步教育”和“教育科学”较之以往可能会懂得更多，但未必真懂。除了个人水平限制以外，由于教育急剧变化中层出不穷的问题，恐怕就连高明的学者如杜威，也还需要不断倾听实践中的呼声，随时准备接受时间的检验。

一、关于“进步教育”

明了进步教育诸要素，对照我国最近若干年来同级别同类学校教育改革的动向，不难发现，至少在教育发达地区，尤其是其中较为先进的学校中，也不乏这些要素。如尊重学生个性，尊重他们的需要和兴趣，增加学生自主活动的机会，在正规的制度化教育之外适当增加非正规教育活动的余地。然而，如杜威所见，在美国进步教育初期，学生消极的自由、学生活动无序、教材和学生的作业缺乏连续性与连贯性，都成为有待解决的问题。不过，迄今为止我国虽然在总体上进步教育要素有限，即使在较为先进的学校中，非正规的教育措施也只是正规教育的补充，且依然保持教材的连续性与连贯性，学生自主活动的组织程度较高，故与美国当年的情况不尽相同。但是我国至今仍缺乏杜威那样的“进步教育之问”，这自然是我等“教育学人”的问题。

---

① 杜威：《进步教育与教育科学》，《杜威教育名篇》，赵祥麟、王承绪编译，教育科学出版社，2006，第195—206页。

若问：杜威所谓“使学生自主活动成为他们社会交往和相互合作的活动”，同“教材（或作业）的连续性与连贯性”两者之间如何联系，如何不致冲突？只能说，历史性的问题大抵只能历史地加以解决。

二、关于“教育科学”

进步教育诸要素初步标志着新学校与旧学校的区别，表示新学校开始挣脱制度化的正规教育对学生的束缚，开始向尊重学生个性、学生自由、学生本身经验的方向转变，从而使以传统教育为基础的那种“教育科学”开始受到挑战。因为传统的“教育科学”是为“僵硬的正统观念”和标准化的行为规范立论。以此用于另一种类型的学校“将是可笑的”。① 不过，新教育的要素，或多或少地带有自发性、偶然性，缺乏理智的考虑和连续性、连贯性，其负面影响也不可低估。这种情况下我们应该怎么办呢？

一方面把旧学校中的材料和方法“归结为一些原理”，加以运用；另一方面，教育研究着重于“各种学习条件因素选择经验的积累”。至于它是不是称得上“教育科学”或“教育哲学”，据说并不重要，难道“教育科学”“教育哲学”真的并不重要吗？

若问：“教育原理”从何而来，不在充分事实基础上经过严格的逻辑论证的教育原理是否可靠，能否令人信服？教育原理如何与新教育要素沟通，或者说，能否从新教育经验中概括出教育原理？恐怕都还是有待论证的课题。

三、关于杜威在进步教育与传统教育论争中的角色地位问题

在我国，有一种流行已久的判断：把赫尔巴特称之为传统教育的代表人物，并把杜威奉为进步教育的代言人，似乎已成为定论。其中虽不无道理，不过仍有斟酌的必要。

1. 其实，进步教育同传统教育的争议，是19世纪与20世纪之交才发生的事情。把18世纪与19世纪之交的赫尔巴特教育学说归入传统教育理论，

① 其中所指传统的“教育科学”，未必是指赫尔巴特《普通教育学》类型的教育学，因为那里鲜有“僵硬的正统观念”和标准化的行为规范立论，似指“教育规范理论”的教育学。不过，“教育规范理论”虽有待改进，却自有其存在的价值。

虽不算大错，然而在赫尔巴特所处的时代，《普通教育学》倒堪称那个时代“进步的”教育理论，即使是那个时代的“传统教育”，其进步性也不亚于后来的“进步教育”。谓予不信，不妨看看杜威于1916年如何评说：

“赫尔巴特的伟大贡献，在于使教学工作脱离陈规陋习和全凭偶然的领域。他把教学带进了有意识的方法的范围，使它成为具有特定目的和过程的有意识的事情，而不是一种偶然的灵感和屈从传统的混合物，而且对教学和训练（或译‘训育’）的每一件事，都能明确规定，而不必满足于终结理想和思辨的精神符号等模糊的和多少带点神秘性质的一般原则。”①

“赫尔巴特在注意教材方面比任何其他教育哲学家都有更大的影响，这是无疑的。他用教法和教材联系的观点来阐明教学方法上的各种问题……”②

杜威的高评并不为过。因为在赫尔巴特所处时代，作为“教学艺术”的“普通教学法”（法则）同以狭义“教育”为研究对象的“教育学”，是两门新兴的学科。赫尔巴特率先在“教育性教学”和“通过教学进行教育”的前提下，有条件地把教学作为教育学的研究对象，并使教学艺术成为“教学科学”的雏形，而且使教养—教学理论成为教育学中核心的部分。何况普通教育学其中鲜有“僵硬的正统观念”和“标准化”的行为规范，要说其中的价值观念或价值标准，可算是那个时代的人文价值取向。

2. 杜威是不是进步教育运动的代言人？这是一个多有争议的问题。其实，赵祥麟教授在杜威评传中已经做出了中肯的判断。其中提到：19世纪末20世纪初，由于他对传统教育进行了尖锐的批判，“他的名字和进步教育几乎成为同义语”。到了20世纪30年代，他对进步教育运动中出现的一些极端片面的东西，不断提出强烈的批评。以致人们称他为“拒不承认的进步教育之父”。③

如果说杜威在1928年的谈话中虽然对早期进步教育实践中的片面性提出了较为委婉的批评，但最后仍然表示：“待进步教育运动充分地建立起来，以便可以考虑对于教育的艺术，对于一切人类艺术中最困难和最重要的那种

---

① 杜威：《民主主义与教育》，王承绪译，人民教育出版社，1990，第75—76页。

② 同上书，第76页。

③ 赵祥麟：《杜威》，《外国教育家评传（第二卷）》，上海教育出版社，1992，第495页。

艺术可以做出理智的贡献”。[①] 那么十年后，于1938年在《经验与教育》中则非常干脆地建议：探求新教育运动前景以适应新社会秩序的现实需要的人，“应当只思考教育本身的含义，而无需顾及关于教育的一些‘主义’，甚至连‘进步主义’也不必考虑。”因为抛开本身的含义，任何以一种“主义”为思想和行动依据的运动，都会陷入被其他“主义”所控制的运动的对立方面。这样一来，它的各项原理的形成只是由于对立方面的非难，而不是由于对各种实际需要、问题和可能性加以综合的建设性的探讨。[②]

3. 这是不是意味着教育工作者无需“主义”信仰，是不是意味着杜威对于“进步主义”信仰的动摇呢？其实，这是就实践中的“进步教育”流派或别的流派而言的。教育是一个整体，并且在不断运动的过程中，进步教育诸要素，正如传统教育的诸要素一样，其实是教育中两个不可分离的侧面。它们之间虽存在矛盾，却并不是没有统一的可能，不过，由于在传统教育基础上的统一与在“进步教育”基础上的统一，教育性质不同，这才发生“进步教育”流派与针对这种流派而发生的“新传统教育”流派之间的争议。“只是考虑教育本身的含义，而无需顾及关于教育的一些‘主义’”，[③] 实际上意味着既不为某种流派所迷，也不致为片面性或偏见所惑。

其实，杜威早就不是“进步教育”的代言人了。19世纪与20世纪之交发生的欧洲“新学校”和美国“进步教育”，一般把其基本主张归结为“儿童中心主义”或“儿童本位教育”，是不是恰当且不管，1921年建立的国际新教育协会的章程，大致反映了欧洲“新学校”的价值取向。其中第一条规定：“一切教育的根本目的，是准备儿童能在自己的生活中，看到和实现其精神力量的优越性。……”第二条规定：“教育应当尊重儿童的个性，而只有通过解放儿童内在的精神能力，才能发展这种个性”。[④]

杜威早在1902年就在具体分析儿童经验与成人经验（课程）区别的基础上，对“旧教育”与“新教育”的问题加以了评论。他认定儿童经验与成

---

① 杜威：《进步教育与教育科学》，《杜威教育名篇》，赵祥麟、王承绪编译，教育科学出版社，2006，第206页。

② 杜威：《经验与教育》，《我们怎样思维·经验与教育》，姜文闵译，人民教育出版社，1991，第246—247页。

③ 同上。

④ 参见王天一、夏之莲、朱美玉编著《外国教育史》下册，北京师范大学出版社，1985，第169页。

人经验的区别在于：儿童狭窄的个人世界与超越个人的空间与时间无限扩张的世界相反；儿童生活的统一性及对事物的专注与分科课程相反；逻辑分类和排列的抽象原理与儿童实际的、同情绪结合的生活相反。[①] 所以，正如"旧教育"的缺点是在未成熟的儿童和成熟的成年人之间做了极不合理的比较，把前者看作是尽快和尽可能要送走的东西；而"新教育"的危险也就在于"把儿童现在的能力和兴趣本身看作是决定性的重要的东西。"其实，"儿童的学习和成就是不固定的、变动的，它们每日每时在变化着"。[②] 表明他早就同进步教育保持一定的距离。

四、关于"教育学派"问题

进一步说，杜威本来就对"学派"现象持保留态度，依他之见，"各个学派都挑选能够迎合自己的一系列因素，然后把它们上升为完全的和独立的真理，而不是把它们看作一个问题的并需要加以校正的一个因素"。[③] 惟其如此，杜威原来不过是进步教育协会的同路人，后来依然把进步教育的建树作为新生事物加以关注，力求矫正其中非理性的片面性倾向，并未因此而对进步教育轻率地加以否定。

杜威虽然对进步教育有所保留，但是出于对"学派"现象的洞察，故无意在传统教育与进步教育之外，另立所谓"杜威学派"。由于不存在学派偏执，他才既对进步教育有着清醒的审视，也对赫尔巴特做出了公正的评说。

其实，就连赫尔巴特也无建树"教育学派"的意图。因为在他看来，"学派本身"不过是"时代的一种游戏"而已。他甚至不无担心地提出："教育学不久也将走向这种命运吗?""它将成为各学派的玩具吗?"[④] 然而，教育学的历史倒真的同他开了一个玩笑，在他逝世 20 年后，他居然成为 19 世纪 60 年代兴起的"赫尔巴特学派"的"主角"。结果既使去世已久的赫尔巴特声名鹊起，又使他成为较为浅薄的晚辈的替罪羊。人们迄今仍把他视为"传

---

① 参见王天一、夏之莲、朱美玉编著《外国教育史》下册，北京师范大学出版社，1985，第 169 页。

② 杜威：《儿童与课程》，赵祥麟、王承绪编译《杜威教育名篇》，教育科学出版社，2006，第 66 页。

③ 同上书，第 64 页。

④ 赫尔巴特：《普通教育学》，人民教育出版社，1989，第 10 页。

统教育”的代表人物，便是这么一回事。就连杜威也未逃脱进步教育协会替罪羊的命运。

教育学历史上有幸出现像赫尔巴特、杜威这样的学者，原因固然相当复杂。他们不以“学派人物”自居，对于后世教育学人倒不无警示价值。

诚然，学派未必都是“游戏”或“玩具”。某种学派，其“学”，经过较为谨严的论证，就不乏片面的真理性。正如列宁所说：公开阐释和维护现代学校“属于一方的性质”，就会正确说明现实，而且这种性质本身就会“启发另一方的觉悟”。[①] 重要的是承认“片面的真理性”终究是“片面的”。如把“片面”的观点绝对化，那就会成为谬误。若无真才实学，单凭口号，而无严格论证，那么就连其中是否存在片面的真理，还得循名责实。所以，即使吆喝声喧、派徒成阵，威威然、赫赫然，其实，不但同“学派”无干，而且还不如真正的游戏有趣。

① 列宁：《全粹主义空想计划的典型》，《列宁论教育》，人民教育出版社，1990，第 23 页。

八、中国革命根据地教育中的教学法探索

人民共和国教育就其主流的价值观念与教育体制来说，主要脱胎于1927—1949年间的根据地教育。不过，主要把1942年以后的教育改革，作为历史经验与优良传统加以继承。“教学法”虽不是根据地教学改革中的关键词，而当时在正规的学科课程与班级授课制度和非正规的教学选择之间的反复争议与不断探索，所解决或未能合理解决的，正是“教学法”问题。由于历史的惯性，当时的争议与探索，又在人民共和国教育历史上重演。故有研究的必要。

一

根据地师范学校中有“教学法”课程设置。不过，“分科教学法”不是教学改革中争议的焦点。教学改革中争议的焦点在教学组织与方式的抉择上。因为教学改革所要解决的，是教与学、学与做之间的矛盾。

根据地历史形成不同类型的教学组织与方式。这些教学组织与方式一般以当时的惯用语表示。

1. 私塾式教学：是根据地创建初期出现的按私塾方式进行小学教学的现象。名义上是学校，实际上是改良私塾，即采用新课本的私塾。后来一度建立正规课程制度与班级授课制度，而在群众教育（含初级小学）改革过程中，因实行“民办公助”，不得不迁就农民要求，又基本上恢复了私塾式教学。其意义更在于对“制度化教育”的否定和对“非制度化教育”的肯定，即在一定时期重新把“改良私塾”合理化。

2. 带游击性的教学：其教学组织与方式同私塾式教学相近。不过，它是由新人用新思想、新方式采用的灵活多样的机动的教学方式，更是在被迫转移的流动环境中坚持办学的一种创造。

3. “旧型正规化”教学：从江西苏区开始，就反复出现教学“正规化”与教学中“游击习气”的争议。所谓“旧型正规化”与“游击习气”，都是

争议双方强加于对方的贬义词。所谓“旧型正规化”，是指按有限的常规教学制度办学。其中包括课程制度、班级授课制度、升级留级制度、教师任用制度等。一度还实行义务教育制度。只是在非常落后的农村根据地条件下，按常规办学困难较大，故引起非议。

4.“新型正规化”教学：试图在“旧型正规化”教学与“非制度化”教学之间另辟蹊径。其中既保持常规教学组织与方式，又夹杂参照“新学校”先例解决教与学、学与做矛盾的尝试，如局部地区的“做、学、教的生产单元教学”与“新自学辅导”试验。

二

在中国农村，私塾较为普遍。北方根据地起初实行取缔私塾的政策。私塾虽被取缔，其影响依然存在。家长与多数未经训练的教师也习惯于私塾式教学。故私塾式教学在学校中普遍存在。其特点是：1. 不分年级，即使分年级也不实行班级教学；2. 没有日课表，即使有日课表也不按日课表上课；3. 不按照一定进度教学，讲到哪里是哪里；4. 采取死记硬背的方法；5. 不布置作业，不订正作业，没有考查制度。

据陕甘宁边区1939年介绍，该边区教学的实际状况是：在教学法方面，虽一再提出最低限度的要求，即只废除死读书的方法，采取班级教学。这个工作在完全小学、模范小学尚能做到，有的学校还做得比较好。从鲁迅师范学校毕业的教师大体上也能这样做，而原有的当地教员则差得太远。他们仍用个别教学，不分年级。即使分级，同级的学生也是各读各的书。有的学生念到第二十几课，有的学生才念七八课……有些教师仍采用学生背诵的方式，读半天书，不让学生休息。此外，还存在打骂学生的现象。①

晋察冀边区甚至到1943年9月，教学上的基本情况仍然是：

1. 有的地区没有划分年级，还进行着“私塾式的教学”；有的地区虽已划分年级，并不坚持班级教学。一个年级划分为三四个不同程度的小组，一学期甚至三个月以后，便再编一次班级。

2. 有的地区没有日课表，不规定教学进度，教员随意上课。有的虽有

① 陕甘宁边区教育厅：《1939年上半年小学教育总结》，《陕甘宁边区教育资料（小学教育部分）》上册，教育科学出版社，1981，第49—50页。

进度表，而教学进度表不完善，也不切合实际，故流于形式。

3. 大部分教师课前不准备，课后很少指导儿童作业。上课时照字面读课文，儿童随嘴唱读，并不了解其中意思。有些课本中的问题教员自己也不懂，马马虎虎，任意解释。

4. 大部分学校不注意考查儿童成绩，或不保存儿童成绩记录，不认真订正作业。升级、留级、降级都无凭据。①

这种种情况表明，我国农村教学尚未达到近代教学水平。

陕甘宁边区为了使教学工作制度化，从 1939 年开始制定《小学规程》（1941 年重订），1942 年又颁发《中学规程》。其他根据地也陆续发布中小学规程及其他教学规章制度。包括：

1. 实行班级授课制度。
2. 规定课程（包括课程标准）、日课表。
3. 提倡教学方法以“启发式”为主，讲解及讨论为辅。
4. 规定作业要求。
5. 确立考查标准、考试方法。
6. 建立学生入学、休学、转学、毕业制度，等等。

这个过程实际上就是把私塾式教学转变为近代以来通行的正规教学制度，割断古代非制度化教学的脐带。

然而，正规教学组织与方式本身也存在问题，主要是：在学与用的关系上，偏重书本知识的传授，不便于知识的运用；在教与学的关系上，偏重教员的讲授，不便于学生主动地学习。就根据地的特殊需要与特殊条件来说，这种教学组织与方式的局限性更为显著，故被视为“旧型正规化”教学。

三

根据地教学改革的价值取向是：1. 教育和实际生活打成一片，学生和实际生活密切联系，求得理论与实践统一，以解决学和用的矛盾；2. 实行“自动的集体学习”，并以集体的自动学习为“教学的最高原则”，以解决教与学

---

① 晋察冀边区行政委员会：《关于改进教学工作、提高教学效果的指示》，王谦主编《晋察冀边区教育资料选编·教育方针政策分册（下）》，河北教育出版社，1990，第 73—74 页。

的矛盾。①

一般说来，讲求知识的运用，讲求调动学生主动性，比较适合时宜。对于革命战争年代的农村根据地，更属势所必至。为此，根据地教学改革就要同时解决两大课题：一是把传统的“私塾式教学”转变为近代正规教学，一是把“旧型正规化”教学转变为“新型正规化”教学。然而，探索“新型正规化”教学需要时间。起初，在破除“私塾式”教学与“旧型正规化”教学之后，最自然的趋势，是带“游击性”的教学的产生。

“游击性”教学，并无明确定义。抗战初期学校生活“半军事化”，以抗日、民主的政治教育为主，文化教育为辅，注重实用。班级组织不健全，中等以上学校改为“队”的编制。教学制度灵活，课外社会政治活动较多，学生在学校生活中的作用增大。似合乎教学改革的价值原则。这种教学不像“私塾式”教学那么呆板、守旧。不过，其形式同“私塾式”教学相近，都属非制度化的教学。虽在提高学生抗日、民主觉悟方面起过一定作用，却不利于教学质量的提高。故在教育工作“正规化”之初，同“私塾式”教学一样，“游击式”教学是一个贬义词。然而，在抗日战争中期，相当多的根据地从巩固区转变为游击区，正规教学制度行不通，“游击教学”重新应运而生。人们自觉地实行“游击教学”。它又分为两种类型：一是随军转移（中等以上学校及干部子弟小学），“敌来我走，敌走我教”；一是就地坚持，实行分组教学、巡回教学，在敌伪“扫荡”的特殊环境中，坚持教育阵地，起着正规教学所起不到的作用。不过它毕竟是权宜之计，一俟环境甫定，大都又转为正规教学。至于这种回归属进步还是退步，看法并不一致。

四

在放弃带“游击性”的教学，否定“旧型正规化”教学以后，根据地教育力图探索新路。不过，因缺乏经验，探索新路并不容易。

陕甘宁边区教育厅副厅长丁浩川曾经谈道：根据地对于教育理论与教育方针的研究很差，知道得很少，以致虽有明确的政治目标，却缺少同这一政

① 陕甘宁边区教育厅：《边区教育的宗旨和实施原则》，陕西师范大学教育研究所编《陕甘宁边区教育资料（教育方针政策部分）》上册，教育科学出版社，1981，第134—135页。

治目标衔接起来的教育理论与方法。①

根据地也不乏了解西方近代与现代教学制度与方式并有一定独立见解的人，如山东省战时工作推行委员会（山东抗日根据地临时行政机构）教育处长杨希文，曾对若干西方国家的教学法研究成果作出评论。其观点如下：

1. “三段教学法”与“五段教学法”：这种教学法基本上只适用于教师直接传授知识课程，有时也是机械的，但这种精神还有可取之处，是值得批判与接受的。“这种教学法基本的精神在于诉诸儿童的经验、注意实用、从归纳到演绎，但它是机械的。”

2. “自动教学”、“自学辅导”、“道尔顿制”：这几种教学法强调学生自动、个人自觉，根据个性差异，使学生有充分的发展。道尔顿制打破年级界限，让学生按个人情形，订出学习计划，教员完全站在指导地位与从事考查工作，学习到一定程度即可毕业，完全打破年级界限。这种方法实行起来很困难，非有很好的教员、周密的计划不可。“一般地说，在小学很难适用，在中学尚可自学辅导，根据儿童个性差异，让儿童自动学习。”这种精神可取，不过也有限度，不能发展到绝对个人主义和自由主义。

3. “问题教学法”及“设计教学法”：问题教学法重在引发学生的问题，使学生注意，引起自动研究的兴趣。这种精神可取。设计教学法根据“生活即教育”（应为“教育即生活”）原则。“它的优点很多，是旧教学法中比较进步的一种。若能以辩证的思想运用其技术，还可创造一套新的教学法。”“这种精神虽然很好，但是今天我们的教师能力太差、设备简陋，是不可能实行的。”

4. “艺友制”与“导生制”：这种教学法是学生教学生。尤其是导生制，以优秀学生帮助教师领导其他学生。不过，时间配置、学科分配是一个复杂的组织工作。②

由此可见，当时对20世纪西方国家“新学校”、“进步学校”试行的教学制度的评价，尚较为客观与公允。

鉴于既不能轻易肯定与否定传统的正规教学制度，又不能简单地肯定或

---

① 丁浩川：《陕甘宁边区的教育工作》，《陕甘宁边区教育资料（教育方针政策部分）》上册，教育科学出版社，1981，第217页。

② 杨希文：《展开中的山东新教育运动》，山东省教育科学研究所主编《山东老解放区教育资料汇编》第2辑，第32—33页。

否定非正规教学制度，于是，根据地的教育改革很自然地找到了陶行知。陶行知反对“死读书、读死书、读书死”，倡导“活读书、读活书、读书活”。其理论原则是“生活即教育”、“社会即学校”，其组织形式是“教学做合一”，被视为解决学与用、教与学两个矛盾的可行的途径。所以，从陕甘宁边区、华北与华中各敌后抗日根据地，直到后来的东北解放区，无不提倡“教学做合一”。杨希文认为：“我们今后虽不能普遍采用教学做合一的方法，但应该注意教与学的联系、知与行的联系。这就是多用启发的方式，把教的东西领导学生实地做一下。”① 至于以怎样的制度与方式体现“教学做合一”，依然是个问题。

根据地在实行“教学做合一”过程中，往往自觉或不自觉地实行“大单元教学”（或称“大单元设计教学”）及“自学辅导制”。

陕甘宁边区 1942 年的《中学暂行规程》规定“公民常识”可作“大单元设计教学”。②

苏中区（属华中敌后根据地）在 1941 年（或 1942 年）颁布的小学暂行规程中提出：“小学各科教学应力求联系实际，尽可能采用大单元之教学方法。”③

晋察冀边区在 1942 年的小学规程中也确定：“以集体的启发为主，辅以自学辅导及行动上的设计教学。”④

1943—1944 年否定“旧型正规化”教育以后，在小学中最初形成的格局，近乎回到非制度化的“游击式”教学。此后，“大单元教学”、“自学辅导制”的尝试相当流行。

在陕甘宁边区，三边分区赵老沟民办小学的不定时教学制度，“可以代表一般”。该校起初学生不多，故不分班级，进行个别教学，增至 20 人时，才分为四个班级，但不受班级限制，而是按每门功课的程度分组教学，也没有一定年限。学会一千字以上，不愿继续学习，即可毕业。有些小学虽

---

① 杨希文：《当前国民教育的改进问题》，山东省教育科学研究所主编《山东老解放区教育资料汇编》第 2 辑，第 55 页。

② 《陕甘宁边区教育资料（中等教育部分）》上册，教育科学出版社，1981，第 19 页。

③ 中央教育科学研究所编：《老解放区教育资料》（二）下册，教育科学出版社，1986，第 510 页。

④ 同上书，第 437 页。

然仍按年级分班，但个别程度高、进步快的学生可以升级。程度低或因生产误课的学生也不随意降级，而采取个别辅导及同学互助的方式帮助他补课。①

太岳区（属晋冀鲁豫边区）在 1945 年 12 月关于文教卫生工作总结中提到：经过教育改革，大部分学校都实行民主自治，启发儿童的自觉性，耐心地说服教育，使儿童懂得道理，服从真理，而不是盲目地服从教员，做到“学校真正以儿童为主体”；“实际生活就是教材”，适应季节，适应生产，结合政府工作，联系政策法令，教学方法上采用启发诱导，做到“四会”：会认、会讲、会写、会用。打破年级，实行分组教学。②

然而，如此“以儿童为主体”，及“实际生活就是教材”，并不意味着教与学、学与用矛盾的真正解决。人们很快就发现教育改革中的经验主义与形式主义的倾向。山东胶东区发现在 1944 年教育改革以后，“学校一般是大单元教学，教学无系统、无计划，因而当时学生文化水平是低落的”③。于是，在 1946 年又发生正规教学制度为时短暂的复归。不过，这已不是 1940—1942 年“旧型正规化”教学的机械反复，而力图建立“新型正规化”的格局。虽然就教学组织、教学方式、考试制度方面来说，新东西不多，多数还属非正规教学制度向正规教学制度转变。其中也不乏新思想的闪光与新教学法创造的尝试。

五

解放战争初期关于教学组织与方式改革的试验有：

1.“做、学、教的生产单元教学”

晋冀鲁豫边区教育厅厅长晁哲甫于 1946 年暑期，在边区中学校长会议上提出“新教育方针”的初步设想。主要是“毕业即就业”、“中心工作即中心课程”、“业务课与文化课并重”，并把陶行知的“教学做合一”的口号，

---

① 郭林：《对边区下学学制的意见》，《陕甘宁边区教育资料（小学教育部分）》下册，教育科学出版社，1981，第 365 页。

② 《太岳区文教卫生工作总结》，山西省教育史志办公室编《山西教育史志资料》，1985 年第 3 期。

③ 山东省教育科学研究所主编：《山东老解放区教育资料汇编》第 3 辑，第 37 页。

改为“做、学、教”，以示更加注重“学”与“做”。① 他的这一套设想引起纷纷议论。许多人不赞成这些提法。不过，据晋冀鲁豫边区政府教育厅《关于“新教育方针”的初步意见》，当时的提法仍是“教学做合一”。《初步意见》提到：教学法在中国已有几十年的历史，它的过程是发展的。从单纯“注入”到“教学做合一”，中间经过四五个阶段，一个阶段比一个阶段提高，内容逐渐丰富，但并不意味着一种方法的出现，就完全否定前一种方法。“教学做合一”是适合“社会即学校”、“生活即教育”这一教育思想的方法，应该是教学法（如果当作教育方法看）最高度的发展，是“理论与实践相结合”在教育上的具体方法，对我们这样的课程与教材的安排，也是完全适合而且必要的。运用“教学做合一”的具体做法是：结合实践，自动自学，具体形式不拘一格。一般讲，初等教育以“在做中学、在做中教”为主；中等教育中，系统的理论学习与工作中学习并重；高等教育中，系统的理论教育多于实际活动，而且实践中学习应更加精简；结合实际学习必须有充分准备、周密计划、严格组织、具体领导；贯彻“以自学为主”的精神，集体讨论和教师辅导也要在自学基础上进行。② 由此可见，该边区似无“超越”陶行知之意。

然而，晁哲甫关于“做、学、教”的提法有其思想基础，并在该边区实际工作中确实发生了影响，因而一直成为争论的焦点。在《关于本边区实施“新教育方针”的初步意见》（上述文件的另一文本）中提出：我们认为系统的知识可分为两种：一种是科学的论理（逻辑）系统，一种是事物的自然系统（如做一件事情要有一定的步骤、秩序，这步骤、秩序就是事物的自然系统）。事物的自然系统也就是事物客观存在的规律，而科学的论理系统就是这种规律在思想上的反映，经过概括成为理性上的东西，而且有人编著成书，以至完整的课本。不过，一般的课本是概括的概括，已经离开实际太远了。如果说要学系统的知识，这两种系统知识都是需要的，而且学习也应有先后，从感性到理性，颠倒了这个次序势必走弯路，强调一面，就不免发生

① 吕鸿安：《太行区学校教育会议总结》，华东师范大学教育系抄件（抄件存华东师范大学教育科学资料中心）；另见苏贯之《关于太行二中、太行第二联中和左权中学的一些情况》，山西省教育史志办公室编《山西教育史志资料》，1985 年第 4 期，第 63—64 页。

② 晋冀鲁豫边区政府教育厅：《关于“新教育方针”的初步意见》，原载《教育改革论文集》，冀鲁豫书店，1947。华东师范大学教育系抄件（抄件存华东师范大学教育科学资料中心）。

经验主义或教条主义偏向。值得注意的是，这里把所谓“事物的自然系统”，即客观存在的规律，视为“系统的知识”。基于这种观念，导致对“做”的过分强调，对书本知识的忽视。惟其如此，该边区教育当局强调：从教育最切实的意义上说来，“我们是培养学生会办事，而且是能够办好事的人，而不是学会读书的人”。因此，“以课本为中心的系统文化知识的学习”的观念，必须为“从实际中取得系统知识”的观念所代替。①

根据边区政府教育厅的“新教育方针”，太岳区若干学校进行“做、学、教的生产单元教学”的试验（沁屯中学、士敏中学及国隆完全小学等）。②1946 年 12 月，中共太行区委员会宣传部长冷楚就在中学教育座谈会上，直率地批评了这类倾向，强调“学校的目的在学。所谓学，即提高系统的科学文化知识。为了目前，更重要的是为了将来更大的智慧作准备”。③ 到 1948 年 7 月，在太行区学校教育会议上，重新讨论这个问题，指出“做学教”的口号是对陶行知思想的“未加批判的搬运”。④ 1948 年 12 月，在《太岳区普通中学暂行实施补充办法（草案）》中，重新明确规定“坚决纠正大单元学习的偏向，实行钟点制，同一性质的学科不宜连续排列”。⑤

太岳区在 1948 年从调查中获悉，单元教学“有好处，也有坏处”。好处是结合中心工作，可使学生了解时事，提高国文水平；坏处是学生摸不着头脑，学不上系统的基本的材料。例如 1947 年曾以“自卫战争新阶段”为单元学习中心，史地课结合讲蒋介石的历史、大别山一带的地理，由于缺乏系统的知识，学生“摸不着边沿”，教员“也靠不住教材”。⑥

2. “新自学辅导”

陕甘宁边区所属绥德师范学校，鉴于班级授课制存在种种弊端，遂于 1944 年提出“加强学生自习”和“教员指导自习”的口号。按照各学科课

---

① 晋冀鲁豫边区政府教育厅：《关于本边区实施“新教育方针”的初步意见》，原载《冀南教育》第 1 卷第 5 期，华东师范大学教育系抄件（抄件存华东师范大学教育科学资料中心）。

② 《太岳区教育结合生产的情况》，山西省教育史志办公室编《山西教育史志资料》，1986 年第 4 期，第 19 页。

③ 吕鸿安：《太行区学校教育会议总结》，华东师范大学教育系抄件（抄件存华东师范大学教育科学资料中心）。

④ 同上。

⑤ 山西省教育史志办公室编：《山西教育史志资料》1985 年第 3 期，第 61 页。

⑥ 山西省教育史志办公室编：《山西教育史志资料》1985 年第 4 期，第 35 页。

时，分配各科目自习时间，并由教师指导学生自习。起初遇到的问题是，如布置作业，学生自习的内容比较明确；如不布置作业，学生仍不懂得怎样自习。这就需要教员指导，但学生一般在晚间分散自习，教员难以全都照顾得到。于是，从 1945 年下学期起，在第 29 班（甲）国文科进行“新自学辅导”试验。接着在 1946 年上学期，又在第 29 班（乙）进行各学科“新自学辅导”试验。

“新自学辅导”的中心口号是：学生在教员的辅导下自学，教员在学生的自学中辅导。基本设想是：

（1）要养成学生的自习能力、自学习惯，则必须尽量使学生自己先动脑、动手、动口、动耳、动眼。教员只是根据学生自己学习的情形（程度、困难、问题、需要），来给以帮助和指导。为此，就须打破以教员讲授为主的课堂制度。

（2）学习方法和步骤必须以养成学生自学能力为主。每一学科的学习方法是按照不同年级和不同要求进行的。所以，要打破上课时教员单纯讲授、学生单纯听讲，自习时教员单纯指导、学生只是预习复习的死板的规定。

（3）以教学的步骤解决教学时间的支配，即讲解、自习，不在日课表上规定，而随教学进程确定。也就是把同一学科的上课时间与自习时间，由执教者统一分配，灵活使用。

（4）把自学场所和上课教室统一起来，即让学生在教室中上课与自习，以学习小组为单位就座。如全校都采用这个制度，则将把原先的教室变为“学科教室”，如国文自习室、数学自习室等。

（5）在学生个人自学基础上，开展学生的学习互助。把不同程度的学生混合编成若干学习小组。“这种集体主义的学习精神乃是新自学辅导的精髓”，与建立在个人自由竞争基础上的自学辅导或道尔顿制有别。

（6）自学与辅导的比重，因学生程度与年级而异。

教学步骤（以一年级国文课为例）是：

第一步，学生朗读课文。

第二步，学生自习，包括阅读课文、查生字解释。

第三步，学生阅读课文，尝试解释生词难句，把生词难句记下来，在小组中讨论。

第四步，全班讨论小组中尚未解决的词、句。

第五步，学生自习，尝试解释课文，分段，小组讨论。

第六步，学生阅读，注意全文大意、主题、文体，小组讨论。

第七步，由学生自己分析文章、解释文章。[①]

“新自学辅导”的试验是有计划、有步骤进行的。后因内战的爆发而中断。

此外，太岳行政公署于1945年7月在《关于中学教育的决定》中提倡“以学生自学为主，先生进而（行）辅导”。大家都可提出问题，互相质疑，“先生也是学生，学生也是先生”。例如，沁县师范学校的学生委员会，就是师生共同组成的，“可以制订自己的学习计划”。讲课后，分组讨论、研究，提出问题，先生可作结论，但“主要是从讨论中解决问题”。“总之，新的教育方法，先生仅是辅助的，主要是靠学生；为了使学生更加接近实际，从中学第二学年开始实行‘分组教学’。”根据学生自愿和当前的工作需要，把学生分为若干班或组，如行政组、教育组、财政经济组、民众运动组等。一面请有经验的同志多来上课，一面让学生参加实际工作，“用自己的经验来教育自己”。[②]

所谓“做、学、教的生产单元教学”与“新自学辅导”，所谓“以学生自学为主”和“分组教学”，虽或多或少有点创造性，基本上未脱“设计教学法”、“道尔顿制”、“自学辅导”、“分组教学”或俄国的“分组实验制”之类“新教育”的窠臼。

东北解放区在人民共和国诞生前夕，发布的师范、中学、小学规程中，都明确表示“不许不加批判地采用欧美的反动的资产阶级教育学所提倡的教育方法”。规定小学教学的基本原则，是理论与实践一致，应以上课为主，配合必要的课内学习，教师应根据儿童心理，采取启发诱导方法进行教学，启发儿童的学习兴趣，培养学习的积极性、自动性与创造性，引导儿童积极学习，反复练习，应注意联系实际，多做实验、观察、参观等，力求启发儿童思想与创造力，引导学生面向实际，克服书本教学与实际生活脱离的毛

① 潘开沛：《学生在教员的辅导下自学，教员在学生的自学中辅导的理论与实际》，《陕甘宁边区教育资料（中等教育部分）》下册，教育科学出版社，1981，第284—291页。

② 山西省教育史志办公室编：《山西教育史志资料》1986年第4期，第12页。

病。[1] 从否定的方面与肯定的方面，都同当时俄国教育学的基调相近。问题不在于原则的规定，需要合理解决的，是体现“理论与实践一致”以及教与学结合的教学制度、教学组织与方式。

① 辽宁省教育史志办公室编:《东北解放区教育资料选编》(内部参考资料)，第 247 页。

九、从“教程”向“学程”转变的趋势

传统的教学法与教学论，都以学科课程、班级授课为前提，尽管它们都力求以心理学为依据，而在学科课程、班级授课的背景下，它们事实上都作为教师“讲授”的依据。传统的教学法与教学论虽然使讲授具有直观性，便于学生理解教材与教师讲解，注意到学生提问、练习、复习等，却无法使学生摆脱被动学习的局面。它实质上属于“教程”意义上的课程。到了20世纪，教学的进一步改革不能不另辟蹊径，这就是从改革学科课程与班级授课入手，把“教学改革”变成“课程改革”。这种探索是从对原先发现的“教”的一般法则的怀疑开始，并重新思考教的法则。

近代教学法在从历来的“个别施教”转变为“集体施教”，从以“学”为主转变为以“教”为主以后，所面临的迫切问题是“如何教”的问题。在此背景下，教学法先驱旨在发现“教”的一般法则（规律）、有普遍意义的“教”的指导原则、划一的“教”的程序，使教师据理施教，有法可依，有章可循。这样建构的“教学法”，不管它如何粗糙，在历史上确实发挥了它所能发挥的作用。由于在这种“教学法”以及“教学论”指导下，“教”脱离“学”、“学”脱离“做”的倾向日益明显，到了现代，遂发生对原先发现的“教”的一般法则的怀疑，并针对实际存在的问题，转换了思考“教”与“学”问题的视角。这就是：根据“如何做”决定“如何学”，根据“如何学”决定“如何教”。人们根据这种新思考，进行了一系列的新试验。其中包括：锋芒指向“学科中心”的“活动中心”试验，如蒙台梭利（1870—1952）的“罗马儿童之家”、德可乐利（1871—1932）的“生活学校”、基尔帕特里克（1871—1965）的“设计方法”，以及后来的莫里森（1871—1945）“单元教材精习制”；锋芒指向“班级授课”的改革，如各种能力分班制、活动分团制；帕克赫斯特（1887—1973）的“道尔顿实验室制”，等等。从而促成课程从“教程”向“学程”转变。

不过，在中国，由于不明20世纪出现的许多改革尝试的性质，仍按习

惯的话语，把新出现的课程改革试验纳入“教学法”范畴，称为“蒙台梭利教学法”、“德可乐利教学法”、“设计教学法”、“莫里森单元教学法”等，统称“新教学法”。

十、教学法的命运

教学法演变进程表明，教学法形成后，至少遇到两次挑战，一次比一次尖锐：

1. 近代教学法先驱建构教学法的原意在揭示“教”与“学”的一般法则。到了 18 世纪与 19 世纪之交，首先在德国，出现提高“教”与“学”研究理论层次的尝试，即把“教学法”变为“教学论”（称为“教学原理”）。不仅如此，当时还有“教育学”的建树。

由于“教育”与“教学”是两个不同的概念，故最初问世的“教育学”大抵是“教育”之学，不涉及“教学”问题，但亦有“教育原理”与“教学原理”联结之作（称为“教育原理与教学原理”）。后来赫尔巴特率先把“教学理论”纳入“教育学”。在“教学原理”、“教学理论”形成后，主要由这些理论学科揭示“教”的一般法则，迫使“普通教学法”结束其历史使命，而“教学法”演变成“分科教学法”。

2.“教学”原译为“教授”，“教学法”原译为“教授法”，较为名副其实。因为不管是“普通教学法”还是“分科教学法”，主要是“教”的法则，是“课堂教学”之法，尤其是以“教师授课”为主的方法。时至 19 世纪与 20 世纪之交，作为“教授法”前提的“学科课程”与“班级授课制度”成为反思的对象，并从对“教法”的关注转为对“学法”的关注，并根据“学的方法”确立“教的方法”。在西方国家，这是一种实质性的变革，而在中国，对后来影响最大的，却是名词的改革，即把“教授法”改称“教学法”，又把别国同原有“教授法”异趣的课程改革的建树称为“新教学法”。不过尽管改变了名称，却很难改变事实。在课程改革潮流兴起以后，“教学法”的影响逐渐减弱。

在此种情势下，“教学法”的命运不免成为问题。不过，迄今为止，它并未消亡。

1. 只要“学科课程”（即使不作为“课程编制”，而作为若干学科）与“课堂教学”存在，“教学法”就有存在的理由。只是在有些国家“教学法”

早已连同“教学论”被纳入“课程论”话语系统之中，如把“语文教学法”称为“语文课程”问题。

2. 教师，处在任何教育情境中，所关注的似乎首先是“如何教”的问题。按照以往的设想，教师在掌握教材的前提下，只要了解“教”与“学”的一般法则、教师与学生结合的方式、教与学活动的程序，就能顺利地进行教学。这种设想对于缺乏教学经历的教师来说，有一定道理。其实，教学法的意义，大抵也限于此。人们常说“按教学规律办学”，且不说对所谓“教学规律”明白多少，即使是发现了“教学规律”，其在教学工作中的意义依然相当有限。因为任何教学法、教学规律，如果不带有超脱具体教学情境的一般性，既称不上什么“规律”、什么“法”，也不具有普遍的指导意义。正由于它们同具体教学情境脱节，它们对具体教学的指导意义就相当有限，而在实际教学中，教师的人格力量、教师对教材的理解、教师的主观努力、教学工作的组织及学生的状态，更有决定意义。明乎此，教学法在现代人心目中就失去了以往那种权威。

3. 如果说从 20 世纪初期开始，对“课堂教学”的关注转为对“课程”的关注，那么，在 20 世纪 70 年代以后，又从对“学校以外的课程设计”的关注，转为对“学校本身课程设计”的关注。这就是所谓“学校课程开发”问题，它实际上是教师在一定程度上成为课程设计的主体问题。

这种情势表明，在多年实际中，不仅破除了对所谓“教”的一般法则、一成不变的程序、单一教学模式的迷信，就连统一课程设计的权威也发生动摇，而鼓励学校与教师，从具体教学情境出发，独立创造。这样，反过来又发生对教师教学、教学研究的理论指导问题，而这种理论，虽可能包括“教学法”在内，但主要是课程设计原理、程序与方法问题。如果说，在“国本课程”或“地方课程本位”体制下，教师关注的，主要是“如何教”的问题，那么实行“学校课程”以后，教师应关注的，倒首先是“教什么”的问题。

后记

假如“教师不懂教学法”

假如教师不懂教学法，那教学将是怎样的情形？如果教师懂得教学法，教学又将是什么情况？——提出如此设问，像是在兜售“教学法”。其实，本人并没有发明什么牌号的“教学法”，手上也没有什么货色需要兜售。只是提出问题，请老师们自己去考虑。

这位或那位老师是不是懂得教学法，他们自己心中有数。如果他不懂教学法，而教学效果很好，并成为高级教师、特级教师，是不是表示教学法无用呢？这就得看那是什么“教学效果”。如果他的教学效果主要表现为学生分数高、升学率高，那还不足以证明教学法无用。如果他的教学效果“真好”，能不能证明教学法无用呢？还得看其教学实践是不是违背教学法。因为是不是懂得教学法是一回事，其实践是不是符合教学法，则是另一回事。如果他只是没有违背教学法，而教学效果“真好”，那也说得过去，因为教学法不是万应灵药。它固然对教学成效有影响，而教学成效还取决于教师的人格和努力程度。教学法如被教师自觉地恰当地运用才可望有效。

说到这里，只是一堆“如果”，也就是一个又一个假设的问题。至于事实情况如何，自然用不着我来回答，因为老师们比我更清楚。不过，我也不是无端地提出这些问题。无非是在听课中、在参与备课中、在评课中有感而发。这些感想，说穿了，就是教学法离我们的教学已经渐行渐远了。

拿感想说事，自然不可靠，重要的是看普遍的事实情况如何。事实究竟如何呢？追根究底，尽管如今教师继续教育、教师培训如火如荼，而从有关报道和“课题研究成果”看来，其中似乎难觅“教学法”的影子。“根子”如此，茎叶可知！至于这种存在的合理性或不合理性，还得进一步考虑。这种考虑又得从“教学法是什么”说起。

一

“教学法”是什么？本人既没有发明过什么“教学法”，也非教学法研究者，这个问题还用得着本人来回答么？只是既然提到它，也就回避不了。

教学法原是学科名称。据唐钺、朱经农、高觉敷主编的《教育大辞书》解释：“凡是依据实验而得之原理，以教儿童学习各种学科之方法，谓之‘各科教学法’，或‘教学法各论’。而讨论教学上一般的原则，为各科教学所共通适用者，谓之‘教学法概论’，或‘教学法通论’。”① 这个解释不错，但有必要补充说明。

1. “教学法”一词，原为“教授法”。由于陶行知倡议把“教授”改称“教学”，这才把它改称“教学法”，只是换个语言符号，并不表示事实就自然而然地随之变化。它事实上仍是教授法，涉及教师如何“教”的问题。

2. “教学法”之“法”，容易被误解为教学的“方法”。其实，它指的是教学的“法则”。“依据实验而得之原理”、“教学上一般的法则”，此之谓也。

所谓“法则”，原有“自然法则”与“当然法则”之分。“自然法则”即规律；“当然法则”即“原则”，是指作为价值观念凝结用以指导实践的原则。后来，把“法则”作为“规律”的同义语，才把“当然法则”改称为“原则”。它们之间的区别在于，“规律”是隐含在已经发生的历史的、现实的事实中的诸种现象的必然联系；“原则”则是自觉地变革已经存在的事实的实践价值取向。以往有些教育学教科书把“原则”说成是“规律”，那是出于对“原则”与“规律”的误解。

3. “教学法”脱胎于“教学艺术”。所谓“教学艺术”，其中的“艺术”，是同“自然”对举的概念。相对于自然发生的事物，艺术是指对自然事物人为加工改造的系列动作。不过，对自然发生的事物进行人为加工、改造的系列动作，又有机械的（刻板的）手工技艺与艺术之别。“艺术”专指在原则指导下的实践，又称为“自由艺术”。

综上所说，“教学法”的研究对象是“教学艺术”；“教学艺术”即“教学的当然法则”；“教学的当然法则”即“教学的原则—规则体系”。17 世纪

---

① 唐钺、朱经农、高觉敷主编：《教育大辞书》，商务印书馆 1928 年版，台湾商务印书馆，1974，第 1068 页。

经夸美纽斯概括的，是其称之为“教学艺术”的有关教师如何教学生学的一套原则—规则体系；19 世纪第斯多惠称之为“教学法”的，是更带民主色彩的教学原则—规则体系。明乎此，那就不难了解，我国如今纷纷应市的各种品牌的“教学法”到底是正品还是赝品了。

二

如今，教学法同教师的教学渐行渐远，并非无由。

1. 教学法原先作为教学的“当然法则”指导实践，后来，随着科学潮流的涌动，“教学艺术”、“教学的当然法则”，都显得客观依据不足，从而出现研究教学的“自然法则”的尝试。不过，前辈学者的头脑倒还不至于简单到只承认“自然法则”，否认“当然法则”。从此形成教学法研究的科学取向与实践取向（价值取向）分途。

2. 随着教育研究的进展，教学法本身也发生了分化，这就是“普通教学法”与“分科教学法”的分野。

普通教学法在形成过程中，首先遭遇“教育学”的挑战。“教育学”原本是“教育”之学，与“普通教学法”并行。其中并无“教学理论”部分。19 世纪初，赫尔巴特率先在《普通教育学》中建构“教学理论”。教育学中的教学理论越丰富，越显得“普通教学法”缺乏理论深度，最终以作为独立学科领域的“教学论”取代“普通教学法”，而剩下的“分科教学法”，由于缺乏教学一般法则的内涵，而成为处理教材的“方法”。其学术声誉可想而知。

3.“分科教学法”得以长期存在，也不无原因。因为“方法”是同“内容”对举的概念。按照杜威的说法，方法是处理材料的方式。所谓不同的方法，其实是在不同的处理材料（内容）方式的比较中形成的抽象的概念。事实上任何方法与内容都是同一活动的两个不可分割的方面。例如，在数学中，由于小数、分数与整数不同，几何图形与四则运算不同，教法也就随之不同。语文课程中说话、写字、阅读、作文各有特点，自然课程、社会课程的教材又有别于数学、语文教材，也就得根据不同教材的特点，采取不同的教法。这正是“分科教学法”得以存在的理由。相比之下，教育学、教学论、课程论的那些“教学方法”即使确有根据（即撇开杜撰的“教学方法”），因游离于具体教材，也就不足以解决教学实践中对具体教材如何处理的问题。惟其如此，分科教学法的生命力也就不在教育学之下。问题在于分科教学法的核心内容，是在同中小学每节课程中一系列具体教材的联系中构成的，也就不免给人们留下“小儿科”的印象。以致难登“教育科学”、“教育理论”的大雅之堂。

4. 尽管分科教学法比其他教育学科同中小学课程的联系更为密切，然而它比其他教育学科更不适宜于作为教师职前教育的课程。因为这类学生心目中并不存在具体教材处理的难题。对这些学生开设这种课程，不啻是无的放矢，而且有碍这门课程的声誉。而这种课程在教师职后教育中，倒像是“及时雨”。

三

其实，教学法命运多舛，还另有深层的缘故。

分科教学法，植根于学科课程。其命运也就同学科课程编制联系在一起。尽管迄今为止，即使是教育发达国家，学科课程仍是课程编制的主要类型。然而这种课程编制的局限性，早从进入 20 世纪开始，就已经充分暴露出来。它也就受到了挑战。人们遂在学科课程之外，另辟蹊径，导致多种课程编制的出现，如经验课程、核心课程等。相应地出现如基尔帕特里克的“设计方法”、沃什伯恩的“文纳特卡计划”、莫里森的“单元教材精习制”等风靡一时的新建树。如果说教学法原是“教授法”，那么这些新尝试所要解决的，则是学生如何在教师辅导下学习问题，并且“教材”观念也同以往的“教科书”或多或少有区别。不过，这并未妨碍我国学者仍以“教学法”的眼光看待这类新尝试，把它们称之为“设计教学法”、“文纳特卡教学法”、“莫里森教学法”。由于即使在发生这类“新教育”尝试的国度，仍以学科课程为课程编制的主要类型，故这些新尝试的命运也只能是昙花一现。然而正由于这些新建树已经打开了人们的眼界，学科课程连同本来意义的教学法，也就更加显得逊色。

一个世纪以来，既然学科课程未废，也就证明教学法的生命并未终结。只是由于其学术声誉不高，教学法终究式微。尽管教学法的命运如此，正由于学科课程的地位并未从根本上动摇，以致就连进步教育盛行一时的美国，教学法在中小学，尤其是中学仍有相当影响。美国课程专家古得莱得在“学校教育研究”课题报告《一个称作学校的地方》中提到，小学教师一直在用一些不能使所有学生真正参加学习的教学和分班的方法。“因为教师本人对他们所受的培训的认识，证明他们具备应有的知识，所以我们可以假定问题出在教学法上，而不是教师的学术背景上。”不过，教学法本身也存在问题，“教学法中只有某些方面是可以各专业通用的，其他的要根据不同科目的特点而定……需要更加重视学生是怎样学习的，以及学习科目是怎样组成的，才能填补这一缺陷”，“不管怎样，对具体学习科目的教学法的兴趣始终集中在中学教育阶段，不是小学教育”。[①] 这种看法还是比较到位的。教学法同“不同科目的特点”相关，是其长；其中缺乏“各专业通用”的法则，是其短。取长补短之要，在于“更加重视学生是怎样学习的，以及学习科目是怎样组成的”，即以学习心理研究与课程研究弥补教学法的缺陷。

近半个多世纪以来，我国对教学法的了解，得益于苏维埃时期的俄国的教学法研究成果。俄国在 20 世纪 20 年代，曾经在欧洲“新学校”和美国进步教育影响下，进行大规模的改革。其激情与规模曾使西方学者望尘莫及。从 1931 年开始，急流勇退，迅速转向，近代以来的传统教育以超强的力度全方位反弹，在重建学科课程过程中，重新建构教学法。

在俄罗斯，教学法之于教师，实非同寻常。由于实行国定课程体制，“教学大纲就是法律”，学校和教师无权更动课程与教材，主要在教学法上下工夫，旨在使法定的课程转化为学生的教养。为此，在学校中建立“教学研究组织”（简称教研组），在教育行政机构中建立“教学研究室”。“教研组（室）”的主要职能，为“教学法研究”。时至 1970 年，干脆把教研组更名为“教学法小组”。在学校中，还以“教学法委员会”取代教务会议，实际上实行教师教学自治。可见教学法在俄国的命运特佳。

四

教学法在中国的命运如何呢？

我国在 20 世纪上半期，教学法研究非常活跃，从中涌现出一批杰出的

---

① 古得莱得著，苏智欣、胡玲、陈建华译：《一个称作学校的地方》，华东师范大学出版社，2005，第 196—197 页。

教学法专家，如俞子夷、吴研因、沈百英、赵廷为。他们堪称我国教学法研究的开拓者。由于汉字有别于西方文字，他们在中国语文教学研究方面，更有独创性。他们不仅在中国内地而且在华人世界，都有很高的声望。他们一生与时俱进。从对赫尔巴特学派的教学法研究到主持与参与新教育试验，直到后来引进与推广前苏联教学法，都作出了贡献。

我国从1952年开始，就参照俄国的先例，在中小学设置教研组，后来又在教育行政机构中，陆续建立教学研究室。20世纪50年代，在中小学，教学法颇为盛行。这是由于当时教学法是教师职前职后教育的必修课程之一。一般教师或多或少受到过一定的教学法训练。在发达地区，大抵能按照教学法评价教学，以致在很长时间里，从事一般教育理论研究的大学教师，如果不懂中小学教材教法，会因同中小学教师缺乏共同语言，而很难走进中小学。鉴于学科课程在我国比美国、前苏联课程中的优势更大，按理比别的国家更须讲求教学法，而实际情况与此恰恰相反。昔日教学法的繁荣，早已一去不复返了。个中缘由也就值得考虑。

1. 如此状况，首先同分科教学法本身的局限性相关。我国从进入教育改革的新时代开始，客观上需要更新传统的教育价值观念，而教学法涉及的是这部分或那部分教材如何教的问题，成不了高头讲章。同各种崭新的教育价值观念相比，它像是无关紧要的“小儿科”。它既登不了教育理论的大雅之堂，也难以列入“学校形象工程”或教育行政部门的“政绩工程”。一些地方即使冒出这种或那种“教学法”品牌，终究由于缺乏“教学法”应有的普遍适用性而各领风骚不多天。

2. 我国教学法研究者，大都来自中小学教学经验丰富的教师。就一般情况来说，他们虽有可贵的实践经验，却因受狭隘分工的局限，缺乏一般教育理论的视野与教育研究的训练；而教育理论水平甚高、研究能力较强的学者，又不屑关注这种教育研究领域的“小儿科”。故原有的“教学法”，为了提高“理论水平”，往往羼入教育学、教学论、课程论和心理学话语，反而不伦不类，弄巧成拙。到如今竟走上了末路，成为淡化教学法特点的“学科教育学”。剩下的各种赝品“教学法”，总算还给人们留下一点“教学法”的记忆。如此这般的“教学法”，就连在教师职后教育中消失，其合理性也不言而喻。

然而，不同课程、不同教材如何有效地教学，毕竟是每个教师回避不了的难题。这样，问题就出现了："假如教师不懂得教学法，那教学将是怎样的情形?"凭经验解决么?拍脑袋从头摸索么?如果那样的话，要教研组何用?要教研室何用?这且不谈，就说那些先进的"教学理念"吧，如果不是一直飘浮在口头上，羼入文章中，那么只有以教材教法为载体，即落在实地，才称得上是教学的"理念"。

如果这只是一个对"教学法"的认识问题，事情也许还不难解决。困难在于"教学法的命运"原不是真正的问题，真正的问题是"教学法研究者"的命运。因为教学法的学术声誉高不高，实同中小学教师无干，而对于"教学法研究者"，却是至关重要的问题。譬如有一位在数学教学研究方面颇有建树的专家，仅仅由于"数学教学法"学术声誉受到质疑，这位专家就进不了"博士生导师"的殿堂。

如今，不懂教学法的"专家"，可以大摇大摆地进出中小学（惭愧，本人就是一例）；教研室的研究人员、大学的教学法教师，不论教育理论的功底如何，却玩起了"教学理念"。这就叫作"外行人干起了内行事，内行人干起了外行事"。教学法研究者的状况如此，教学法的命运又能怎样呢?

=V= 语文课程问题

一、教育的人文精神

对话者：F（教育学硕士）
S（教育学硕士）
L（教育学硕士）
M（教育学博士）
C（教育学教授）
时　间：2001 年 8 月 27 日
地　点：天问居茶室

F：《教育参考》杂志从 2001 年第 7—8 合刊开始，新辟“人文与教育”专栏，已经发表了部分来自高等学校的专家学者的言论。其实，最近几年间，有关基础教育的人文精神和学生的人文素养问题的议论颇多，只是关于什么是“教育的人文精神”，什么是学生的“人文素养”，衡量这个问题的是非标准、作出这种或那种判断的依据是什么，至今仍不清楚。有关这个问题的议论，除了少数学者的发言有针对性以外，一般的讨论像是聋子之间的对话，各说各的，也就难得见到不同思想撞击迸发的火花。我希望我们能就这个问题议论一下。

S：关于“人文精神”、“人文素养”，并非没有共识。只是有的时代使用这个概念，有的时代遗忘了这个概念。不同时代使用这个概念的语境不同，其含义也就不尽相同。“人文”原是同“神道”对举的概念，后来，或是同“自然”对举，或是同“科学技术”对举。在每种语境中，它的意思并不含糊，只是在拜读我国现在一些专家学者的大作以后，反而糊涂了。

L：是专家学者糊涂，还是你糊涂？

S：怎敢说专家学者糊涂？我自认糊涂。

M：有哪些问题弄不清楚呢？

S：譬如有人列举“人文素养”的含义，有 11 点之多。不能说其中任何一点同“人文素养”都无干，然而一个概念的含义如此之杂、如此之多，这个概念还可以用于论证么？又如有人认定“人文精神”有别于“人文素养”，并针对时下不少人把“人文精神”同“科学技术”对立起来的倾向，提出“人文精神”既含“人文关切”，也含“科学理性”，并且理解“人文精神”应“强调科学理性”。我虽有同感，仍感到不解：“人文关切”的“人文”何义？其中是否包含“科学理性”？以“人文关切”解“人文精神”是不是属于同义语的反复？

C：关于所谓“教育的人文精神”与学生的“人文素养”问题，有些杂志曾来函约稿。我觉得自己既缺“人文精神”，又乏“人文素养”，故一直不敢应约。如果说有些讨论像是聋子之间的对话，那么我则是一个旁听（或并未旁听）的哑巴。现在诸君要逼我这个哑巴开口说话，岂不是勉为其难么？

L：就算是这样吧，既然这个问题已经引起大家关注，不妨议沦一番，真理愈辩愈明。

M：那倒不尽如此。譬如“人文”，原是同“自然”对举的概念，经此一辩，它忽然露出了与生俱来的“自然本性”。“人文”又是同“科学技术”对举的概念，经此一辩，它同“科学”的界限反而模糊了。我不懂得，我们现在是有鉴于对人的自然素质和科学理性的忽视，才讨论“教育的人文精神”问题么？

S：一方面，我们在议论这个问题之前，不宜轻易怀疑专家学者的观点。因为专家学者毕竟比我们（至少比我）懂得多、想得深刻，也可能是我们把他们的意思理解错了。另一方面，也不是不可以力求在不违背人们通常赋予“人文精神”这个词含义的基础上，对这个问题加以澄清。

C：好！那就言归正传吧！

一

L：所谓“人文精神”，原是“人文主义者”所张扬的精神，而“人文主义”是一个历史形成的概念。现代人一般不再以“人文主义者”自居，只弘扬“人文精神”。众所周知，欧洲文艺复兴时期的近代思想先驱率先倡导“人文主义”。18 世纪与 19 世纪之交，德国启蒙思想家，如莱辛、赫德尔、康德、席勒、歌德又重新鼓吹“人文主义”，史称“狂飙运动”，属于“新人文主义”。见诸教育领域，则有裴斯泰洛齐、赫尔巴特等教育家的建树。不过，到 19 世纪才贴上“人文主义”、“新人文主义”标签。[①]

“人文主义”原称“人文学”（拉丁文 humanitas），指的是崇尚人的自由与完美发展的古希腊（民主制时期）、古罗马（“希腊化”时期）的文化。尽管在当时以及尔后不同时代，由于使用“人文”、“人文主义”一词的语境多少有些区别，这个词的含义也就不免发生变化。惟任何一个词若失去其基本含义，它也就丧失其交流功能了。

F：“人文主义教育”或“教育的人文精神”的基本含义是什么呢？

M：这个问题不说你也知道。人文主义者所主张的“人文主义教育”，是以古希腊—罗马典籍、历史文化为载体的教育。作为一种教育价值观念，主要强调每个人就其本性来说，都能接受教育；合理的教育应使人“灵肉一致”，“身心既美且善”；应当采取合乎人性、使人愉快的方式进行教育。原先是一种设想和在个别学校中体现的精神，后来逐渐形成以古典人文课程占优势的教育。即传统的古典中学、文科中学所实施的教育。旨在训练理智能力，陶冶性格，培养高尚的情操，发展自由个性。由此可见，“人文学”之“人”，非指泛泛的“人”，而指的是独立的自由个性。所谓“文”，非指一切人文学科知识，而是同人的尊严、独立的完善的个性相关的学问。在近代早期的欧洲，特指古希腊—罗马文化。

S：人文学科课程的任务只是发展个性么？

F：照你这么说，仿佛只有欧洲那种古典中学才具有“人文精神”。如是，我们现在讨论“教育的人文精神”问题还有什么意义呢？

L：看来不宜把“教育的人文精神”同与学生的“人文素养”相关的“人文学科”混为一谈。

二

M：说得对！我只是就“人文精神”的本义而言。由于独立的完善的个性发展，是一个有待长期实践才能普遍实现的崇高理想，作为这种理想源头的“人文精神”具有深远的意义。不过，尔后社会思潮与教育实践表明，“人文学”只是历史形成的观照社会、观照人生、观照教育的一种视角，它

① 陈桂生：《学校教育原理》，湖南教育出版社，2000，第 133—136 页。

在理论上的意义相当有限。它原有的以古典文化为载体的教育经验形式颇有局限性，所以到了19世纪与20世纪之交，传统的古典人文教育已经失去优势。随着现代“人文科学”的兴起，逐步把“人文科学”引入课程，并且它在课程中的优势越来越大，只是日趋“科学化”、“知识化”的人文课程中，到底还保持多少“人文精神”，成为一个不容忽视的新问题。这正是不少专家学者至今仍关注“人文精神”的理由。

L：不仅如此，时至20世纪，随着“社会本位”思潮的兴起，人们早已超越从抽象的“人性”来演绎教育的狭窄视野。开始把教育放在社会范围内考察，放在具体的复杂的社会关系中审视，认定教育旨在实现“个体社会化”。也许由于“个体社会化”的滥用，导致对个性的漠视，这又成为重新提出“人文精神”的理由。

F：说到“个体社会化”的滥用，在经历“人文主义”洗礼的国度与未经这种洗礼的国度（如中国），情况稍微不同。在西方，即使是张扬“社会本位”教育的有识之士，如纳托普、涂尔干，其通过教育实现“个体社会化”的主张，并不同个性相悖，而是认定人的个性只有在一定社会条件下、在社会交往中，才能得到健全发展。而在中国以往的教育实践中，颇有把“个体社会化”与个性对立起来之嫌。这才更有理由弘扬教育的“人文精神”。

M：“人文学”原是“人文主义”影响的产物。进入20世纪以后，随着“社会本位”思潮的兴起，一般把有别于古典人文学科的“人文科学”，称为“社会科学”、“社会学科”。我国如今虽兼用“人文科学”、“社会科学”提法，而它们的外延大部分是重叠的。

L：说得是。我虽然无意杜撰新词，给理论界添乱，为便于比较，不妨说，如今的“人文学”实际上已经变成了“社文学”，“人文精神”变成了“社文精神”。所以，属于“社会科学”的“人文”学科，是否有助于提高学生的“人文”素养，取决于这种学科是否体现“人文精神”。不过，“人文主义”时代已经一去不复返了。现在的问题是在个体“社会化”与“个性”之间寻求适当的平衡。所谓“教育的人文精神”，充其量只能当作一个纠偏的口号。

C：诸君居然道出了这么多大道理，不简单。不过，时间有限，还是议论一下前面提出的“人文精神”与科学技术素养的关系问题吧。

三

F：现在引起关注的“教育的人文精神”与学生的“人文素养”是两个相互关联的不同问题，它们与科学技术素养的关系也不尽相同。如果说“人文素养”是同“科学技术素养”相对的概念，那么在形成独立个性的意义上，“人文学科”既可能比科学技术学科更富有“人文精神”，也可能比科学技术学科更缺乏“人文精神”。

S：同理，现在出于对“德育”的异常关注，还把“德育”纳入“人文与教育”论题。能不能说重视“德育”就意味着是具有“人文精神”的教育呢？其实，现行“德育”，或许比其他什么“育”更缺少“人文精神”。

M：话虽如此，能不能说，现行“人文学科”应是具有“人文精神”的人文学科，现行“德育”应是具有“人文精神”的德育呢？

C：这个问题提得好！这个问题的提法中不就包含回答这个问题的线索么？

M：是的！依我之见，“人文学科”、“德育”固然应有“人文精神”，同时，也少不了“社会精神”。这倒不是什么独到见解，而是我们这个时代已有和应有的共识。

L：除此以外，学生也该有“科学精神”。

C：这就涉及前面提到的“人文精神”中是否包含“科学理性”问题。

L：这也同提出“人文精神”的背景以及使用“人文精神”一词的语境相关。在文艺复兴时期，针对“神道”而论“人道”，以人性与兽性之分作为论证涉及人的问题的出发点，以理性为人有别于兽的标志，故科学理性为“人文精神”题中应有之义。现代“人文科学”与传统“人文学科”的区别，实质上就是科学理性与超经验的思辨哲学的区别。就连关于“教育的人文精神”问题的讨论本身，论者若缺乏起码的科学理性，就很可能流于形而上学的空谈。

F：科学理性未必同“人文精神”相悖，唯在现代，不仅科学技术素养同人文素养有别，而且把“科学精神”作为同“人文精神”对举的概念。

四

S：讨论至此，我还是弄不懂，无论就我国学生状况，还是基础教育状况来说，我们更缺乏的，到底是“人文素养”与“人文精神”，还是“科学技术素养”与“科学精神”?

M：也许我们的学生既缺乏“人文素养”，又缺乏“科学技术素养”。除此以外，不仅“个性”不鲜明，“社会性”也未必尽如人意。如是，也就反映我们的基础教育不仅缺乏“人文精神”、“科学精神”，其实也还缺乏“社会精神”。至于“主要缺乏什么精神”，由于我国历次课程改革，虽兴师动众，却一直缺乏大规模的严谨的实证调查，只能智者见智，拙者见拙。惟其如此，各种教育价值取向似乎都有成立的理由，而其理由却未必充分。它既难证实，又难证伪。这样，“我国基础教育到底（主要）缺什么精神”，也就成为谁也没有足够的事实根据来回答的问题。

F：反正谁最有权有威，就听谁的，倒也省力。

L：我们唧唧喳喳，说了不少。C 先生有何高见?

C：低见也无，谈何高见？只想提醒一下：说到所谓“教育的人文精神”，你们不会不知道，早在约两个世纪之前，黑格尔就对德国“新人文主义”提出质疑。在将近一个世纪之前，杜威又重提黑格尔对“新人文主义”的评论。他说：“黑格尔很懂得抽象的个人主义哲学的缺陷”，“黑格尔在他的历史和社会哲学中，总结了历来德国著作家如莱辛、赫德尔、康德、席勒、歌德等人（按：他们都是新人文主义翘楚）的学说，使人认识到伟大的人类集体制度的产物的教育力量”，“从那以后，凡认识这个运动（按：指新人文主义的狂飙运动）的教训的人，都不可能把制度或文化看作人为的东西”，“和制度相比，个人没有精神的权利，个人的发展和教养在于现存制度的精神的恭顺与同化”。[①] 这就是说，早在 19 世纪初，黑格尔就超越新人文主义的眼界，意识到制度作为一种不以个人意志为转移的客观现实，对个人有制约作用，并有不可忽视的教育力量。我们关注我国基础教育的健全发展，在理论上何必到 19 世纪以前去寻求精神支柱？这其实是对人类已经达到的认识成果的尊重与吸收问题。不过，我国毕竟缺乏有些国家在几个世纪中形成的“人文主义教育”传统，又有几千年形成的等级制传统，也就有必要关注学生有约束的自由，关注学生独立而健全的个性，关注学生个性与社会性的适当平衡发展。更重要的是具体考察导致学生缺乏自由、缺乏个性与社会性的

① 杜威：《民主主义与教育》，人民教育出版社，1990，第 63—64 页。

那种教育机制，并从实践中发掘新教育机制的要素。这便是我们议论“人文精神”的语境。此见，不知当否？

（原载《教育参考》2001 年第 11 期，原题《“教育的人文精神”对话录》）

二、《文化课本》解读

1942年凯丰（何克全）、徐特立与范文澜曾合编供干部阅读的《文化课本》。此课本因由毛泽东作序，故备受关注。问题是多年来尽管有毛泽东的《文化课本》序流传，却未见关于这个课本的介绍。且以往常常把序言成文时间断错。即使掌握大量文献资料的陕西省教育史志研究单位，在《陕甘宁边区教育大事记》（征求意见稿）中，也未标明序言成文月日。表明他们并未接触到《文化课本》。所幸本人在小学时读过这个课本（作为“国语”代用课本），且迄今尚存（封面、目录、封底已失）。记得是华中新华书店的翻印本。序言注明写于“中华民国三十一年一月十七日”。①

1941年5月19日，毛泽东在延安干部会议上作《改造我们的学习》报告以后，在延安和整个陕甘宁边区掀起新的干部学习的高潮，成为整风运动的先声。《文化课本》的编写，实同这个背景有关。三位编者，徐特立与凯丰当时均为中共中央宣传部副部长，范文澜任马列研究院副院长，他们都是当时文化教育领域的干将。

《文化课本》的篇目如下：

序号	课文题目	作者
1	旗	
2	简短的故事（成语故事四则）	
3	海上的日出	巴金

① 从《文汇报》（1991年6月25日）获悉，“珍贵革命文史资料《文化课本》在鲁发现”。据称这个课本在解放后属“首次发现”。为黄宪忱于1947年2月珍藏。其中提到毛泽东的序言写于1945年10月10日，课本中收有中共“七大”代表和延安人民代表向革命烈士敬献的祭文、吕正操要求蒋介石释放张学良的通电。可见黄藏本不属1942年原本。后来又见《人民政协报》于1992年5月22日发表的李新明、张军、李顺林的文章，其中提到《文化课本》藏本共收63篇作品，尽管其中提到的毛泽东序文与我的藏本相同，但所署时间为民国三十四年（1945）十月十日，可见与黄藏本同为该书的增订本。本人藏本为原书翻印本，属国内孤本。

续表

序号	课文题目	作者
4	到雅尔他	
5	叶家的孩子	胡愈之
6	毛泽东的少年时代	
7	孙中山的少年时代	
8	手和脑	
9	人类的发明和生物的技能	
10	我和党有历史上不可分离的关系	徐特立
11	电影院与疯人院	
12	安泰的死	斯大林著作所引希腊神话
13	关于播种工作的谈话	斯大林
14	荒芜了的花园	郑振铎
15	细菌	
16	植物和动物的分野	
17	荒芜了的花园	郑振铎
18	一月二十八日夜	翁照垣副刊发刊词
19	平型关的胜利	
20	[illegible]	伊索寓言
21	喝干海水	伊索寓言
22	两个球同时着了地	
23	揭开了天空的秘密	
24	天气	竺可桢
25	列宁吃墨水的故事	
26	列宁怎样戒烟	（苏）左琴科
27	列宁墓	胡愈之
28	民事注册局	邹韬奋
29	口头与书面	
30	打铁（诗）	

续表

序号	课文题目	作者
31	简政不是“减政”	
32	詹天佑	
33	机械的工作	
34	科学发明的利用	
35	伙夫老武	
36	回族烈士马骏	王明
37	马老太太之死	
38	科学的头脑	任鸿隽
39	《军事》副刊发刊词	朱德
40	冯家会战斗	
41	日常应用文（6则）	
42	标点符号	

其中，1. 《旗》描写的是抗日“志愿军”中一个14岁小兵的故事；4.《到雅尔他》，为苏联访问记；5.《叶家的孩子》，亦为苏联访问记；11.《电影院与疯人院》为讽刺墨索里尼与希特勒的寓言故事；14.《荒芜了的花园》为讽刺空谈家的寓言故事；29.《口头与书面》为说明文；31.《简政不是“减政”》为政论。

二

这个课本有什么特色呢？

1. 题材广泛而又有明确的中心与重点。

这是文化课本，而不是语文课本，也不是理论学习的课本，故所选作品，题材相当广泛。其中包括人物传记9篇（既有领袖人物，亦有平凡人物）、科普小品10篇，各占全书四分之一左右。此外，有战斗故事与苏联采访纪实各4篇，政论2篇，神话、寓言、成语故事多篇。大致以两篇课文合为一个小单元，各种题材的小单元穿插排列，从而使全书色彩斑斓。

2. 课文简短，体裁多样化。

绝大多数课文为千字文，且相当多的课文不足千字。其中记叙文至少 8 篇，除 9 篇人物传记外，尚有神话、寓言、成语故事 7 篇，人物传记除 1 篇传记外，均为人物故事；另有景物描写 1 篇，诗 1 篇，应用文 6 则，谚语数则，以及多篇科普小品。各篇课文都有可读性，且大都带有趣味性。

3. 注重语言训练。

所收 42 篇课文中，有名篇名作 17 篇；除特收日常应用文与标点符号外，还穿插有 12 个语法单元。即：

（1）字与词

（2）词和排列

（3）句和语

（4）句的构造

（5）主语与名词

（6）主语与代名词

（7）述语与动词

（8）述语中的“连带的成分”

（9）助动词

（10）—（11）句子的附加成分

（12）介词与连词

4. 各篇课文，大都附有生字要旨、章节大意、注释，名篇名作另附作者介绍，便于成人自学。

值得研究的问题是，根据地处在形势严峻的革命战争年代，政治气氛一直相当浓重，在此以前（以后往往亦如此），根据地课本（包括儿童课本）不免有政治说教过多之弊；相比之下，这个课本却相当别致，不仅在当时，就是如今读来亦有新颖之感，可谓匠心独运。

这个课本是否有“脱离政治”之嫌呢？其实，且不谈政治短论、战斗故事、人物传记、苏联介绍这些本身就是带政治性的教材，就是所选神话、寓言、成语故事，也大都含有一定哲理，着重讽刺说空话的作风，而各篇科学小品无不带有破除迷信的意义。

无须否认，在这个课本中，直接反映根据地具体实践的作品，确实微乎其微。这似乎有悖于当时和尔后教育改革的主题。不过，对这个问题须作具体分析：

1. 它原是“文化”课本。除此以外，尚有干部理论学习的读物，如《整风文献》。当时报章杂志也不少。编者不取向文化课本政治化、理论化，而以传播文化为主题，在当时可谓别具慧眼。这个课本问世于毛泽东《反对党八股》报告之前。其中无令人讨厌的八股气息，亦属难得。

2. 根据地处在偏僻、文化落后的农村，一般干部文化视野较为狭窄。编者不仅谋求干部知识水平的提高，尤重开拓干部的文化视野。实比就根据地谈根据地的课本见识高明。

3. 惟其如此，根据地教育改革中产生的主要收入反映根据地实际材料的课本，虽风行一时，因其带有狭隘经验主义尾巴，终究经不起时间的考验；相比之下，《文化课本》的编辑方针与选材原则，确显示出一种先见之明。

《文化课本》不愧是行家的杰作。在当时那样一种文化氛围与政治背景下出现这样的杰作，更不寻常。依此看来，毛泽东断言“《文化课本》的出版，是广大干部的福音”，不为过誉。除此以外，说它是根据地教材史上的一颗光彩夺目的明珠，似也恰当。

三、我国现代小学语文课程历史的见证
——吴研因《小学语文的回忆与批判》介绍

缘起

吴研因（1886—1975）早年任江阴县立单级小学和上海尚公学校校长。辛亥革命后，历任中华书局、商务印书馆编辑。从 1920 年开始，先后编写三套小学语文教科书，即：1920 年中华书局印行的《新式国文教科书》，1921—1924 年间商务印书馆发行的《新学制国语教科书》（初级小学 8 册，高级小学 4 册），以及 1929—1931 年间世界书局发行的《国语新课本》（初小 8 册，高小 4 册）。1928 年应教育部之聘，任教育方案设计委员会委员，1935 年受聘为全国义务教育委员会当然委员，1947 年任国民政府教育部国民教育司司长。中华人民共和国成立后，先后任教育部初等教育司司长和中等教育司司长。所以他堪称辛亥革命以来我国初等教育和小学语文课程改革的当事人与历史见证人。

1964 年，受人民政治协商会议工作人员委托，撰写小学语文教材史料。他几经犹豫，终于写成《旧小学语文的回顾与批判》。在收集史料时，曾得沈百英教授（华东师范大学）和陆静山编审（人民教育出版社）的帮助。不过，初稿在征询中央教育科学研究所有关人员意见后，终于未能交稿。

1972 年秋，沈百英去信向她征集小学语文教学史料。在当时那种环境中，他非常犹豫。曾就原稿征求陆静山、沈百英、胡颜立（南京师范学院）意见，最后决定，按 1964 年原稿油印成“1973 年整理未定本”，寄给沈百英。嘱他不外传。

其实，沈百英向他征求小学语文教学史料，原是受我的委托。1972 年，华东师范大学恢复教研组活动，由我担任小学教材教法教研组组长。组员包括赵廷为、沈百英等，共 17 人。由于我未研究过教学法，故从调查入手。

为此曾先后分别同赵廷为、沈百英长谈过几次。沈百英教授非常积极，除了写小学算术教学法材料（未完成）外，还根据我的建议，向吴研因征集历史资料。所以给我带来吴研因的油印“整理未定本”。

梗概

《小学语文的回顾与批判》（以自编教材为主），全稿分八章，从其目录中可知全稿梗概。目录如下：

一、旧中国小学语文教材和我编的三部（套）小学语文教科书时代类型等。

二、政治思想的两面性和所谓“宣传共产主义”的查办。

三、白话文先行和文白之战以及读经与否之争。

四、课文“文学论”和所谓“鸟言兽语”。

五、生字、课文、练习课等的安排和演变以及汉字简化、拼音等。

六、插图、字体和封面、装订等的安排和演变。

七、从“审定”到“国定”和从自由竞争到垄断、分赃。

八、今后小学语文教科书的展望和一些问题。

另有“前言”（1964 年 6 月 1 日）和“后语”（1973 年 5 月 8 日）。

作者在“前言”中自称，自己也算是民国时期一个比较著名的“猢狲王”。“我这个猢狲王，没有大闹过天宫，但是也对天宫表示过不满”，“和天神、天将战斗过几个回合，因而吃过亏。甚至几乎关命。”指《小学国语新读本》遭到过查办，并遭到过大小特务的当面警告。还被像祢衡那样流放出去，几乎被借刀杀害。虽奋斗过几十年，结果并未战胜陈立夫之流“二郎神”。可见我国小学语文课程改革的成就得来不易。前辈如此艰辛和为此付出的代价，几乎令我们这些后人难以置信。

建议

作者毕竟亲历我国小学语文课程改革的过程。加之，治学谨严，所记载的史实比较可信。其中关于文白之争、读经之争，“鸟言兽语”之议，生字、课文、练习安排，插图、字体、装帧安排，以及教科书审定、国定之见，都包含小学语文课程改革中相当丰富的经验与教训。鉴于这些得来不易的经验与教训事实上得而复失，故期待出版界有识之士，征得原著版权所有者同意，将这部原著，稍作文字整理，尽快予以出版。

四、一本按照由近及远原则编写的地理教科书
——苏皖边区《实用社会》课本介绍

我的家乡江苏高邮城镇于 1949 年 1 月第二次解放。当时我是小学六年级学生。学校发了一套苏皖边区时期编写的教科书，作为代用课本。其中由苏皖边区政府教育厅审定的高级小学课本《实用社会》第一册（新地理知识），按照由近及远的原则编排，非常新颖。编者孙达人。由苏皖边区二分区（扬州地区）新华书店发行。

目录如下：

1. 苏皖边区（一）
——位置和建立
2. 苏皖边区（二）
——水陆交通和清江市
3. 苏皖边区（三）
——三大实业和物产
4. 苏皖边区（四）
——政治概况
5. 我们的华中（一）
——自然形势和交通
6. 我们的华中（二）
——物产
7. 我们的华中（三）
——殖民地经济和政治形势
8. 西北三省
9. 中国人民解放的灯塔（一）
——边区的建立和今昔
10. 中国人民解放的灯塔（二）
——边区政治和延安

11. 在抗日斗争中壮大起来的华北（一）
12. 在抗日斗争中壮大起来的华北（二）
13. 在抗日斗争中壮大起来的华北（三）
14. 解放了的东北（一）
——物产
15. 解放了的东北（二）
——工业和交通
16. 解放了的东北（三）
——东北人民的东北
17. 两广和福建
18. 东江和琼崖
19. 云南和贵州
20. 天府之国的四川
21. 边疆民族问题（一）
——康藏和青海
22. 边疆民族问题（二）
——新疆和台湾
23. 我们的祖国
24. 我国的山水和气候
25. 我国的行政区划
26. 我国革命的新形势
27. 东南亚的民族独立运动
28. 外蒙古自治共和国
29. 新民主主义的欧洲
30. 投降后的德国和日本
31. 衰老的英帝国
32. 肚子里藏着原子弹的美国
33. 人类的乐园——苏联（一）
34. 人类的乐园——苏联（二）
35. 世界地理概况（一）
36. 世界地理概况（二）

课文简明、行文生动流畅，每篇课文附有“研究和做”及相当详细的参考资料。如第一课的“研究和做”为：

1. 画一张苏皖边区轮廓图，弄清楚分区和大城市。
2. 调查我们分区的哪些城市驻过敌伪，是怎样解放出来的。
3. 敌伪在这里时，本村受了些什么损失，统计一下。

这一课的“参考资料”，分别列举苏皖边区八个分区所辖县（53 个县名），行文比这篇课文还长。

当时，当地刚刚解放，不但教师不知道解放区究竟是怎么一回事，甚至社会上对解放区的偏见还很流行。因此当时阅读这个课本，还谈不上“研究和做”。不过这个课本中的知识对于我来说，却是闻所未闻，感到新奇。加上在新华书店看到一些新书。如鲁迅《门外文谈》、郭沫若《南京印象》、茅盾《腐蚀》、毛泽东《中国革命与中国共产党》，使我对解放区和“土干部”的观感很快发生变化。

从课程角度看来，这个课本的独到之处，在于“接地气”。便于学生了解他们不易形成的“地理”观念。以“解放区”为中心，较为适合当时当地时宜，可以起到泛泛的“政治教育”所不易发生的影响；其中“研究和做”的设计和相当详细的“参考资料”（不是资料目录，而是注释），更有参考价值。如从“基础教育”（应该是“普通教育”）角度看来，其中各地区知识的权重失去平衡，则可能造成学生对“中国地理”“世界地理”认识的片面性。

五、扑朔迷离的语文课程

本人不是语文教师，对语文课程也没有进行过专门研究。按理，对语文课程是没有发言权的。只是看了《文汇报》于2006年10月4日发表的《批而评之说名篇》一文以后，偶有所感，遂发了一通议论。考虑到这篇短作可能在语文教学杂志上发表，自己觉得不合时宜，也就少不得作点补充。

一

中国在讲求农业“八字宪法”和工业“鞍钢宪法”的那个时代，曾有语文教学“八字宪法”之说。是指“字、词、句、篇、语（法）、修（辞）、逻（辑）、文（体）”。写文章或分析文章，尤其是议论文，虽然也得讲求逻辑，但语言学、文学以及语文学科，毕竟有别于逻辑学。语文课在分析议论文时，能使学生分辨文本中的论点、论据和论证，就算不错了。至于文本中的文论理由是否充分，论据是否可靠，论证的逻辑是否谨严，是否存在自相矛盾，如像我题为“也谈传世名篇中的瑕疵”的短作中那么较真，语文课程也就乏味了。

话虽如此，语文课程毕竟要指导学生阅读和写作，其中少不了议论文。如果从小在阅读和写作中，就忽略文论依据和逻辑推理，一旦养成习惯，这种语文课程在这方面的成效，多少要打点折扣。

二

语文课程之所以成为基础教育中的基础课程，不仅在于语言（口头与书面语言）训练，还由于它可能有“文以载道”之功。“文”中所载之“道”，往往又非等闲之道，而是一个时代道统之道。如韩愈文中所载的是孔子、孟子以来的儒家道统。其中即使存在逻辑或语法上的瑕疵，仍不失为千古名篇。所以，以往在很长时期里，语文课成为变相的“政治课”，似乎也还顺理成章。问题在于作为道的载体的“文”，是不是承载得起如此厚重的

“道”。因为“文”本身就有由“字、词、句、篇、语、修、逻、文”诸要素构成整体的文本之别，并非任何文章都足以载道，而“道”，无论是儒家之道，还是马克思主义之道，又都另有专门学问。所以，“政治课式”的语文课，不是一种适当的选择。明乎此，算得上是语文课的进化。

然而，具有文学价值的课文，尤其是其中的名篇，因能够扣动人们的心弦，陶冶人们的情操，甚至有震撼心灵的力量，其载道的功能，实非那些解道的经验科学所能取代。不过，如果从小不懂得字、词、句、篇、语法、修辞、逻辑、文体而能欣赏文学作品，领悟其中蕴涵的“道”，甚至成为作家、诗人，恐怕只能算是小小的例外。

三

话虽如此，如今偶尔到中小学去观摩语文课，像我这样的外行已经越来越看不懂了。现在的语文课仿佛已经同字、词、句、篇、语、修、逻、文渐行渐远。它已经进化到新阶段，踏上了一个新台阶，叫作“同文本对话”，或师生互动、生生互动，譬如现在教韩愈的《杂说》，课堂中议论纷纷，煞是热闹。如：“既然千里马常有，为什么伯乐不常有？”“这种马既然日行千里，为什么许多人视而不见？”“千里马为什么不把自我推荐出去而要等伯乐去发现？”较为常见的情况则是教师讲的、学生说的、黑板上写的，是一堆概念化的词语，或这种那种想法。这算是一种什么情况呢？在这种语文课中，文本只不过提供了话题，至于这么说还是那么说，那是教师、学生自己的事。各自拿文本说事，至于老师所说，学生所说，究竟同文本有什么内在联系，那就只有他们自己知道了，不过，好歹也还是语文课程“进化”的征兆。

六、语文课程的笔墨官司何其多

最近语文教科书中若干课文的取舍，引起强烈反响，争议相当剧烈。

引起争议的课文取舍，主要是：上海第二期课程改革语文教材中删去了《狼牙山五壮士》；人民教育出版社出版的义务教育六年制小学教科书《语文》第九册，曾收入《狼牙山五壮士》，在2001年《全日制义务教育语文课程标准》颁布后，这篇课文改为与语文课本配套的四年级下学期同步阅读材料；人民教育出版社2004年版的高级中学语文读本，把王度庐《卧虎藏龙》与金庸《天龙八部》中的章节作为课文，合并为“神奇武侠”单元；上海教育出版社2005年出版的小学语文课本（五年级第二学期适用）新增《跨越新纪录》一文（印有刘翔照片的新闻特写）。

不能不从取舍这些课文的理由谈起。

“现在的社会以多元化为主”、“中国近代以来的精神财富”，失之空泛，不足与论。这里只从个人所悉的说法中，撷取同课文较为贴近的理由，罗列如下：

课文	肯定的理由	否定（或移位）的理由
关于《狼牙山五壮士》	1. 当今青少年对民族苦难与先辈斗争传统知之甚少，民族意识淡薄，更应补上传统教育这一课。	1. 关于狼牙山五壮士事迹的记载中，多溢美、夸张之词，不可尽信。
	2. 岳飞、文天祥离我们的时代与生活环境距离更远，又不贴近现在学生生活，难道《过零丁洋》之类“老掉牙”的课文也可以删掉么？	2. 那是特殊历史背景下的凄美之举，而今应引导儿童珍惜生命。
		3. 由于时代与生活环境的变化，这类文章很难引起学生共鸣。

分的理由。在我们所处的这种环境中，情况更是如此。然而，关于课程，早在一百多年以前，大体上已经形成一种共识。即：无论是一门课程还是一篇课文的取舍，不能单纯以其“绝对价值”衡量，而应把它放在整个课程的结构和一门课程的结构中，依照不同课程、不同课文的比较价值作出判断。

就以“爱国主义教育”、“革命传统教育”来说，这类题材的文章几乎数不胜数，能说其中哪一篇可以忽视么？在无法作出判断时，只得把这类题材的不同课文加以比较，依照不同课文的比较价值决定取舍。

说到“爱国主义教育”、“革命传统教育”题材在语文课本中合适的比例，本该是课程标准解决的问题。即使是语文课程标准，在考虑这个问题时，还得看政治、历史、地理、社会、品德之类教材及“德育”的情况如何。此外，也不妨把我国基础教育课程中各类课程的比例，放在当代世界教育趋势的背景下审视。所以，一篇课文的取舍，虽也有是非，毕竟无关大体。如果一篇课文的变动竟激起轩然大波，那么语文课程的笔墨官司将没完没了。

4. 争论中有一种也许不那么受欢迎的意见，即纪实性课文，即使其题材非常好，在总体上也符合事实，其细节描写，也不宜掺假。否则，一篇课文失信，将可能导致对其他纪实性课文的怀疑。同样，如果推崇一位出色的公众人物，也不能只看其迄今为止的行为。假如后来证明曾经推崇的某个公众人物不值得推崇，人们很难不会产生受骗的感觉，并可能从对某个公众人物的怀疑引发对其他公众人物不必要的猜疑。成年人尚且如此，何况天真的未成年学生？

5. 还有一种理由，说是“满足学生的阅读需要”。教科书是供学生阅读的，不能不讲求可读性，这是一回事；向学生提供什么精神食粮，所提供的精神食粮营养如何，味道如何，那是另外一回事。各个学生的需求不尽相同，他们的需求是可变的，他们的需求还会发生应有的变化。如果连媚学生之俗也羼入选择课文的标准，那么媚俗的读物早已泛滥，又何须郑重其事地选择课文？

“武侠小说即使不列入课本，学生照样看得入迷。与其任他们自发地看，何不从中择其精品，让学生有指导地阅读？”这又是一说。问题是“指导”是否有效，尚属未知之数，把武侠小说引入课本，先已对学生迷恋武侠小说开了绿灯。金庸小说即使算得上“精品”，也只是“武侠小说”中的精品。

至于说“相信中学生的分辨能力”，如果也算是理由，那么岂但武侠小说可以列入课本，还可以在更多方面向学生大开绿灯。

关于几篇课文的取舍，尽管双方的争论相当激烈，恐怕论争双方关于课文课程的共识，倒大于他们之间的分歧。因为双方都以“文以载道”为共同的假设。令人不解的是，区区一篇短文何以承载得起如不少论者提到的那么厚重的“道”？难道论争双方真的相信一篇课文，即使是载满“道”的课文，在实际上会对学生发生那么大的影响么？不仅如此，即使双方陈述的理由都能成立，这种论争同学生识字阅读、写作能力的提高，又有多大干系呢？

语文课程争议的焦点确同其他课程争议中关注之点不同，或许正是这门课程特色的显示。

七、小学语文课程留下的印象

我家祖祖辈辈都是文盲。我父母为了改变这种命运，才发愿让我读书。起初，受当地习俗影响，在私塾糊糊涂涂度过十载寒窗。从1947年春开始（时年13足岁），才懵懵懂懂地“撞”入小学。在四年级下学期和六年级，有幸遇到语文老师谢廼疆先生（1949年以后改署谢乃江）。我在《天亮前后的小学》一文中提到，正是这位恩师，在我人生的早期，从源头上影响了我的命运。[①] 值得一提的是，在我从事教育工作以后，多年来总算有幸见识过不少名师的教学，却从来没有见到过像先师谢乃江那种别具一格的语文教学。故对他的语文课，毕生难以忘怀。如今人道是学生学了十年语文，到大学仍然写不出通顺的文章，想到中小学的语文课程，也就想到把先师成功的经验供大家分享。

一

谢老师的语文教学有什么特色呢？

1. 使课文成为写作的范文

我们的语文课除了有选择地学习《国语》（教科书）中的课文以外，更着重选读名家名篇，如朱自清的《背影》、《荷塘月色》、《绿》，鲁迅的《抄耙子》。还有从当时中学课本上选择的《核舟记》、《大铁椎传》、《沈云英传》等古文。

当时课文分析的程序，大致为词语、分段、逐段讲解、主题和写作特点。乃江先生与众不同之处在于：主要由学生通过讨论，参与对课文分析与综合的过程。在这个过程中，教师的主要工作，是把学生讨论的结论写在黑板上，并根据进一步讨论的结果，改改擦擦。这种讨论之所以得心应手地展开，是由于老师对于如何分段、如何得出段落大意、如何概括主题（当时称

① 陈桂生：《天亮前后的小学》，《教育参考》，2009年8月刊。

为“要旨”），随机加以指导。如：根据自然段中的关键词，了解段落大意；在了解各个自然段的大意后，从全文着眼，重新划分段落（合并自然段），并写出段落大意，从而使全文的思路（或线索）比较明晰；再从这种思路（或线索）中概括出主题（要旨）。至此，又反过来说明，主题是作者要表达的基本思想，各个段落其实是写作提纲的展开。

不仅如此，在全文分析之后，进一步讨论：如果把首段的意思放在末段（结尾），或者把末段的意思放在首段，那么怎样改写这些段落中的句子？同样，也可以考虑：若把中间的某个特别精彩的段落，移到首段或末段，怎样改写其中的句子？

这种教与学的过程，使我们知道分段的依据是什么、怎样把握一篇文章的主题。其实，老师更要让我们知道的，是这样一篇课文，是怎样写出来的。

在分析文章结构和主题以后，着重讨论课文中值得注意的句式和可以借鉴的写法。不仅当场模仿，有时还指定在下一次作文中，模仿这种句式与写法。

2. 有“文眼”的作文题目

学生作文容易平铺直叙，是由于自己对所要写的内容并不怎么了解，更缺乏独特的视角。这叫作“没有找到感觉”，也就没有写作的冲动。我的老师针对这种情况，所出的作文题大都有文眼，即一定的视角。如《等人来》，要着力写出“等”的情节与心情；《枕上听雨》，着力于“听”字；《滑行》（那天正下大雨），重在“滑”的描写与体验；《抢购的一角》（时在1947年），重在“抢”字。有时作文题目虽未点出视角，却免不了引导学生讨论，写这个题目可以取什么不同的视角。从而使学生知道从哪里回忆与思索，而不致茫无头绪。

3. 老师示范作文

学生作文最大的困难在于，面对老师出的作文题无话可写，更不知道从哪里写起。其实学生也有一些生活经验与切身感受，只是写作文时用不上。从讲故事入手（写话），不失为一种引人入彀的尝试。我的老师针对学生作文“兔子尾巴长不了”，也曾给学生讲故事，他讲的主要是当地典故、乡土故事，要学生根据他的口述写作。不过，学生只当故事听，听得津津有味，写起来仍有困难。后来，老师要学生当场即兴出题，由老师当众作文（口述）。例如，他常常捧着小茶壶上课（那是 1947 年），我们给他出的作文题便是“小茶壶”。有一次他抱着孩子上课，他的儿子小名叫“小麻子”，我们给他出的题目，便是“小麻子”。在学生命题以后，老师作文的程序是：（1）决定文体，即问学生这篇作文，宜用什么文体（记叙文、说明文，还是议论文）。如《小茶壶》，便用说明文。（2）同学生一道讨论提纲，并把提纲板书。（3）教师按照提纲逐段口述。老师颇有文才，出口成章。（4）更为别致的是，口述以后，也像平时分析课文那样，进一步讨论，如把这篇文章开头的一段移作结尾，把结尾移到开头，这两段话如何改写。此外，还少不了讨论如何修辞。经过几次示范，不仅打破了写作的神秘感，消除了恐惧心理，而且使学生觉得上这种课很有趣味。

二

乃江先生的语文教学，激起全班学生，尤其是许多男生学习语文的兴趣和写作的热情。当时每周一篇作文，老师要求非常严格，规定作文必须当天交卷。用他的说法，“八更八，九更九，都得交卷”。每周星期六，成为我们的“作文日”。为了写好作文，并按时交卷，我们总是在清晨就赶到学校。老师比我们到得更早。我们一到学校，就看到黑板上三个作文题目。其中第一题，注明是哪些学生必写的题目。学生陆续交卷后，老师即迫不及待地批改作文。我们常在办公室窗外，偷看他批改作文时的情绪。他每发现好文章，就像读古文那样，摇头晃脑地哼哼。当时一般按照“超、上、中、可、劣”五等，评定成绩，他特立一个等级，叫“选”。学期结束后，老师自己印了稿纸，要学生把自己入选的作文抄写一遍，由他保存。

我就读的初级小学，是一个只有两个复式班级的慈善性的学校，叫作“崇德义务小学”。学期结束前，县督学因处理学生打群架事件，来校考查，顺便查看了我们班级学生的作文。据他称：这个班级学生作文的平均成绩，达到一般小学六年级的水平。其中，我的作文成绩，相当于初中二年级的水平。

我就读的高级小学，为东山镇中心国民学校（新巷口小学）。乃江先生担任教导主任（解放后为校长），兼任我们的语文教师。1949 年中华人民共和国诞生前，上海曾举行全城儿童作文比赛，共录取三名优胜者。我得了第一名，我们班级的一个同学得了第三名。

提到那次作文比赛，有一个小插曲。作文题目非常简单：我的志愿。我表达的志愿，是做一个小学教师。据了解在评议我的作文时，评奖组有争议。城中小学校长薛汉（他是当时本城小教界唯一来自农村解放区接管学校的干部）认为这个孩子没有雄心大志。乃江先生回校后，愤愤不平地告诉我。此事使我在很长时间想不通：为什么想当小学教师就不算有雄心大志呢？最后终于想通了。如果我说立志为新民主主义革命而奋斗，也许就对了。只是六十年前，解放才半年，我这个小学生哪有那种觉悟？于此可见，作文比赛究竟是比写作水平，还是思想水平，恐怕这个问题直到公元 2009 年高等学校招生作文考试中仍未解决。

1952 年寒假我从淮安师范回到家乡，兴冲冲去看望先生。先生感到欣慰，可是脱口说了一句："如果读高中就更好了。"这个反应大大出乎我的意料。走出先生家，突然觉得先生老了，已经不是我那位精气神十足、咄咄逼人的谢先生了。多少年后才领会到先生那句话的心意。老师毕竟是老师。

我从小就萌生当小学教师的志愿，不仅由于穷孩子别无选择，也由于从乃江先生身上，感受到做小学教师的乐趣。尽管后来未能当上小学教师，也没有机会教语文，然而我后来在大学本科和研究生"论著选读"课程教学中，所用的方法，大体上就是采用乃江先生教语文的方法。所不同的主要是在把握名著的原意之后，着重分析论证过程，并把其中的价值判断，放在一定社会—文化背景与学术背景中考察。

八、中学语文课程留下的印象

多年来，关于中小学语文课程争议不休。我没有教过语文，自然没有发言权。只能说说当年作为小学生和中学生是怎样看待语文课的。

我在学习期间（1947—1955），先后听过将近十位老师的语文课，并且算是班级中语文成绩很好的学生。我的语文水平自然得益于老师的指导。只是越到后来对语文课越不感兴趣。在中学常常利用语文课看闲书，或做其他功课的作业。现在考虑的问题是：当时作为学生从语文课中得到什么教益，后来为什么对语文课不感兴趣？

一

在我看来，语文课同我们修习的其他文化课最大的区别在于：其他文化课的知识，各有程度不等的逻辑系统，从中能够获得或多或少的新知，而语文课程是由相对独立的课文组成的。我们最多只对有些课文本身感兴趣。所以，每当拿到新语文课本，总是从头到尾浏览一遍，并不觉得有哪一篇课文读不懂。以后对老师唠唠叨叨的讲解，也就不再感兴趣。

然而，我对语文课上间或接触的文学常识与语法知识却非常感兴趣。只是中小学语文课一般都是就事论事地讲课文、读课文、写作文。从中最多只能获得一些零零碎碎的文学常识与片断的语法知识。

不妨一提的是，1949 年初，我在小学六年级时，教育主管当局曾以凯丰（何克全）、徐特立和范文澜合编的《文化课本》（毛泽东序）为语文代用教材。其中不仅选用多篇名家名作，还穿插 12 个语法单元。即：（1）字与词；（2）词和排列；（3）句和语；（4）句的构造；（5）主语与名词；（6）主语和代名词；（7）述语和动词；（8）述语中的“连带的成分”；（9）助动词；（10）—（11）句子的附加成分；（12）介词与连词。我从中获得初步的词法和句法知识。在初中二年级时，张道仁老师专门讲了句子成分分析。主要是用图解方式分析词组和句子的构成，并对我作个别指导。我尝试图解复合句，并把自己的练习请教师矫正，还和我的朋友以图解句子为游戏，兴趣盎然。

在师范学校学习时，我参加文学研究小组。由一位刚从大学毕业的老师指导。这位年轻教师编写了一本《文学讲义》，大大开阔了我们的阅读眼界。也弥补了我们语文学习中的缺憾。

作为学生，自然不知道自己何以会对文学常识、语法知识有那么大的兴趣。现在看来，似乎表示当时已不再满足于语文课中那种主观感受和根据不足的判断，而自发产生对客观知识的渴求。

自然，这只是个人的感受，并非当时语文课程设计的问题。因为中小学语文课程，毕竟有别于大学中文系的文学课程与语法课程。其主要目的不在于传授语文知识，而重在培养与训练运用语言文字的能力（暂且撇开文道关系问题）。

说到培养与训练语文能力，通常的说法是多读多写，自然是经验之谈。问题是学生如何读，如何写。尽管语法知识不见得就能转化为语文能力。正如掌握文学理论与知识距离文化创作尚远一样。然而，不初步了解起码的语法，势必只能一直依靠老师或其他人矫正自己的语法错误。同样，对文章的构成及各种文体的特点无知，在分析作品时，也只能“师云亦云”。这或许又涉及老师如何指导读、如何指导写，什么样的指导才较为有效。

这自然是语文课程专家才能解决的问题。这里不妨说说老师的阅读指导与写作指导给我留下的记忆。

二

关于阅读指导，一般的教学程序是：作者介绍——时代背景——梳理生字生词——分段——表达段落大意——逐段讲解（穿插议论）——概括主题思想（旧称要旨）——写作特点。这种程序并非没有道理。只是如运用不当，各道程序不到位，便成为“课文分析八股”。

为什么说它是“课文分析八股”呢？通常情况是：

1. 作品与作者、作品同其时代背景分不开，而在教学中总是从介绍作者与时代背景入手。甚少把作品放在一定时代背景中分析。即在对作品的逐段分析中和逐段分析以后，一般不再提时代背景问题。以致学生实际上不懂得介绍时代背景的意义何在，又不得不把作者和时代背景作为孤立的知识加以记忆，以应付考试。

2. 划分段落，有助于理解作品的结构和思路。问题在于有些作品段落分明，或在行文中有所交代。也有一些作品结构不严谨，段落不分明，行文中又缺少暗示。有些自然段加以归并，全文的思路才更加明晰。不过，一般情况只是参照行文，凭经验划分段落，学生只把划分段落和表述段落大意作为例行手续。这种段落划分也就失去意义。

我在小学四年级和六年级学习时，谢乃江老师的教法是：要我们根据自然段中的关键词，了解自然段的意思；然后着眼于全文，划分段落（其中包括把若干自然段合并为一段）；根据关键词，表述段落大意。在这个过程中，老师从不表示自己的先入之见，完全由学生讨论。老师只把学生的意见加以板书，不断写写擦擦。我们因大体上知道划分段落的程序，也就积极参与段落划分。这种教学的特点，在于以学生参与段落划分的过程，基本上取代教学中常见的“逐段讲解”（教师只作一些提示），重在理清全文的线索。

我在谢老师指导下，养成自主划分段落的习惯。后来阅读名著和在大学执教“名著选读课程”，就得益于这种训练。这种学习，可把长文读短，厚本读薄，便于自己驾驭作品。

3. 一般语文教师只教学生学习表达作品“主题思想”（旧称“要旨”）的套路，如“通过××，说明××”；“通过××，发扬××精神”，而学生未必能体会到概括“主题思想”的用意。我在谢老师指导下，才懂得，不仅从各段大意中概括出主题思想，而且在明了“主题思想”以后，还得回到段落，说明“主题思想”如何在各个段落中展开。

4. 关于作品的写作特点，一般老师满足于用一些抽象的话语表达。如“夹叙夹议”、“情景交融”、“多用排比句”，“白描的手法”，等等。学生就把这类评语作为套话。教得好的老师，是引导我们回到课文中，验证这些评价。有些老师还把某种修辞手法与别的课文中同样手法加以比较，以概括出这种手法的一般特点。然而我多次听到老师讲“白描的手法”，却不知自己到底如何用“白描的手法”写作。这倒不能证明老师“白说”。因为作品的“白描的手法”，倒也值得鉴赏。

看来作品分析程序本身并非没有道理，这种分析之所以落入俗套，成为“八股”，究其直接原因，恐怕由于一般老师重讲解、轻训练，重在逐段分析，而未着眼于作品整体，把各道程序放在整体背景上考虑。这自然还另有深层次的缘由。

三

关于写作指导，我的许多语文老师，都是把阅读和作文分别指导的。虽说以课文为范文，实际上阅读课偏重于培养对作品的鉴赏能力（或其他东西）。学习范文并不见得使我们能够参照（或模仿）范文写作。惟其如此，便萌发“以作文为中心”的语文课程设想。这就是尽可能把阅读课变成作文指导。至少出于“文以载道”的考虑（不管文中所载之“道”，是指中华民族优秀传统，中国革命传统，还是人道主义、人文精神），这种课程价值取向，自然值得怀疑。不过，我在中小学学习时，正处在新旧社会交替的时代，没有太多的讲究。在我的语文老师中，唯有谢老师尝试把阅读课变成作文指导。姑且把这种学习经历，作为事实加以陈述。

关于这位老师的作文指导，因已有专门介绍，这里只说说他如何沟通阅读指导与作文指导之间的联系。

如上所述，谢老师的阅读课，并不在乎使学生知道这篇作品或那篇作品“写了什么”和“写得如何”，而重在使我们明白，某一作品是“如何写出来的”。这才起到“范文”的作用。

不仅如此，在分段和归纳段落大意与主题思想以后，还别出心裁地提出：如果把首段的意思移入末段，那么首段的原话将怎样改写？把末段的意思移到首段，原话又将怎样改写？同样，亦可把中间的某个精彩的段落，移入首段或末段。一般也是由学生发言，教师板书，不断写写擦擦，直到找出较为合适的表达为止。

这样，不仅打破写作的神秘感，使我们不致把段落的划分，只看成是课文分析中例行的手续，而且使我们对作文初稿有自己改动的考虑。

中小学学生作文的困难主要是：1. 有些命题引不起写作的冲动；2. 无话可写；3. 不知道从哪里写起；4. 初稿完成后，一般不会作大的调整，以突出初稿中较有特点的货色。我们的老师针对这些情况，在作文指导中都有对策。因另有介绍，也就毋庸赘言。

我的母校，是县城中较为简陋的学校（初小为复式班）。我的语文老师大都是平平常常但非常敬业的先生。我的语文课记忆，免不了夹杂书生之见。对于语文课程来说，不过是“业余看法”。这种记忆之所以令我难以忘记，并和盘托出，只是有感于如今越来越多的学生，上了 12 年语文课，认字、写字、阅读、作文中，却仍存在诸多令人匪夷所思的问题，已经引起社会警示，以致教育部明令在大学开设语文课程。然而，大学即使开设这门课程，它可能成为“工具课”或起到“工具课”作用么？由此自然怀疑，现行中小学语文课程，到底属于什么性质，多少年来（包括最近若干年来），我们的语文课程专家和语文教师到底关心什么？关于这些问题，不是像我这样的外行所能知情的。以上的“业余看法”，不过是姑妄言之而已。

九、语文课程向何处去?

2015 年 8 月 23 日，有幸参加由华东师范大学课程与教学研究所和本校对外联络与发展规划处召开的以“语文教学研究何处去”为主题的学术研讨会，很受启发。由于与会专家议论纷纭，自己对这个问题争议的焦点仍不清楚，故于次日就这方面的问题，向陈老师请教，兹将交谈纪要整理如下。①

一、关于语文教学的“工具性”与“人文性”

殷玉新（以下简称“殷”）：陈老师，您认为语文教学研究应当向何处去呢?

陈桂生（以下简称“陈”）：若问语文教学向何处去，恐怕先得了解现今语文教学研究“在哪里”。

殷：怎么知道这种研究“在哪里”呢?

陈：其实，我对语文教学研究的现状也不了解。不过由于现在语文教学状况在很大程度上受到这种研究的影响，因事关语文教学向何处去，不妨从语文教学究竟是怎么一回事谈起。你认为语文教学是怎么一回事呢?

殷：语文课程标准中规定得很明确：语文教学是具有“工具性”和“人文性”的学科。不过，我还是不明白：为什么别的学科没有双重性质，唯独语文学科具有双重性质呢?

陈：其实，每门基础学科教学都应有“教养”与“教育”双重功能。如物理学、化学、生物学教学，主要传授本学科基本知识，使本学科的客观知识，转化为学生的知识，学生获得的物理学、化学、生物学知识便成为他们在这方面的“教养”；同时，还应在教与学的过程中，使学生了解这些学科在认识自然和日常生活中的价值，了解科学研究的方法，形成科学精神与对

---

① 编注：2015 年 8 月 23 日，华东师范大学课程与教学研究所和校对外联络与发展规划处召开了以“语文教学研究向何处去”为主题的学术研讨会。会后陈桂生教授与华东师范大学教育学博士研究生殷玉新就语文教学开展了一系列对话，本章第九、十、十一三篇文章便来源于这一系列对话。

自然界应有的态度。这便是自然科学课程的“教育”功能。

同样，社会科学学科教学，既使历史、地理、社会之类客观知识转化为学生社会科学教养，还应在教与学过程中，使学生了解这些学科在认识社会和社会生活中的价值，了解社会科学研究的方法，形成社会精神和正当的社会态度。

无论是哪一门学科，如实现教养与教育功能，它便具有这双重性质。反之，教师如果只是传授客观知识，而未能实现“教养”功能，或只实现“教养”功能而未实现“教育”功能，这种教师便是所谓“教书匠”。如果虽有教师身份，甚至名气很大，而不上课，那就名不副实，连“教书匠”都不如。

二、关于“工具性”与“人文性”之间的沟通

殷：照这样看来，语文教学的“工具性”便是语文课应有的“教养”功能，“人文性”是这门课应有的“教育”功能。不过，语文课的双重性质，好像同别的课程的双重功能仍有区别，但不知其中的区别何在?

陈：一般基础学科都以传授本学科基本知识为主要任务。中小学的语文课程不像大学中文系课程那样，有“文学概论”“语言学”“修辞学”“文学史”之类的专业课程，也不像其他基础文化学科那样有本学科系统知识的教材，而是以课本中的文章为教材。语文教材主要是书面语言训练的工具，由于书面语言是个人表达和人际交流的工具。所以语言训练成为语文学科的“工具性”，而课文既是语言表达的范例，它本身又是文化的载体。通过范文，传授文化，便是语文教学的“人文性”。由于人文内容有不同的价值选择，并且每种主要的文化取向都有独立的价值。所以虽然“工具性”与“人文性”都通过同一批范文的教与学实现，其实，它们是两种性质不同的价值追求。这便成为语文教学的复杂性，也是这门学科争议不休的缘由。

殷：这样看来，语文教学向何处去，真是一个有待解决的难题。您对这个问题的解决有什么看法呢?

陈：我既不是语文教师，也不是一个语文课程的研究者，对这个问题能有什么独到见解呢?

殷：按照我们对您的了解，您对这个问题不会没有看法。您谈到过，以

前在一所学校参与教师的行动研究，听过一些语文课，从中得到的印象是：虽然教师语文修养很好，也很尽职，课堂上很热闹，但少有“工具性”。是怎么一回事呢？

陈： 师生之间主要以课文内容为话题，各个学生大谈自己的看法，课堂上很热闹，往往只把课文当成话题，脱离文本，空泛议论，而不是把课文当作“写作的范本”，研究一篇课文是怎样写出来的。如何开头，如何过渡，全文结构如何？如何从范本中了解记叙文的写法，说明文的写法，议论文如何论证……其“工具性”便同语文能力训练脱节。

殷： 您的意思是一般教师注重“人文性”，忽视“工具性”，而“人文性”对于学生的教育不是也很重要么？

陈： 这就涉及“工具性”与“人文性”如何沟通问题。

殷： 这两者之间到底如何沟通呢？

陈： 在我国往往把“工具性”（教养）与“人文性”（既有某种教养，也有一定教育）看成是各自独立的功能。其实，“教养”和“教育”不见得是平行的两种功能。按照赫尔巴特的说法，是通过“教学”，在“教养”的过程中进行“教育”。过去俄国教学理论中反复强调，在“教养”的基础上“教育”。这便是诉诸理性的教育。虽然并不排斥单独的“教育活动”，而根本问题在于理性的教育。我国自古以来就讲求“文以载道”，主要以“道”衡文。意味着“文”不是认识的载体，不是客观真理的陈述，而只是对“道”的解说。以致至今仍不难见到“文以载道”的影子。

殷： 难道不可以以道衡文么？

陈： 不是不可以，只是有必要区分理性基础上形成“道”与非理性基础上形成“道”的区别。因为在理性基础上形成的“道”，才可能成为自觉的价值追求，而有别于带有盲目性的价值信仰，何况“人文性”取代不了“工具性”，即未成年人不可或缺的书面语言能力的训练。

殷： 难道在理性基础上形成的“道”，一定成为自觉的价值追求么？

陈： 还靠个人在不断实践中检验和体验。

三、忽视语文教学“工具性”的缘由

殷： 由于时代的变迁，为什么在语文教学中，至今仍可见“文以载道”

的影子呢?

陈: 不能不承认，在语文教学中，相对说来，工具性“中用不中看”，而人文性虽未必“中用”（取代不了“工具性”），却另有用，并且很“中看”。

殷: 这是什么意思呢?

陈: 因为书面语言同个人的表达能力与人际语言交流能力相关，故不但终生受用，而且不可或缺。不过，语言能力的形成，或同个人学习语言的成熟期相关。书面语言中写字又同个人的小肌肉群发育相关。故无论是过早学习，还是错过成熟期学习语言，都可能事倍功半。所以语文教学的“工具性”是这门课程的基本性质。不管“人文性”多么重要，至少在小学低年级与中年级，语言训练的时机不可错过。错过这个时机，可能成为个人终身缺陷。

殷: 官员和学者中，能人甚多，他们不是不懂这个简单的道理，为什么还会对语文课程的工具性缺乏足够的重视呢?

陈: 谁都知道语言训练重要，而语言能力的形成，主要靠反复训练，甚至少不了机械训练，即使很努力，也很难见到成效。语文教学中行之有效的见识与经验虽然丰富，而“小儿科”、“老一套”，不足以吸引现代人的眼球。所以在常人眼中，工具性“中用不中看”。

殷: 其实，现在语文学科的工具性中，也有创新。例如，现在已经知道，汉字学习中，认字并不难。由于汉字有字形，或许反而比西方文字更易于识别，只难在写字上。所以现在尝试绕开这个难点，提前大量阅读。由于绕开这个难点，也就不再进行“书空”练习。不过，恐怕其结果还有待观察。因为不知“笔顺”，以后还怎么查字典。所以我怀疑这种创新是不是有把学生当作试验品之嫌。

陈: 从伦理角度看来，把学生当作试验品，是一种失德行为。不过，在我们这里，伦理学还没有发达到这种程度。其实，20 世纪下半期以来，我们一批又一批小学生、中学生，所受的教育，都大同小异，甚至小同大异，表明像我们这样的人，都曾经是教学的“试验品”。我们曾经学习的语文课程，是不是有“工具性”，倒没有考虑过，而我们自己曾经成为这种课程的“工具”，这倒是事实。

四、“人文性”是什么意思

殷： 语文教学“人文性”是什么意思？

陈： 这是20世纪与21世纪之交课程改革中新创的词儿，它既有针对性，又有包容性，所以是个既清晰又含糊的概念。它是一个替代“思想性”的提法。其实，以往所谓“思想性”，也是一个既有当时的针对性（有别于“教育性”），又有当时的包容性的提法。

殷： 能不能说得具体一些。

陈： 无论是“人文性”，还是“思想性”，都既是一种应有的文化教养，又是渗透在文化中的社会意识形态。主要是价值取向或价值追求。以往“思想性”的内容，包括道德修养、爱国精神，本国优良的文化传统，人民革命中形成的优良传统，人生观与世界观。其中的核心则是主流的价值。其主流价值，实际上更是那时的政治意识，甚至是那时政策的传输，所以有别于“教育性”；“人文性”本身，又存在“人文素养”（教养）与“人文精神”的区别。“人文精神”主要是指独立个性（人格）、（个人）思想自由、自主的价值追求和人道主义精神，而“人文素养”的含义却较为宽泛，大体上把“思想性”中的文化成分包括在内。虽是价值多元的体现，而其中的主流，则是现今的核心价值。由于其中的每一“元”，尤其是核心价值观念，都是“大道”，所以“中看”。不过，且不说它们在多大程度上实现，还有待观察，至少存在拉开同“工具性”距离的可能性。

殷： 别的社会—文化中有“思想性”“人文性”之类说法么？他们是怎么规定的。

陈： 在别的国家，似乎未见此类说法。以欧洲大陆国家为例，至少在德国、俄国，一向的提法是教学的“教养性”与“教育性”。在苏联时期，俄国所谓“教育性”包括：心理品质、道德品质、人生观、世界观、爱国精神，原则上不含“政策内容”。例如在俄共（布）第十七次代表大会召开后，俄国教育部曾试图组织学生学习大会文件，联共（布）中央曾就此发布专门决定，批评这种倾向。那时虽用一些政治语词和口号，以示同西方教育的区别，其内涵却鲜有政治空谈成分。如列宁曾把“政治空谈”，比喻为令人讨厌的疥疮。当时所谓“共产主义教育”，其实是个“公共教育”概念，旨在为公众服务。表明那时办的是本来意义的“教育”。当时中小学不设“政治课”，原因正在于此。俄国在20世纪20年代，曾经出现过，把语文课变成“政治课”或“文学课”的倾向，20世纪30年代一系列决定，针对的正是这类偏离语言能力训练的倾向，旨在使语文课回到“语文”本身，以便让学生在形成语言能力基础上，有能力阅读文学著作、政治著作。

殷： 但是“语文”“语文”，不只是“语言”，还包括“文化”及“文学”。

陈： 这是对的。不过，在总体上通过文化“教养”发挥文化的“教育”功能，通过文学“教养”发挥文学的“教育”功能，即在书面语言训练基础上的教育，同不在书面语言训练基础上的教育，成效不同。

五、如何使语文课程不致成为师生过重的负担

殷： 照这样说，附加在一门功课上的负担岂不是太重了，中小学教师和学生怎能忍受这么不堪承载之重？

陈： 你的想法很对。不过，对这个问题要具体分析。虽然现今语文课业负担过重是个不争的事实，并不意味着语文课业负担必然太重。因为其中存在把简单问题复杂化的情况。

殷： 难道语文课程简单么？

陈： 严格说来，小学语文与中学语文不是一回事。民国时期就有小学“国语”与中学“国文”的区别。小学低年级语文同中年级、高年级语文也不相同，初中语文与高中语文也有区别。区分开来，事情就较为简单。从表面上看来好像小学语文比中学语文简单，事实上年级越低，“工具性”与“人文性”问题的解决难度越大，研究的难度也越大。其实，我国中小学语文课程标准已经或多或少顾及这种区分。只是在实践中往往急于求成，或标新立异，在研究中更容易以“高”看“低”、以“低”就“高”，以致在每一阶段试图提前解决下一阶段的问题，而把本阶段未解决的问题，依次留给下一阶段解决，导致每一阶段负担过重。直到高等学校还增设语文课程，解决中学遗留下来的学生语文水平不高问题。其实，未成年人不同年龄，有不同的心理特点，早期遗留下来的问题，后来很难弥补。所以，课业负担过重，教学质量不高，其实是课程错位的必然结果。

六、怎样实事求是地讨论语文课程问题?

殷：为什么会发生简单问题复杂化现象呢?

陈：这同我国现今的研究风气相关，而现今的研究风气又同由来已久的文化传统不无干系。

殷：怎样看待现今的研究风气呢?

陈：这个问题如果细说，是否得罪人，倒在其次，就怕离题太远。只能就事论事，简单地举例说明。

以往美国制定中小学课程规划时，泰勒曾经提到，制定中小学课程规划，应当听取各门学科专家的意见。不过，各门学科专家的心中应当有数。中小学课程是为学生打下文化科学的基础，而不是为各门学科培养接班人。所以学科专家应当关注的是“普通教育课程”。不知我国学科专家心中有没有这个“数”。

又如涉及“人文性”，有人关注中国文化的优良传统，有人关注“国学”的传承，有人关注革命过程中形成的优良传统，有人关注现今的核心价值，有人关注思想自由，有人关注情感陶冶。所以一旦涉及课文的取舍，往往争议不休。斯宾塞早就提出，在绝对的意义上，大到每种文化，小至每篇课文，都可能有其价值，然而修业时间有限，故只能关注不同文化之间的“比较价值”。不知现今学者有没有这种考虑

殷：现今的研究风气同由来已久的文化传统有什么干系呢?

陈：不讲别的，单就“文以载道”说吧！所谓“道”，是指价值观念、价值追求。任何“道”都是有待实现的价值倾向，或价值取向。每种“道”相对于别的“道”(别的价值取向)，或许更为可取。即使如此，应然状态是否转化为实然状态，还有赖于可能性认证。即使有实行的可能性，还得进而进行可行性论证。即使经过如此论证，还得看如何实践，实践的结果，还得看是否经得起时间的检验。如果只看某种见解或方案是否正确，而不考虑学校和学生的实际情况，不进行逻辑论证和实践检验，若形成风气，便成为问题。

说到这里，忽然想起，在当天的论坛上，有一位专家提到，某学者认为语文教学是“科学”。我当时冒昧插话：“他也许不知道科学是怎么一回事”。

现在看来，没有看过那人的文章，就轻下断言，实在冒昧。

殷：从您的这番谈话中，才知道一些别处很难知道的道理。现在对语文教学研究向何处去，多少有点数。不过，我对自己的收获，还要加以整理。谢谢您！

陈：你提出的一系列问题，也促使我借此机会整理自己的想法。谢谢。

十、再说“语文课程向何处去”？

殷玉新（以下简称“殷”）：陈老师，上次（8月24日）讨论以后，觉得还有一些问题想不清楚，能不能请您再谈一谈。

陈桂生（以下简称“陈”）：那就请你提出问题吧！

一、语文学科“工具性”提法问题

殷： 前次提到忽视语文学科工具性的缘由，我想在谈这个问题之前，先得说明它到底是不是被忽视。我不知道，忽视语文学科工具性有什么具体表现。

陈： 在回答你的具体问题之前，先得说一说，在前次谈话中，我似乎把“工具性”当做“教养性”的同义语，“人文性”为“教育性”的同义语。其实，我并不认为“工具性”“人文性”是专业术语。由于大家都这样讲，我姑且从众。只是有意识地提到“教养性”“教育性”概念而已。因为概念含糊，容易发生歧义，很难进行严格论证。由于如今的议论，不是什么学术性的论证，主要涉及的是实际问题的解决，所以我也就不了了之。

殷： 照这样说，我更糊涂了。“工具性”“人文性”为什么不算是专业术语呢，它们可能发生什么歧义？

陈： 若把语文课程同自然科学课程、社会科学课程加以比较，说它是“工具性”课程，虽未尝不可，如果把它作为同“人文性”对举的概念，那就意味着这门课程对于“人文性”来说，只有“工具价值”，而“人文性”才具有“固有价值”。由此便可能在无意中导致对语文课程固有的独特的语言训练价值的漠视。

殷： 怎么会是这样呢？

陈： 这门课程同自然科学与社会科学课程的区别，在于它的课本不是本学科的专业知识的表述，而是语言训练的“工具”，课文内容就使这门课程更像是“思想性”“人文性”的课程。由此也就发生课文主要是书面语言训练工具，还是“人文精神”传播工具的分歧。所以上次提到从是不是把课文用作“语言训练的范本”，可以衡量语文课程事实上是不是具有“工具性”。不过，引导学生从范文中学会阅读、学会欣赏、学会作文是一种真功夫，要比照本宣科，或以课文为话题热热闹闹地议论困难得多。正如上次所说，“工具性”中用不中看，而“人文性”更中看，更堂皇。

殷：在您看来，语文课本是工具，同语文课程是工具，不是一回事。不过，您关于“人文性”的说法是不是可能造成误解呢？

陈：你提醒得对。我的意思只是如果漠视语言文字训练的价值，怎谈得上什么语文课，至于离开文本，热热闹闹地“对话”，那是在现今课堂上常见的事情。有识之士追求的“人文性”，并不这么简单。“人文性”的理由涉及的“大道”，却也中听。

二、如何使语文教材成为语言训练的工具？

殷：照这样说，关键在于把课文用作“语言训练的范本”引导学生从范本中学习阅读、学习欣赏、学习规范地运用汉语作学会作文，但怎样才能做到呢？

陈：我不是语文教师，自然没有这种能耐。不过，我于 1947 年—1949 年在小学学习，1949—1952 年在初中学习。那时的语文课基本上便是如此。关于我的恩师谢乃江先生的语文教学，我曾专门作过介绍。[①] 它使我终生受益；我的初中教师吴养初先生，无锡国学专科学校毕业，也重视学生的语言文字训练，另一位初中教师张道仁先生，大夏大学毕业，为本县一代宗师。他曾指导我句法学习。[②] 那时的语文课程，并无太多讲究，但保留语言训练的本色。所以迄今仍不觉得那时学生语文水平不高。这种早年见闻，给我留下了深刻的印象，成为后来观察语文课程的底线。这或许算是我对语文课程认识的局限性。不过，我从来没有低估所谓“思想性”“人文性”的价值。只是认定那是整个学校生活、学校整个课程中的问题，语文课程对这类问题解决或有成效，但成效有限。如因此而削弱语文能力训练，岂不是舍本逐

---

① 参见陈桂生：《乃江先生》，《课程实话》，华东师范大学出版社，2010，第 198—201 页。

② 参见陈桂生：《一个学生的语文课记忆》，《聚焦学生角色》，教育科学出版社，2011，第 177—182 页。

末？因为未成年人若不从小打下语言文字训练基础，尔后无论参与社会交往、进德修业，其中包括文学创作、学术研究都成为问题。

三、对语文课程的一般看法

殷： 难道您真的认为自己对语文课程的认识有“局限性”么？

陈： 这确实是真心话。不仅如上所说，我的认识源于我的老师留下的印象，而一般语文教学未必如我的老师那样；更主要的是我越出了所谓“工具性”与“人文性”对举的框框，对语文课程和所谓“工具性”“人文性”另有想法，但我的想法无法验证。

殷： 您的想法是什么？

陈： 第一，如上次所说，中学语文同小学语文虽有联系，实际上区别甚大。小学低年级、中年级和高年级也有区别。同样，初中语文同高中语文之间的区别也不小。如果笼统地谈“语文课程是什么”，也就难免公说婆无理，婆说公无理。如果以高量低，把低拔高，势必把简单问题复杂化。

第二，“文学”有别于“科学”，是一个独立的问题领域，它本身既有陶冶情操的价值、审美价值，也有认识价值。不过中小学不像大学中文系那样，“文学”作为独立学科，同语言学分开。所以从小学到中学，文学成分只能逐渐增加，但仍不必把语文课变成“文学课”。其实，我从小学六年级起，就是一个“文学少年”。在淮安师范参加“文学研究会”（课外活动）。我的老师耿维贤原是上海交通大学的讲师。他的语文课大体上就是“文学作品欣赏课”。不过，阅读能力是基本功，是不是成为“文学少年”，那是个人的兴趣与追求。

第三，即使把语文课视为工具课，而工具重在运用，不仅在于有没有能力运用，还在于用在何方？事实上，在教师无能或应试的背景下，把精美的课文，化为零零碎碎的“知识点”，用以备考，而失去原作的灵魂，才使“工具性”成为争议的话题。但不能由此否认语文“知识点”本身的价值。重要的是客观知识应当转化为学生的“教养”。有这种教养与缺少这种教养的运用，情况大不相同。

第四，“人文性”的提法，似有把语文课变成“文学课”之嫌，虽然事实上“人文性”也许是“文化性”的同义语。但把一般价值取向，其中包括

“核心价值取向”，当成附加在语文课上的事情，也不符合我国的国情。

四、恰当地估价语文课程“人文性”的价值

殷：我还是不懂，在我国为什么会那么注重“思想性”“人文性”呢？

陈：这个问题说来话长，长话短说，恐怕同国情有关。

全世界多数人都有宗教信仰，只有十几亿人不信宗教，其中多数为我们的同胞。西方社会—文化中的基督教本身，也发生过从古代以宗教代道德的宗教化道德到近代道德化宗教的演变。这不仅是宗教与道德的关系问题，它更是对教徒价值观念、人生观念与世界观念的影响。

近代以来，西方国家的学校，因实行学校与宗教分离，而留下的道德以及人生价值影响的空白，由什么填补呢？便是理性的道德教育和人生价值指导。我国自古以来，基本上是世俗国家，所以特别注重文化价值的传承，可以说“文以载道”传统，是我国历史上必然发生的现象。

殷：您为什么又觉得现实课程中“文以载道”的影子是个问题呢？

陈：因为语文课中那些精彩的富有“思想性”“人文性”的课文，或有助于陶冶情操，而那些不是严格的逻辑论证的文字。其中缺少理性思考的表达，很难成为学生自觉的价值追求。所以，语文课在这方面虽然可能发生别的方面取代不了的影响，而“思想性”“人文性”并不只是语文课程能解决的问题。

殷：我们的价值文化中，为什么缺乏理性思考和逻辑论证呢？

陈：虽然这是语文课程研究中非常现实的问题，谈起来，那就越谈越远、容易离题，故不必多谈。

殷：您上次提到教学的“教养性”与“教育性”，这次又说“工具性”同“教养性”、“人文性”与“教育性”不是同义语。其中的区别何在？这种区别重要吗？

陈：“教养”不只是什么知识重要，就该传给学生，而是学生从教学中得到什么知识问题；“教育”不只是对学生应当进行什么教育，而是学生从课程中受到什么善的影响问题。至于未成年人应有什么“教养”，应受到什么“教育”，如上提到的，都同“基础教育”的性质相关。“基础教育”的规定性不明，那就容易流于空谈。至于“教养性”、“教育性”同“工具性”

“人文性”的区别，你自己去分辨吧！

殷：我觉得今天的谈话好像比前次谈话深入一些，但不知您还有什么保留意见。

陈：倒不是保留不保留的问题。我们谈的是“语文教学向何处去”，谈话总不能没有边际，所以有些问题只能“点到”而已。

殷：是些什么问题呢？

陈：我们偏重价值文化，不仅由于缺乏宗教传统，还由于人民共和国是革命战争中诞生的新兴国家，有特殊的文化价值追求；近百年来，经济、文化落后，又容易急于求成，我国没有经历像18世纪那样的启蒙运动的洗礼，以致迄今对所谓“人性”“理性”，望文生义而已。我对诸如此类问题的认识也肤浅，只得免谈，就此打住。

殷：谢谢，再见！

十一、三谈“语文课程向何处去”?

殷玉新（以下简称殷）：陈老师，听了您8月24日在以“语文教学向何处去”为主题的公益论坛上的发言和26日、28日同我就同一主题的谈话，从中知道一些我在别处从未听到或见到过的看法。从中得到的印象是，您好像对语文课程“工具性”与“人文性”之类定性另有看法，又似乎既带有“回到语言训练去”的意思，却也赞成通过语文教学使学生受到人文精神的影响。不免使我捉摸不定。不知我的印象是否符合您的原意，请您再放开一些谈谈，好吗?

一、以平常心看待语文课程问题

陈桂生（以下简称陈）：我既不是语文教师，也不是语文课程研究者，心中有这个数。所以一向不打算趟这摊水。是公益论坛把我引入这个话题。在那次论坛上，面对的既是语文课程研究专家，又是参加公益培训的各地农村教师。其中多数为未发达地区的小学教师，同他们谈什么，就使我感到为难。故发言过程中，时时小心。以致语焉不详。后来藉同你的交谈，从容地说一些原打算在会议上表达的意思。现在意识到，在“工具性”与“人文性”对举的既定语境中，很容易自觉或不自觉地加入某个“标题党”，或在两“派”之间落入“折中派”的俗套。果不其然，就连你从中得到的“印象”，也是这种语境的产物。其实，我无意附和或拒斥这派或那派。因为相信它们至少各有片面的真理，我更无意自立什么“派”，只是以平常心看待事物，也就以平常心看待语文课程。

殷： 这是什么意思?

陈： 依照课程的常理，观察语文课程问题。

殷： 既然如此，为什么又无意介入这种课程问题的论争呢?

陈： 语文课程论争各方，不仅各有片面的真理性，而且各有针对性。有助于纠正实践中的倾向，我的看法，则近于老生常谈。标不出什么“新”，立不出什么“异”，不合如今这种时代潮流，也就无意介入诸如此类论争。只是由于语文课时那么多，教师和学生课业负担那么重，其成效又那么不如人意，以致难以释怀。这才借同你自由交谈，唠叨一番又一番。

二、语文课程的特点

殷：您上次谈话中明确指出，所谓“工具性”“人文性”都算不上是专业术语，现在表示越出这种语境，按照课程常理，观察语文课程问题。问题在于绕开这种语境，又该如何给语文课程定性呢？

陈：首先，“工具”一词，在不同语境中的意义稍有区别。在“工欲善其事，必先利其器”的语境中，把作为语文能力训练的课程比做“工具”，或未尝不可。不过，在价值层面上，“工具价值”是同“固有价值”对举的概念，是从固有价值中派生出来的价值。在这一语境中，“工具性”意味着对语言能力训练本身固有价值的忽视。其实，语文课程的基本的不可替代的价值，正在于它以语言能力训练为基本职能。这也就是它的特点。

殷：在语文课程论争中，究竟有谁在“工具价值”与“固有价值”对举的语境中讨论问题，谁会否认语言能力训练的价值呢？

陈：虽然讨论中的观点，还不致这么简单，而“语文课程向何处去”问题本身，就是一个价值层面问题。这种论争本身，实际上也就是有关这门课程基本性质的争议。这种争议的发生，同语文课程的特点相关。

殷：语文课程的特点是什么？

陈：上次谈过，语文教材既不像中小学自然科学学科、社会科学学科教材那样，为本学科基本知识的陈述，也不像大学中文系教材那样，为语言学、文艺概论、文学史系统知识陈述，语文课本为文章汇编。其中的文章，既可能作为语言能力训练的范本，也可能作为“思想教育”或“人文教育”示范性的教材。加之语言能力训练的范本，同语言训练本身，思想教育或人文教育范本，同教育本身，还不是一回事。所以，如果说其他基础学科的教材，大体上同学科本身为同义语，而语文学科的性质，还取决于对教材的选择与运用，或者说语文教材的选择与运用，更取决于对语文课程的定性。所谓“工具性”与“人文性”的争议或兼顾，便由此发生。

殷：语文课程是否还有其他特点呢？

陈：从表面上看来，语文课程只有“工具性”“人文性”两种可能性。其实，如前次所说，所谓“人文性”或“思想性”，都是既有针对性，又有包容性的概念，也就存在使语文课成为“文学课程”，或“中华民族传统教育课程”“国学基础课程”“核心价值陶冶课程”之类的不同价值选择。所以“人文性”同“工具性”一样，虽然不妨作为实践中的话语使用，却都不是单义性的专业术语。

三、按照课程常理观察语文课程问题

殷：怎样按照课程常理，观察语文课程问题呢？

陈：课程常理大致如下：

1. 所有课程都有“教养”与“教育”双重职能，这里所谓“教养”，是指学生在教学过程中把客观知识（主要是学科知识）转化为自己的知识，从而成为自己的教养；这里所谓“教育”，是指学生在教学过程中实际上受到的良好的影响。

2. 在一定社会—文化中，学生应当具备的教养，是社会—文化中的问题，学生在多大程度上把应有的教养变成自己的教养，是教学中应当解决的问题；同样，学生应当受到什么教育，是社会—文化中的问题，学生究竟从教学中受到什么良好的影响，是教学中应当解决的问题。所以，教学是否具有“教养性”与“教育性”，归根到底应根据其实际成效衡量。

3. 中小学应当使学生具备什么教养，受到什么教育影响，应当甚至只能依据中小学的基本性质确定。中小学教育基本上属于基础性质的普通的教育。“基础性质的教养”与“普通性质的教养”，便是中小学课程基本的规定性。其中“基础的文化教养”，是指适合未成年人身心发展状况而又为其成年后正常发展奠定基础的教养。适合一时一事需要的知识，不一定成为后来发展的“基础”。“普通性质的文化教养”，是指一定时代、一定社会—文化中社会成员必备的教养，为个体社会化所必需。在中小学课程中，低于或超越基础性质的教养，或缺乏普通性质的片面的教养，都可能贻误未成年人健全的人格与个体社会化。所以，在一个“称作基础教育学校的地方”，实施的不一定是“基础教育”。

4. 如前次提到的，即使是基础性质与普通性质的教养，也是按照学生学习阶段分步实现的。因为适合小学高年级的要求，不一定适合中年级与低年级学生；适合小学的要求，不见得适合中学生。这是每个中小学教师或专家都不会不知道的常识。只是在谈论课程问题时，或许忘记了这种常识。

5. 虽然每门课程都应兼有“教养性”与“教育性”，而在课程实施中，是不是在教养基础上的教育，实际上是理性的教育与缺乏理性的教育的区别。

这些都不过是老生常谈。

殷：不管是不是“老话”，至少我倒觉得是“新话”。

陈：更确切地说，这些话虽“老”，却未必“常谈”。

殷：按照课程常理，怎样观察语文课程问题呢？

陈：我们已经谈过语文课程的特点，又谈了课程的一般道理，至于怎样重新看待语文课程，正是我打算向你提出的问题。

殷：由于换一个语境重新观察语文课程问题，我还是没有这种思想准备，还是请您说说吧！

陈：换一个语境，把语文课程纳入一般课程的语境，似乎意味着“工具性”相当于“教养性”，“人文性”相当于“教育性”，那就很容易转入中学“汉语”“文学”分科的思路。其实，我国所谓“工具性”同“教养性”、“人文性”同“教育性”，似乎属于同类概念，实际上区别甚大。我习惯于按照课程常理，思考语文课程问题，只表示同如今语文课程论争中的观点稍有区别，却无以“教养性”取代“工具性”、以“教育性”取代“人文性”之意。因为“教养性”“教育性”提法因着眼于影响学生，故较为合理，但同我国的语文课程价值取向之间的区别甚大。由于语文课程不是一种孤立的现象，也不能简单地按照一般课程的常理观察我国的课程现象。因为这种区别在一定程度上是我国国情使然。在这个意义上，不能不承认，我的上述看法，其实是我的专业局限使然。

殷：您提到如把“工具性”视为“教养性”同义语，把“人文性”视为“教育性”，很容易转入中学“汉语”“文学”分科思路，是什么意思，“汉语”“文学”分科为什么不可行呢？

四、“汉语”“文学”分科问题

陈：这是一个老问题，却是老一辈中学语文教师心目中挥之不去的情结。

早在 1951 年 3 月召开的第一次全国中等教育会议上，胡乔木就提出语言、文学分科问题。他认为语言、文学和社会科学都很重要，但是像当时的情况那样，把这三种学科混在一起，那就什么也不是了。后来成立语文教学委员会，以胡乔木为主任委员。该委员会经过征求意见、调查研究，于 1953 年 12 月提出关于改进中小学语文教学的请示报告，并得到中共中央批准。其中提出把中小学语文课程，分为“语言”和“文学”两种独立学科，分别进行教学。此后由教育主管当局制定这两门课程的教学大纲，由人民教育出版社编写教科书和教学参考书，经过试行，定于从 1956—1957 学年度开始，在中学和中等师范学校普遍实施。[①] 但从 1958—1959 学年度开始废止。

殷：“汉语”和“文学”分科为什么那么快就胎死腹中呢？

陈：“汉语”和“文学”分科的理由，按照叶圣陶的解释，语言属于科学问题，文学属于艺术问题。两者的知识体系不同，教学的任务也就不同。[②] 这个道理很简单。如果像一般语文教科书那样，其中的语文本身，既不是语言知识的陈述，也不是文学理论的陈述，它只是作品而已。还是胡乔木那句话，既不是语言学，即使是艺术性的文学作品，也不算是文学理论。

不过，废止“汉语”和“文学”分科的理由，或许更为简单。因为语文课程不仅应有“教养性”，而且应有“教育性”。其“教育性”如被认定为同“思想性”“政治性”相关的问题，对“汉语”同“文学”分科问题，那就另当别论。这既是我国“文以载道”的传统，这个问题又发生在当时那种特殊的社会背景下，也就显得较为尖锐。

殷：“汉语”和“文学”分科既然是中学语文教师心目中挥之不去的情结，那么在过了那个特殊岁月以后，为什么未能恢复呢？

陈：作为独立学科的中学“文学”课程，非同有一定知识系统的“文学概论”，而是参照文学体例，以文艺作品选编为教科书。

文学作品为语言艺术，一般是指用语言塑造典型环境中的典型人物形象和人物关系，反映社会生活，表达生活体验与思想感情。由于文学艺术作品的创作，是称之为“形象思维”的活动。即运用想象和情感，塑造感性形象

---

① 参见李树：《中学语文教学百年史话》，山东人民出版社，2007，第 128—129 页。

② 同上书，第 129 页。

的思维活动，故有艺术价值的作品，因其别具一格地反映社会生活，不仅有认识价值，而且可以陶冶情操及审美情趣，具有别的基础教育课程不可替代的教育价值。相对于数学课程中的抽象思维和科学课程中的理性思维，文学课程中形象思维的影响，更有助于防止或克服学生思维方式中的偏颇。

话虽如此，这只能说明文学作品对于未成年人有一定的认识价值与教育价值，仍不足以说明它成为中学独立学科的理由。

殷：这是什么意思呢？“文学”为什么不可以成为中学独立的学科？避免汉语同文学混淆，岂不是使学科性质更清楚么？

陈：这犹如“头疼医头，脚痛医脚”，自然清楚。不过，头或脚都是身体的一部分，人的身体状况又同人的精神状况相关。所以就事论事的医治，只是医疗中的一种选择，辨证论治也可能是另一种更有效的选择。回到本题，语文学科只是学科体系中的一门学科，就连学校教育也只是国家事业中的一个组成部分。这样，就语文论语文，就文学课程论文学课程，虽有道理，在一定情况下又可能成为当局者迷。所以我一向无意趟语文课程这摊水。是公益论坛给我出了“语文教学研究向何处去”这个问题。

面对这个心中无数的问题，我只能就事论事地一路思索下去。这便是：要知语文教学研究向何处去，先知语文教学向何处去——要知语文教学向何处去，先知语文教学在哪里——如果语文教学的位置不成为问题，也就不致发生“向何处去”问题，发生“向何处去”问题，是由于已经察觉语文教学现状成问题——语文教学的问题何在，凭什么判断语文存在这种或那种问题？——这种或那种判断的依据本身是否可靠，某种判断如果可靠，其主张是否可行？——可行的主张是否实施，实施的结果是否经得起检验？——经得起检验的实施是否一定可以推广？

正是这个问题的提出，使我经历了一个清思的过程。这个过程使我对自己原先的相关思考重新加以认识。虽然得不出关于“语文教学向何处去”的结论，无法回答你提出的问题，对于我来说，“清思”比给出正确的答案更重要，不知对否？

殷：没有想到您会这样清思，谢谢！

陈：再见！

（2015 年 9 月 13 日）

图书在版编目（CIP）数据

课程引论/陈桂生著. —上海：华东师范大学出版社，2018
ISBN 978－7－5675－8011－4

Ⅰ. ①课… Ⅱ. ①陈… Ⅲ. ①课程一教学研究
Ⅳ. ①G423. 04

中国版本图书馆 CIP 数据核字（2018）第 157433 号

课程引论

著　　者　陈桂生
策划编辑　顾晓清
项目编辑　李泽坤
装帧设计　朱静蔚

出版发行　华东师范大学出版社
社　　址　上海市中山北路 3663 号　邮编 200062
网　　址　www. ecnupress. com. cn
电　　话　021－60821666　行政传真 021－62572105
客服电话　021－62865537　门市（邮购）电话 021－62869887
地　　址　上海市中山北路 3663 号华东师范大学校内先锋路口
网　　店　http://hdsdcbs. tmall. com

印 刷 者　浙江临安曙光印务有限公司
开　　本　787×1092　16 开
印　　张　17. 5
字　　数　259 千字
版　　次　2019 年 1 月第 1 版
印　　次　2019 年 1 月第 1 次
书　　号　ISBN 978－7－5675－8011－4/G・11302
定　　价　49. 80 元

出 版 人　王　焰

（如发现本版图书有印订质量问题，请寄回本社客服中心调换或电话 021－62865537 联系）